vote alone

Yvonne Lüdecke

You never vote alone

Das Sozialkapital, die Wahlnorm und die Wahlbeteiligung

Tectum Verlag

Yvonne Lüdecke

You never vote alone.
Das Sozialkapital, die Wahlnorm und die Wahlbeteiligung

Zugl. Diss. Univ. Gottfried-Wilhelm-Leipniz-Universität 2016

ISBN 978-3-8288-4022-5
eISBN 978-3-8288-6816-8
ePUP 978-3-8288-6817-5

Umschlagabbildung: © alphaspirit | de.fotolia.com

Umschlaggestaltung: Heike Amthor, Fernwald
Satz und Layout: Heike Amthor, Fernwald
Druck und Bindung: CPI buchbücher.de, Birkach

Printed in Germany

Besuchen Sie uns im Internet
www.tectum-verlag.de

Bibliografische Informationen der Deutschen Nationalbibliothek
Die Deutsche Nationalbibliothek verzeichnet diese Publikation in der Deutschen Nationalbibliografie; detaillierte bibliografische Angaben sind im Internet über http://dnb.ddb.de abrufbar.

Vorwort

Ich widme diese Dissertation meinen geliebten Großeltern Walter und Frieda Lüdecke. Wie jede Dissertation war auch diese nicht möglich ohne die Unterstützung vieler Menschen. Ich danke meinen Eltern und meiner Schwester, die immer hinter mir stehen. Vielen Dank an die Frauenradsportgruppe und ganz besonders Birgit, Cora, Nicole und Orna sowie den Jungs von Laufrad Hannover. Ein herzliches Dankeschön geht an meine lieben Freundinnen Patti und Sandra. Ich danke auch Christina, Eva und Frederik sowie Bene, Jan, Janneke und Jan-Malte.

Ein ganz besonderes Dankeschön geht an Prof. Dr. Alexandra Nonnenmacher und Prof. Dr. Markus Klein. Dank Ihnen habe ich die Welt der empirischen Forschung und die Freuden der statistischen Datenanalyse kennengelernt.

Inhalt

Tabellenverzeichnis X
Abbildungsverzeichnis XI
1 Einleitung 1

2 Das Sozialkapital 15
2.1 Theoretische Grundlagen und Definitionen von Putnam 16
2.2 Die Netzwerke 25
2.3 Die Reziprozitäts- bzw. Wohltätigkeitsnorm 29
2.4 Das Vertrauen 32
2.5 Wirkungszusammenhänge der Komponenten 35
2.6 Operationalisierung bei Putnam 40
2.7 Kritik an dem Konzept nach Putnam 42

3 Die Wahlnorm 47
3.1 Die geschichtliche Entstehung des Begriffs der Wahlnorm 48
3.2 Die empirische Betrachtung der Wahlnorm 52
3.2.1 Die Wahlnorm in Deutschland 52
3.2.2 Die Wahlnorm international 54
3.2.3 Die Wahlnorm im zeitlichen Vergleich 57
3.3 Das Sozialkapital und die Wahlnorm 61

4 Die theoretischen Ansätze zur Erklärung der Wahlbeteiligung 67
4.1 Der sozialpsychologische Ansatz 68
4.2 Der Rational-Choice-Ansatz 70
4.3 Das Konzept des Sozialkapitals 73

5 Der aktuelle Forschungsstand 77
5.1 Das Phänomen der Overrepresentation und des Misreporting 77
5.1.1 Wie entstehen die Overrepresentation und das Misreporting? 79
5.1.2 Der Forschungsstand zu dem Misreporting und der Overrepresentation von Wählern in der Stichprobe 82
5.2 Das Sozialkapital 88
5.2.1 Netzwerke 90
5.2.2 Reziprozitätsnorm 92
5.2.3 Vertrauen 95
5.2.4 Sozialkapital allgemein 96
5.3 Das Sozialkapital und die Wahlbeteiligung 103
5.4 Die Wahlnorm 107
5.4.1 Kontextuelle Determinanten der Wahlnorm 109
5.4.2 Individuelle Determinanten der Wahlnorm 112
5.5 Das Sozialkapital und die Wahlnorm 118
5.6 Die Wahlnorm und die Wahlbeteiligung 121
5.7 Das Sozialkapital, die Wahlnorm und die Wahlbeteiligung 125

6 Hypothesen 129
6.1 Hypothesen zum Overreporting und der Overrepresentation 129
6.2 Hypothesen zum deutschen Kausalmodell 131
6.3 Hypothesen zum europäischen Kausalmodell 134

7 Daten und Operationalisierung 139
7.1 Der European Social Survey 2002/2003 139
7.2 Die Operationalisierung des Sozialkapitals 142

8 Empirische Analysen 149
8.1 Analysen des Mis- bzw. Overreporting 149
8.2 Die Überprüfung der Annahmen des linearen Strukturgleichungsmodells 159
8.2.1 Univariate Verteilung des Sozialkapitals 159
8.2.2 Korrelationen zwischen den einzelnen Indikatoren 169
8.2.3 Reliabilität der einzelnen Indikatoren 173
8.2.4 Analyse der fehlenden Werte 173
8.2.5 Ausreißeranalyse 177
8.3 Die Spezifizierung des Strukturmodells des Sozialkapitals 178
8.4 Empirische Analysen für Deutschland 187
8.4.1 Die Ergebnisse der Faktorenanalyse 187

8.4.2 Die Ergebnisse des linearen Strukturgleichungsmodells 189
8.4.3 Die Ergebnisse des linearen Strukturgleichungsmodells mit den Kontrollvariablen 192
8.5 Empirische Analysen für Europa 194
8.5.1 Die Ergebnisse der Faktorenanalyse 194
8.5.2 Die Ergebnisse des linearen Strukturgleichungsmodells 195
8.5.3 Die Ergebnisse des linearen Strukturgleichungsmodells mit den Kontrollvariablen 197
8.5.4 Die Überprüfung der Annahmen der Mehrebenenanalyse 199

9 Schlussfolgerungen 203
9.1 Erkenntnisse auf der theoretischen Ebene 204
9.2 Ergebnisse der empirischen Analysen 207
9.3 Lehren für die Wahl- und die Sozialkapitalforschung 213
9.4 Chancen der Sozialkapitalforschung 220

Literaturverzeichnis 223
Anhang 241

Tabellenverzeichnis

Tabelle 1: Definitionen des Sozialkapitals nach Putnam 23
Tabelle 2: Mittelwertranking der Wahlnorm 55
Tabelle 3: Die Wahlnorm im zeitlichen Vergleich 59
Tabelle 4: Die Wahlnorm im zeitlichen Vergleich in Deutschland 60
Tabelle 5: Vier Typen des (Nicht-)Wählers 79
Tabelle 6: Misreporting und Overrepresentation in Großbritannien, Deutschland, den USA und Schweden 84
Tabelle 7: Zusammenfassung der Hypothesen 136
Tabelle 8: Misreporting im ESS 2002/2003 153
Tabelle 9: Determinanten des Misreportings 156
Tabelle 10: Determinanten des relativen Overreportings 158
Tabelle 11: Schiefe- und Wölbungskoeffizienten 164
Tabelle 12: Nichtparametrische Korrelationen der Sozialkapitalitems für Deutschland 171
Tabelle 13: Reliabilitätskoeffizienten nach Ländern 174
Tabelle 14: Muster der fehlenden Werte 176
Tabelle 15: Daumenregeln der Gütemaße 187
Tabelle 16: ICCs der Sozialkapitalvariablen und der Wahlnorm 200
Tabelle 17: Zusammenfassung der Hypothesen und der Ergebnisse 210

Abbildungsverzeichnis

Abbildung 1: Graphische Darstellung der Gliederung 11
Abbildung 2: Von der Reziprozität zur Kooperation 34
Abbildung 3: Die Wirkungszusammenhänge der Komponenten 36
Abbildung 4: Dimensionen des Sozialkapitals 38
Abbildung 5: Die Verteilung der Wahlnorm in Deutschland in Prozent .. 53
Abbildung 6: Die Wahlnorm im zeitlichen Vergleich in Deutschland in Prozent 57
Abbildung 7: Die Wahlnorm im zeitlichen Vergleich in Großbritannien . 61
Abbildung 8: Das Messmodell des Sozialkapitals 143
Abbildung 9: Verteilung des generellen Vertrauens in Deutschland 160
Abbildung 10: Verteilung der vermuteten Fairness in Deutschland 161
Abbildung 11: Verteilung der vermuteten Hilfsbereitschaft in Deutschland 162
Abbildung 12: Verteilung der Anzahl der Vereinstypen in Deutschland, in denen die Befragten Mitglieder sind 165
Abbildung 13: Verteilung der Anzahl der Vereinstypen in Deutschland, in denen sich die Befragten beteiligt haben 166
Abbildung 14: Verteilung der Anzahl der Vereinstypen in Deutschland, in denen die Befragten freiwillig mitgearbeitet haben ... 167
Abbildung 15: Verteilung der Wohltätigkeitsnorm in Deutschland 168
Abbildung 16: Das Strukturmodell des Sozialkapitals (nach Putnam) ... 179
Abbildung 17: Reflektives Strukturmodell 180
Abbildung 18: Formatives Strukturmodell 181
Abbildung 19: Entscheidungsregeln für formative und reflektive Modelle 182
Abbildung 20: Kausalmodell (inkl. Struktur- und Messmodell) 185
Abbildung 21: CFA für Deutschland mit Korrelationen (standardisierte Koeffizienten) 189

Abbildung 22: SEM für Deutschland (standardisierte Koeffizienten) 191
Abbildung 23: SEM für Deutschland mit Kontrollvariablen (standardisierte Koeffizienten) 193
Abbildung 24: CFA für Europa (standardisierte Koeffizienten) 195
Abbildung 25: SEM für Europa (standardisierte Koeffizienten) 197
Abbildung 26: SEM für Europa mit Kontrollvariablen (standardisierte Koeffizienten) 199

1 Einleitung

Warum geben Bürger bei Wahlen ihre Stimme ab? Diese Frage ist so alt wie die Wahlforschung selbst und eine der Kernfragen dieses Forschungsfelds. Zur Beantwortung dieser Frage wurden im Laufe der Jahrzehnte verschiedene theoretische Ansätze verwendet. Die wichtigsten sind das sozioökonomische Standard- und das »civic voluntarism«-Modell, der soziologische und der sozialpsychologische Ansatz sowie die Rational-Choice-Theorie. Die einzelnen Theorien und Modelle decken unterschiedliche Einflussgrößen ab. Diese reichen von der Bildung und den kognitiven Fähigkeiten der Wähler über die Einstellung gegenüber der Politik und dem Interesse an der Politik bis hin zu den Merkmalen der Umgebung des Wählers und rationalen Entscheidungskriterien wie dem individuellen Nutzen und den Kosten der Wahlbeteiligung.

Neben diesen Ansätzen wird oftmals auch das Konzept des Sozialkapitals zur Erklärung der Wahlbeteiligung herangezogen. Die Publikationen, die den Einfluss des Sozialkapitals auf die Wahlbeteiligung untersuchen, bieten jedoch mehrheitlich keinerlei theoriegeleitete Erklärung, weshalb das Sozialkapital geeignet sein sollte, die Wahlteilnahme zu erklären. Stattdessen wird es ohne weitere Begründungen in die jeweiligen statistischen Modelle eingefügt. Diese Vorgehensweise wirft jedoch die Frage auf: Ist das Sozialkapital überhaupt ein geeigneter Ansatz zur Erklärung der Wahlbeteiligung? Um diese Frage beantworten zu können, muss das Konzept des Sozialkapitals systematisch aufgearbeitet werden, sodass dessen Potential zur Erklärung der Wahlbeteiligung abgeschätzt werden kann.

Das Sozialkapital kann auf unterschiedliche Art konzeptualisiert werden. Bourdieu (1983), Coleman (1988, 1990) und Lin (2001) betrachten es aus einer rationalen bzw. ökonomischen Sichtweise. Für sie ist das Sozialkapital ein Hilfsmittel, das man für seine persönlichen Zwecke einsetzen kann. Robert D. Putnam (1993a, 2000) vertritt hingegen das soziale bzw. demokratische Weltbild von de Tocqueville (1840), in dem die Menschen als gemeinwohlorientiert gelten. In der vorliegenden Arbeit wird das Sozialkapital nach Putnam (1993a, 2000) verwendet, da die Konzepte des Sozialkapitals mit der rationalen bzw. ökonomischen Sichtweise nicht mit dem Weltbild des Konzepts nach Putnam vereinbar sind und daher auch nicht miteinander vermischt werden sollten.

Der Kern von Putnams Konzept ist die Integration[1] der Bürger innerhalb der Gesellschaft. Es umfasst die drei Komponenten Netzwerke, Vertrauen und die Reziprozitätsnorm (Putnam 2000: 19). Über die Größe der Netzwerke, die Anzahl und die Häufigkeit sowie die Qualität der Kontakte in den Netzwerken und die Anzahl der Vereinsmitgliedschaften lässt sich klassischerweise die unmittelbare Verwurzelung des Individuums in der Gesellschaft messen. Das Vertrauen beinhaltet, zusätzlich zu dem Vertrauen in die Menschen im Allgemeinen, auch die damit einhergehende Bereitschaft mit anderen Individuen zu kooperieren. Die Reziprozitätsnorm, also die Norm der Gegenseitigkeit, regelt den Austausch zwischen den Menschen, indem sie die Rückzahlung bzw. -gabe für zuvor erhaltene Gefallen oder materielle Güter als verpflichtend festlegt. Sie sorgt dafür, dass das Vertrauen in die Menschen gerechtfertigt ist und die Menschen nach der Kooperation etwas zurückbekommen. Die Wohltätigkeitsnorm geht über die Reziprozitätsnorm hinaus und führt dazu, dass Menschen auch ohne einen vorhergegangenen Austausch mit fremden Menschen kooperieren. Sie ist eine Teildimension der Reziprozitätsnorm, die beispielsweise im karitativen Bereich sehr wichtig ist. Wer die Reziprozitäts- und die Wohltätigkeitsnorm internalisiert hat, ist

1 In den Klassikern der Soziologie und der Politikwissenschaft wurde die Bedeutung der sozialen Eingebundenheit für das Handeln von Individuen stets betont. »Seit Beginn der 1990er Jahre hat sich dann immer mehr der Begriff ›Sozialkapital‹ als Bezeichnung für diesen Sachverhalt durchgesetzt« (Franzen/Freitag 2007: 7). Soziale Integration ist dem Sozialkapital gleichzusetzen (Rattinger 2009: 243, Kunz/Gabriel 2000).

vermutlich stark in die Gesellschaft integriert. Das Vertrauen, die Reziprozitäts- und die Wohltätigkeitsnorm geben über das gesellschaftliche Klima Auskunft und damit, im Vergleich zu den Netzwerken, mittelbar über die innergesellschaftliche Verankerung.

Das Sozialkapital ist somit die Voraussetzung für Kooperation, erfasst die Bereitschaft zur Kooperation und damit auch die Integration innerhalb der Gesellschaft. Es misst den Zusammenhalt des sozialen Gefüges einer Gesellschaft, sodass Aussagen über die Erwartbarkeit gesellschaftlicher Handlungen, wie der Wahlbeteiligung, gemacht werden können.

Das Konzept des Sozialkapitals wird in der einschlägigen Forschung inkonsistent verwendet, was zu einigen theoretischen und empirischen Fallstricken führt. Uneinigkeit auf der theoretischen Ebene besteht zum einen über die allgemeine Definition des Sozialkapitals (Bjørnskov 2006) und zum anderen über die Frage, aus welchen Komponenten das Sozialkapital besteht (Halpern 2005). Dementsprechend werden die Komponenten auf der empirischen Ebene selten gemeinsam, sondern stattdessen in wechselnden Kombinationen miteinander betrachtet. Dies führt dazu, dass die Wirkung des Sozialkapitals im Allgemeinen und der Komponenten im Besonderen auf die jeweilige abhängige Variable relativ unklar bleibt. Es wird zwar häufig der erwartete Effekt gefunden, allerdings sorgt die uneinheitliche Operationalisierung des Sozialkapitals dafür, dass völlig unklar bleibt, welcher kausale Mechanismus vorliegt und von welchem Bestandteil des Sozialkapitals der Effekt ausgelöst wird. Wenn alle drei Komponenten und ihre Interaktion miteinander untersucht werden, geschieht dies in der Regel sehr oberflächlich. Werden die Komponenten hingegen einzeln erforscht, erfolgt dies sehr gründlich. Informelle Netzwerke werden mit Hilfe von Netzwerkanalysen betrachtet und sind besonders in der Soziologie und der Sozialpsychologie von Interesse, während die formellen Netzwerke vor allem im Zuge der sozialen Partizipationsforschung untersucht werden. Das Vertrauen spielt in der sozialen Interaktion eine Schlüsselrolle und wurde daher umfangreich erforscht. Daraus entwickelte sich ein eigenes Forschungsfeld, welches sich über die Sozialwissenschaften bis zu den Wirtschaftswissenschaften erstreckt. Die Reziprozität und die Reziprozitätsnorm werden häufig im Rahmen der Wirtschaftswissenschaften mit Hilfe der Spieltheorie untersucht. Somit verbindet das Konzept des Sozialkapitals verschiedene Forschungsfelder, was die Sozialkapitalforschung schwer überschaubar macht. Hinzu kommt die Verwendung des Sozialkapitals als erklärende Variable in vielen verschiedenen anderen wissenschaftlichen Disziplinen, wodurch es zusätzlich erschwert wird sich einen Überblick zu verschaffen. Für eine allumfängliche Literaturbesprechung ist daher die Menge an Publikationen und die große Anzahl an beteiligten Wissenschaften problematisch. Die Identifizierung von Ursachen, Wirkungen und kausalen Zusammenhängen ist dadurch massiv beeinträchtigt, was eine kumulative Forschung nahezu unmöglich macht.

Ein weiteres Hindernis bei der Sozialkapitalforschung ist die Tatsache, dass obwohl der Begriff des Sozialkapitals nach wie vor ein aktueller Modebegriff ist, kaum zufriedenstellende Daten vorliegen. Es gibt nur sehr wenige Datenerhebungen, die speziell auf die Messung des Sozialkapitals ausgerichtet sind. Ein Beispiel ist »The Social Capital Community Benchmark Survey«[2], deren Themenschwerpunkt die Messung des zivilgesellschaftlichen Engagements und des Sozialkapitals in den USA ist. Mit Hilfe des eigens zu diesem Zweck entworfenen Fragebogens wurden alle Facetten des Sozialkapitals erfasst. In den meisten Fällen wird das Sozialkapital jedoch nur sehr knapp im Rahmen von allgemeinen Bevölkerungsumfragen oder Umfragen mit einem anderen Themenschwerpunkt, als dem Sozialkapital, erfasst. Die Qualität und der Umfang der gemessenen Komponenten variieren daher von Umfrage zu Umfrage. Das generalisierte Vertrauen und die formellen Organisationsmitgliedschaften[3] wurden bereits sehr häufig erhoben. Fragen zur Reziprozität und besonders zur Reziprozitätsnorm sucht man hingegen zumeist vergeblich. Informelle Netzwerke werden nur in speziellen Studien erhoben oder in einigen wenigen Umfragen aufgrund des anderweitig gelagerten Themenschwerpunkts sehr kurz erfasst. Das Vertrauen in bestimmte Personengruppen wird ebenfalls nur selten erhoben. Auch für diese Arbeit stellt die unzulängliche Datenlage eine Herausforderung dar und grenzt den Rah-

2 http://www.hks.harvard.edu/saguaro/communitysurvey/index.html (abgrufen am 29.2.2016).

3 Die Begriffe »Organisation« und »Verein« werden im Folgenden synonym verwendet.

men der Untersuchung insofern ein, als dass nur bestimmte Aspekte des Sozialkapitals untersucht werden können.

All diese Schwächen des Konzepts und dessen Forschungsfeldes tragen ihren Teil dazu bei, dass das Sozialkapital nicht den allgemein anerkannten Wahlbeteiligungstheorien zugeordnet wird. Bislang wurde deshalb übersehen, dass das Sozialkapital eine theoretische Lücke schließen kann, die die übrigen Ansätze zur Erklärung der Wahlbeteiligung offenlassen.

Die verschiedenen Ansätze und Theorien haben die Frage, wieso Menschen zur Wahl gehen, mehr oder weniger erfolgreich beantwortet und viele der relevanten Einflussfaktoren identifiziert. Dennoch vermag keines der statistischen Modelle der verschiedenen Ansätze die Wahlteilnahme restlos zufriedenstellend zu erklären. Infolgedessen wurden zwei Strategien entwickelt, die die Erklärungskraft der Theorien verbessern sollen. Zum einen werden zwei oder mehrere Theorien in einem gemeinsamen Modell getestet. Die Theorien zur Wahlbeteiligung überschneiden sich in gewissen Aspekten, sodass es möglich ist, diese in Hybridmodellen zu verbinden. Die zweite, weniger anerkannte, Strategie ist das Einbeziehen der Wahlnorm. Die Erklärungskraft des jeweiligen Modells wird dadurch stark gesteigert. Allerdings ist dies aus theoretischer Perspektive umstritten. Innerhalb der Theorien wird die Wahlnorm in aller Regel nicht integriert, da die Erklärung durch ihre Einbettung tautologisch werden würde (Kaase/Bauer-Kaase 1998: 95): Bürger gehen wählen, weil sie das Gefühl haben, es wäre ihre Pflicht zur Wahl zu gehen. Zusätzlich erscheint dies zu trivial, um es innerhalb einer Theorie zu berücksichtigen. In Bezug auf die Rational-Choice-Theorie, in deren Rahmen die Wahlnorm am häufigsten verortet wird, ergibt sich zusätzlich ein gravierendes Problem. Die Wahlnorm ist nicht mit dem Rational-Choice-Modell nach Downs (1957), sondern nur mit einer breiter gefassten Definition von Rationalität vereinbar (Blais 2000: 4).[4] Auch wenn die Wahlnorm nicht in die Theorien aufgenommen wurde, so wird sie dennoch regelmäßig in die statistischen Modelle eingefügt. Die Bedeutung der Wahlnorm scheint somit zweigeteilt zu sein. Für die The-

4 Für eine tiefergehende Diskussion der Vor- und Nachteile des engen und des breiten Rationalitätsverständnis sei beispielsweise auf Blais (2000) sowie Green und Shapiro (1994) verwiesen.

orien ist sie aufgrund ihrer scheinbaren Trivialität relativ unbedeutend, obwohl sie alle die Existenz der Wahlnorm zumindest ansprechen. Für die statistischen Modelle scheint sie hingegen eine große Bedeutung zu haben, da die Wahlnorm häufig die stärkste Erklärungskraft aller Prädiktoren besitzt (bspw. Blais et al. 2000, Faas 2010, Rattinger 1994, Rattinger/Krämer 1995, Steinbrecher et al. 2007, Lippl 2007).

Auch wenn die Wahlnorm häufig verwendet und ebenso häufig abgelehnt sowie kritisiert wird, so weiß man dennoch nur wenig über sie. Wie entsteht die Wahlnorm? Wie stark ist sie innerhalb der Gesellschaft verbreitet? Nimmt ihre Verbreitung zu oder ab? Wie manifestiert sich die Wahlnorm innerhalb des sozialen Gefüges und der Individuen? Warum hat jemand das Gefühl, es wäre seine Pflicht wählen zu gehen? Warum ist das Gefühl bei dem einen Bürger stärker als bei einem anderen? Durch die mangelhafte Betrachtung der Wahlnorm auf der theoretischen Ebene, fehlt es an geeigneten Daten, um die Fragen vollständig zu beantworten. Für den Hintergrund dieser Arbeit ist es jedoch unerlässlich sich mit diesen Fragen zu beschäftigen, denn für den Ursprung und die Verbreitung der Wahlnorm scheint der soziale Kontext von Bedeutung zu sein. Campbell (2006) untersucht als Einziger die Determinanten der Wahlnorm auf der Aggregatebene. In erster Linie scheint es ausschlaggebend zu sein, ob man in einer Umgebung aufgewachsen ist, in der die Wahlnorm weit verbreitet ist. Erst in zweiter Linie ist es wichtig, ob die Wahlnorm im aktuellen Umfeld von Bedeutung ist. Auf der individuellen Ebene ist der Ursprung der Wahlnorm größtenteils unklar. Als gesichert gilt nur der Zusammenhang zwischen den sozialstrukturellen Merkmalen und der Wahlnorm. Personen mit einem hohen sozioökonomischen Status nehmen die Wahlnorm stärker wahr als Personen mit einem niedrigen Status. Diese Erkenntnis greift jedoch zu kurz, da sie die Einbindung der Individuen in ihrer sozialen Umgebung außer Acht lässt.

Es gibt somit zwei ungeklärte Fragen: Was ist die Wahlnorm und wie lässt sie sich in die Ansätze zur Erklärung der Wahlbeteiligung integrieren? Die Antwort könnte in der Verwendung des Sozialkapitals liegen, denn das Sozialkapital kann auf theoretischer Ebene mit der Wahlnorm in Verbindung gebracht werden. Die Wahlnorm dient, wie alle Normen, der Sicherstellung des Zustandekommens von Kooperation. Gleichzeitig unterscheidet sich die Wahlnorm von anderen Normen. Sie reguliert und normiert keine direkte Interaktion zwischen verschiedenen Menschen, sondern regelt als bürgerschaftliche Norm (Pattie et al. 2004) eine abstraktere Beziehung, namentlich die Beziehung zwischen dem Staat und der Gesellschaft bzw. der Bürger als Teil der Gesellschaft. Die Wahlbeteiligung ist in diesem Fall nicht nur als eine von vielen politischen Handlungen zu betrachten, sondern als eine Handlung zur Aufrechterhaltung des Kollektivguts »Demokratie« zu verstehen. Die Wahlnorm erinnert die Menschen daran, dass jeder Staatsbürger das Recht hat zu wählen und mit diesem Recht automatisch auch die moralische Pflicht zu wählen einhergeht. Durch die Stimmabgabe nehmen die Bürger an der kollektiven Handlung, die Regierung zu wählen, teil. Die Wahlnorm stellt sicher, dass die Bürger die Wahlteilnahme zusätzlich als Handlung betrachten, die von jedem guten Bürger ausgeführt wird und die dem Schutz der Demokratie dient. Sie stellt somit ein Bindeglied zwischen der politischen Sphäre und der Gesellschaft dar.

Für die Wahlnorm ist es, im Unterschied zu anderen Normen[5], von Bedeutung, wie sehr die Menschen in die Gesellschaft integriert sind. Je besser der Einzelne in die Gesellschaft integriert ist, desto stärker nimmt er die Wahlnorm wahr.[6] Normen können nur durch zwischenmenschliche Interaktion entstehen und aufrechterhalten werden, deshalb sind die Netzwerke von besonderer Bedeutung. Aufgrund der sozialen Kontrolle, die Netzwerke auf ihre Mitglieder ausüben können, sollten sie sich positiv auf die Internalisierung, Aufrechterhaltung und die Wahrnehmung der Wahlnorm auswirken. Gleichzeitig treffen Menschen in formellen Netzwerken auf Personen unterschiedlicher sozioökonomischer Schichten, sodass die Wahlnorm auch in andere Schichten vordringt, als jene, in denen die Wahlnorm bereits verin-

5 Bei den anderen Normen und der Entscheidung, ob man kooperiert oder nicht, kann das Individuum differenzieren und je nach Kooperationspartner entscheiden. Bei der Wahlbeteiligung besteht die Frage, ob das Individuum, nicht nur als Individuum, sondern darüber hinausgehend als Mitglied der Gesellschaft, zu dem Kollektivgut »Demokratie« und der Regierungsbildung beitragen möchte.

6 Das Wahrnehmen einer Norm ist lediglich der erste Schritt. Als zweites erfolgt die Anerkennung oder die Ablehnung der Norm. Nur wenn sie anerkannt wird, ist eine Bedingung zur Internalisierung erfüllt (siehe Kapitel 3.3). Mit dem vorliegenden Messinstrument können jedoch nur Aussagen über die Wahrnehmung der Wahlnorm gemacht werden (siehe 3).

nerlicht wurde. Nimmt die soziale Vernetzung der Individuen ab, so sinkt die soziale Kontrolle über ihre Wahlteilnahme.

Vertrauen sich die Menschen weniger, dann haben sie vermutlich auch weniger Vertrauen darauf, dass die anderen Bürger wählen gehen und das Individuum fühlt sich weniger dazu verpflichtet an einer Wahl teilzunehmen. Das Vertrauen in andere Menschen spielt bei der Entscheidung, ob man kooperiert oder nicht, eine entscheidende Rolle. Nur wenn das Gegenüber vertrauenswürdig ist und die Kooperation mutmaßlich beidseitig erfolgen wird, lohnt es sich für das Individuum zu kooperieren. Ein ähnlicher Mechanismus dürfte bei der Wahlnorm auftreten. Wenn sich die Bürger vertrauen und sicher sein können, dass sich andere Bürger ebenfalls zahlreich an der Kooperation beteiligen, in diesem Fall der Wahl, wirkt sich dies positiv auf die Wahlnorm aus.

Wird die Reziprozitätsnorm in der Gesellschaft oder einigen Netzwerken nicht anerkannt, sodass Kooperationen bereits auf der gesellschaftlichen Ebene scheitern, nehmen die Anerkennung der Wahlnorm und die Zuversicht, eine erfolgreiche Kooperation auf der politischen Ebene zu realisieren, ab. Wenn die Akzeptanz der Reziprozitätsnorm abnimmt, so sinkt wahrscheinlich auch das Gefühl mit der Wahlteilnahme der Gesellschaft oder dem politischen System etwas zurückgeben zu müssen. Personen, die die Norm anderen und teilweise völlig fremden Menschen zu helfen, wahrnehmen, nehmen die Wahlnorm als Bürgerpflicht stärker wahr. Die Hilfsbereitschaft wird auf das politische System übertragen und die Wahlteilnahme vermittelt das Gefühl die Demokratie geschützt zu haben. Die einzelnen Komponenten des Sozialkapitals sollten sich daher positiv auf die Wahrnehmung der Wahlnorm auswirken, sodass sie eine vermittelnde Variable zwischen dem Sozialkapital und der Wahlbeteiligung darstellt.

In der vorliegenden Arbeit werden somit zwei Forschungslücken geschlossen. Zum einen wird in der Wahlforschung vermutet, dass sich das Sozialkapital auf die Wahlbeteiligung auswirkt und zum anderen gilt es als allgemein anerkannt, dass sich die Wahlnorm auf die Wahlbeteiligung auswirkt. In beiden Fällen sind die theoretischen Zusammenhänge unklar. Diese Dissertation greift die beiden ungelösten Fragen auf und verbindet sie theoretisch miteinander. Hauptuntersuchungsgegenstand sind also die Berührungspunkte zwischen dem Sozialkapital, der Wahlnorm und der Wahlbeteiligung. Im Fokus stehen die theoretischen und empirischen Verbindungen dieser drei Themenkomplexe. Dabei sollen folgende Teilforschungsfragen beantwortet werden: Warum kann das Konzept des Sozialkapitals für die Erklärung der Wahlbeteiligung verwendet werden? Wie wirkt sich das Sozialkapital auf die Wahrnehmung der Wahlnorm aus? Nachdem die Antworten theoretisch hergeleitet wurden, ist es möglich die Hauptforschungsfrage zu beantworten: Welche Rolle spielt die Wahlnorm zwischen den Komponenten des Sozialkapitals und der Wahlbeteiligung?

Auf der empirischen Ebene sollen die Forschungsfragen mit Hilfe einer Sekundäranalyse des European Social Survey (ESS) 2002/2003 beantwortet werden. Bei der vorliegenden Arbeit handelt es sich somit um eine Querschnittsanalyse. Mit Hilfe eines linearen Strukturgleichungsmodells (SEM) sollen die Zusammenhänge zwischen dem Sozialkapital, der Wahlnorm und der Wahlbeteiligung sichtbar gemacht werden. In einem SEM ist es möglich, Variablen zeitgleich als abhängig und als unabhängig zu betrachten, daher ist es das geeignete Verfahren die Wirkung des Sozialkapitals auf die Wahlnorm sowie den Effekt der Wahlnorm auf die Wahlbeteiligung zu überprüfen. Diese stringente Erforschung der Zusammenhänge mit Hilfe fortgeschrittener quantitativer Analysen ist ein Novum. Zudem ist es mit dem vorliegenden Datensatz möglich, nicht nur die Zusammenhänge für Deutschland, sondern auch auf europäischer Ebene zu überprüfen.

Die Wahlbeteiligung, die Wahlnorm und die Komponenten des Sozialkapitals sind in den europäischen Ländern unterschiedlich stark ausgeprägt. Einige Staaten dürften der Bundesrepublik sowohl wirtschaftlich als auch kulturell relativ ähnlich sein, sodass die Zusammenhänge zwischen dem Sozialkapital, der Wahlnorm und der Wahlbeteiligung ähnlich gelagert sein sollten. Im Rahmen dieser Dissertation geht es zusätzlich darum, die Frage zu beantworten, ob die Komponenten des Sozialkapitals in verschiedenen europäischen Staaten die gleiche Wirkung auf die Wahlnorm und die Wahlbeteiligung entfalten, wie in Deutschland. Oder unterscheiden sich die Länder sehr stark voneinander, sodass andere Zusammenhänge auftreten?

Die vorliegende Arbeit gliedert sich, in Anlehnung an das später folgende Kausalmodell (Abbildung 20), in folgende Kapitel: Im zweiten Kapitel wird die theoretische Grundlage dieser Dissertation, das Sozialkapital nach Robert D. Putnam (1993, 2000), vorgestellt. Das Hauptaugenmerk liegt dabei auf der Definition und dem Verständnis des Konzepts. Bevor das Sozialkapital angewendet werden kann, ist es unerlässlich, genau zu beschreiben, was unter dem Begriff verstanden wird und welche Komponenten enthalten sind. Es erfolgt daher eine möglichst präzise Begriffsdefinition und die von Putnam verwendeten Begriffe werden voneinander abgegrenzt (Kapitel 2.1). Während die Geschichte des Begriffs des Sozialkapitals in der aktuellen Forschung als geklärt angesehen wird (Putnam/Goss 2002), ist die Frage, welche Komponenten das Sozialkapital im Einzelnen umfasst, umstritten. In der vorliegenden Arbeit sollen die verschiedenen Komponenten zunächst im Einzelnen systematisch betrachtet und ihre Bedeutung für das Konzept des Sozialkapitals dargestellt werden (Kapitel 2.2 bis 2.4). Im Anschluss wird die Beziehung der drei Komponenten untereinander betrachtet (Kapitel 2.5). Kapitel 2.6 setzt sich mit den zwei Hauptwerken Putnams auseinander. Der Fokus liegt dabei insbesondere auf Putnams Operationalisierung des Sozialkapitals. Abschließend wird das Konzept des Sozialkapitals in Kapitel 2.7 kritisch betrachtet.

Das dritte Kapitel bietet einen Überblick über die wenigen bisher bekannten Fakten über die Wahlnorm. Es beginnt mit der geschichtlichen Entstehung des Begriffs und ergründet, wie die Wahlnorm verbreitet und aufrechterhalten wird (Kapitel 3.1). Auch wenn der Ursprung der Wahlnorm nach wie vor ungeklärt ist, so herrscht dennoch allgemeine Einigkeit, was die Existenz der Wahlnorm angeht. Diese wird mit Hilfe empirischer Daten begründet, daher wird im Anschluss die Verbreitung der Wahlnorm innerhalb der Gesellschaft mit Umfragedaten untersucht. Dies geschieht für Deutschland sowie für die einzelnen europäischen Länder mit den Daten des ESS 2002/2003. Abschließend wird zusätzlich die zeitliche Entwicklung der Wahlnorm dargestellt. Die Längsschnittdaten dokumentieren die Entwicklung der Wahlnorm in den USA, Großbritannien und, aufgrund der schwierigen Datenlage lediglich ansatzweise, für Deutschland. In Kapitel 3.3 wird die Frage beantwortet, wie sich das Sozialkapital und die Wahlnorm miteinander in Verbindung bringen lassen. Diese the-

Abbildung 1: Graphische Darstellung der Gliederung

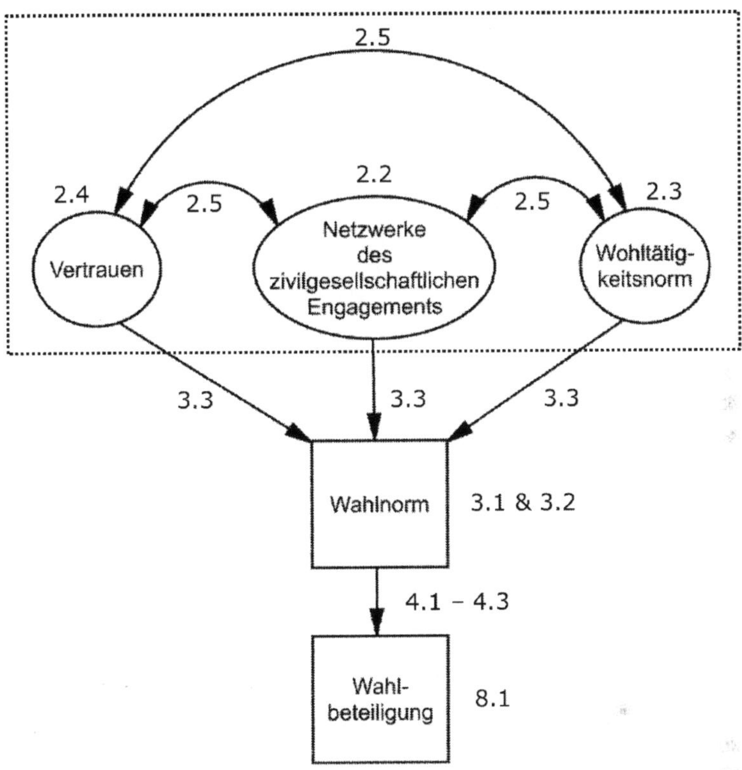

oretische Verknüpfung wurde bislang nicht erforscht und stellt ein Alleinstellungsmerkmal dieser Dissertation dar.

Die Wahlnorm wurde bislang selten in einen theoretischen Kontext eingebunden. In Kapitel 4 stellt sich daher die Frage, wie sie innerhalb der Ansätze zur Erklärung der Wahlbeteiligung verortet werden kann. Dafür werden zunächst zwei der Ansätze, die bereits im ersten Absatz der Einleitung angesprochen wurden, vorgestellt und die verschiedenen Anknüpfungspunkte zur Wahlnorm herausgearbeitet. In Kapitel 4.1 erfolgt dies für den sozialpsychologischen und in Kapitel 4.2 für den Rational-Choice-Ansatz. Im Anschluss wird erörtert, wie das Sozialkapital in den Kontext der Wahlforschung eingeordnet werden kann (Kapitel 4.3).

Die ersten vier Kapitel decken die theoretischen Verbindungen zwischen dem Sozialkapital, der Wahlnorm und der Wahlbeteiligung auf. Ihre empirischen Beziehungen werden im fünften Kapitel, das den aktuellen Forschungsstand dokumentiert und mögliche Defizite der bisherigen Forschung aufgezeigt, ausführlich betrachtet. Die Gliederung des Forschungsstands orientiert sich an der Reihenfolge der im späteren Verlauf der Arbeit präsentierten empirischen Analysen. Deshalb wird in Kapitel 5.1 zunächst das Problem des Misreportings und der Overrepresentation näher betrachtet. Da es sich bei dem ESS um eine Befragung handelt, treten die damit einhergehenden Probleme bei der korrekten Erfassung der Wahlbeteiligung auf. Zum einen können in der Stichprobe der Umfrage mehr Wähler, als in der Grundgesamtheit, enthalten sein. Es würde von einer Überrepräsentation von Wählern, im Folgenden als Overrepresentation bezeichnet, gesprochen werden. Zum anderen stimmen die selbstberichteten Handlungen in Bezug auf die Wahlteilnahme nicht immer mit den tatsächlichen Handlungen überein. In solchen Fällen würde es sich um Misreporting handeln. Das Misreporting und die Overrepresentation wirken sich direkt auf die in Kapitel 8 folgenden statistischen Modelle aus. Aus diesem Grund soll Kapitel 5.1 helfen, ein grundsätzliches Problembewusstsein zu schaffen und mögliche Verzerrungen abzuschätzen.

Wie bereits erwähnt, wird das Sozialkapital in verschiedenen Forschungsfeldern und aus vielen Perspektiven untersucht.[7] Kapitel 5.2 bietet einen Überblick über die Forschungsarbeiten der Sozialkapitalforschung. Der Forschungsstand zu den einzelnen Komponenten gliedert sich analog zu Kapitel 2. Zunächst wird die Forschungsliteratur betrachtet, die ihren Fokus auf die einzelnen Komponenten legt, bevor der Forschungsstand zu dem Gesamtkonzept des Sozialkapitals und den Wirkungszusammenhängen berichtet wird. Kapitel 5.3 gibt einen Überblick über die bisherigen Forschungsarbeiten zum Sozialkapital und zur Wahlbeteiligung. Es werden die Vielzahl der Indikatoren des Sozialkapitals dokumentiert und die Ergebnisse kritisch

7 Für eine Auflistung verschiedener Fachrichtungen und Forschungsfelder innerhalb der Politikwissenschaft siehe Heydenreich-Burck (2010: 68, Fn. 2 und 3).

betrachtet. Vor allem die uneinheitliche Spezifizierung der Regressionsmodelle erschwert eine vergleichende Betrachtung der Ergebnisse. Anschließend werden die Forschungsarbeiten zur Wahlnorm genauer betrachtet (Kapitel 5.4). Diese werden in die kontextuellen und die individuellen Determinanten der Wahlnorm unterteilt. Besonders der Mangel an geeigneten Daten erschwert die Betrachtung der Wahlnorm. Kapitel 5.5 setzt sich intensiv mit der einzigen Studie auseinander, die das Sozialkapital und die Wahlnorm betrachtet. Die Forschungsarbeiten zur Wahlnorm und der Wahlbeteiligung folgen in Kapitel 5.6. Der Effekt der Wahlnorm auf die Wahlbeteiligung ist gut dokumentiert, sodass lediglich eine Auswahl an Studien dokumentiert wird. Den Abschluss bilden in Kapitel 5.7 die Arbeiten, die sowohl das Sozialkapital, die Wahlnorm als auch die Wahlbeteiligung enthalten. Hierbei handelt es sich um Publikationen, die sowohl das Sozialkapital als auch die Wahlnorm als Determinanten der Wahlbeteiligung betrachten und gemeinsam in einer Regression untersuchen.

Das sechste Kapitel teilt sich in drei Unterkapitel, in denen die auf den theoretischen Erkenntnissen der vorangegangenen Kapitel basierenden Forschungshypothesen formuliert werden. Zunächst werden in Kapitel 6.1 die Hypothesen zum Overreporting und der -representation formuliert, bevor die Hypothesen zu den Wirkungszusammenhängen der Sozialkapitalkomponenten und der Wahlnorm sowie der Wahlnorm und der Wahlbeteiligung folgen (Kapitel 6.2). Zum Schluss werden in Kapitel 6.3 die Hypothesen für Europa präsentiert. Im Anschluss wird in Kapitel 7.1 die Datengrundlage, der European Social Survey 2002/2003, vorgestellt und in Kapitel 7.2 ist die Operationalisierung des Sozialkapitals dokumentiert.

Im achten Kapitel erfolgen die empirischen Analysen. Zunächst wird die Häufigkeit des Mis- bzw. Overreportings und dessen Ursprung untersucht, um das Ausmaß der Verzerrungen abschätzen zu können (Kapitel 8.1). Erst im Anschluss werden die oben genannten Forschungsfragen mit Hilfe fortgeschrittener multivariater Verfahren untersucht. Bevor diese Analysetechniken angewendet werden dürfen, ist es unerlässlich die Voraussetzungen für die linearen Strukturgleichungsmodelle (SEM) zu überprüfen (Kapitel 8.2). Nach der Bestätigung der Annahmen wird das Strukturmodell für das SEM spezifiziert (Kapitel 8.3) und in den folgenden Unterkapiteln überprüft (Kapitel

8.4). Kapitel 8.4 enthält die Antwort auf die Frage, ob und wie die Wahlbeteiligung, die Wahlnorm und das Sozialkapital miteinander zusammenhängen. Dazu wird im ersten Schritt eine Faktorenanalyse geschätzt. Als nächstes folgt ein lineares Strukturgleichungsmodell, welches die Effekte des Sozialkapitals auf die Wahlnorm und den Effekt der Wahlnorm auf die Wahlbeteiligung untersucht. Abschließend werden dem Modell Kontrollvariablen hinzugefügt. In Kapitel 8.5 erfolgt die Überprüfung auf europäischer Ebene mit der gleichen Vorgehensweise.

Den Abschluss der Arbeit bildet das neunte Kapitel mit den Schlussfolgerungen und einer Zusammenfassung der wichtigsten Ergebnisse sowie Vorschlägen für eine Verbesserung der Forschung.

2 Das Sozialkapital

Im Folgenden wird das Konzept des Sozialkapitals nach Putnam vorgestellt. Um sein Verständnis des Sozialkapitals nachvollziehen zu können, ist es jedoch zunächst erforderlich, die Entstehungsgeschichte des Sozialkapitals kurz zu beleuchten.

Der Begriff des Sozialkapitals wurde erstmals von L. J. Hanifan (1916) erwähnt. Hanifan beschreibt die positive Wirkung sozialer Beziehungen auf die Kooperation zwischen den Menschen und auf die Gesellschaft im Allgemeinen:

> »If he may come into contact with his neighbor, and they with other neighbors, there will be an accumulation of social capital, which may immediately satisfy his social needs and which may bear a social potentiality sufficient to the substantial improvement of living conditions in the whole community. The community as a whole will benefit by the coöperation of all its parts, while the individual will find in his associations the advantages of the help, the sympathy, and the fellowship of his neighbors« (Hanifan 1916: 130ff.).

Die Beschreibung von Hanifan erinnert bereits sehr stark an das Sozialkapital wie es Putnam später verwendet hat, denn auch Hanifan hat das Sozialkapital primär auf der Individualebene verortet. Darüber hinaus soll es positive Auswirkungen auf die Gesellschaft, also die Makroebene, haben. Im Gegensatz zu Putnam beschreibt Hanifan diesen Übertragungsmechanismus.

> »When sufficient social capital has been accumulated, then by skillful leadership this social capital may easily be directed to-

wards the general improvement of the community well-being« (Hanifan 1916: 131).

Zur Veranschaulichung berichtet Hanifan über einen »district supervisor«[8] in West Virginia. Mit Hilfe verschiedener Veranstaltungen sowie Unterricht für Kinder und Erwachsene wurde aktiv Sozialkapital kumuliert, woraufhin sich das Klima sowie das Zusammenleben in der Gemeinschaft verbessert haben.

Der Begriff des Sozialkapitals wurde nach Erscheinen von Hanifans Werk von mehreren Personen, unabhängig voneinander, verwendet. In den 1950er Jahren arbeitete John Seeley mit ihm (Putnam/Goss 2002: 5), in den 1960er Jahren Jane Jacobs und in den 1970er Jahren benutzte Glenn C. Loury den Begriff (Putnam/Goss 2002: 5, Franzen/Freitag 2007: 10). Die genannten Autoren verwendeten den Begriff jedoch nur kurzweilig und werden deshalb nicht weiter berücksichtigt.

Zunächst soll die theoretische Grundlage und die Definition des Sozialkapitals geklärt werden, um anschließend die einzelnen Bestandteile des Konzepts zu erörtern. Danach wird der Zusammenhang zwischen den drei Komponenten beschrieben, sowie die Operationalisierung bei Putnam dokumentiert. Das Sozialkapital wurde oftmals kritisiert. Die Kritik, die für die vorliegende Arbeit von Bedeutung ist, wird im letzten Unterkapitel beschrieben.

2.1 Theoretische Grundlagen und Definitionen von Putnam

Wie bereits erwähnt, war Putnam nicht der Erste, der das theoretische Konstrukt Sozialkapital verwendet hat. Aber es ist sein Verdienst, dass das Sozialkapital in der Wissenschaft, der Wirtschaft und der Politik diskutiert wird und weiterhin große Beachtung findet. Der Begriff wird zuallererst mit seinem Namen in Verbindung gebracht, was nicht zuletzt an seinem essayistischen Schreibstil und dem populärwissenschaftlich gehaltenen Buch »Bowling Alone« (2000) liegt.[9] Besonders

8 Die Supervisoren in den USA übernehmen ähnliche Aufgaben wie die Schulämter der Landkreise und Städte in Deutschland. Sie beraten und unterstützen die Schule bei ihrem Lehrauftrag und sichern die Qualität der Lehre.

9 »The desire to reach a broad audience, however, leave the work open to criticism. Rhetoric often overwhelms logic« (Sobel 2002: 140).

die zahlreichen Abbildungen der umfangreichen Datensammlung machen »Bowling Alone« einem breiten Publikum zugänglich.

Das Konzept des Sozialkapitals nach Putnam resultiert aus der Verbindung der Idee der »Schulen der Demokratie« von de Tocqueville (1840), der »Civic Culture« von Almond und Verba (1963) und dem Sozialkapital-Ansatz von Coleman (1988, 1990). Daher werden alle drei Konzepte kurz vorgestellt. De Tocqueville (1840) untersuchte die Verbindung zwischen Vereinen und der Stabilität der US-amerikanischen Demokratie.

> »Civil associations contribute to the effectiveness and stability of democratic government, it is argued [Anm. YL: bei de Tocqueville (1840)], both because of their ›internal‹ effects on individual members and because of their ›external‹ effects on the wider polity« (Putnam 1993a: 89).

De Tocqueville verbindet dabei die soziale Ebene der Vereine mit der politischen Ebene. Er beschrieb als erster die Effekte der sozialen Beziehungen im Allgemeinen, und der Vereinsmitgliedschaft im Besonderen, sowohl auf die Individuen als auch auf die Gesellschaft. »Norms and values of the civic community are embodied in, and reinforced by, distinctive social structures and practices« (Putnam 1993a: 89). De Tocqueville legte damit den Grundstein des Konzepts des Sozialkapitals, denn er verwies auch auf die Verbindung zwischen den Normen und den Netzwerken. Vereinigungen vermitteln ihren Mitgliedern »habits of cooperation, solidarity, and public-spiritedness« (Putnam 1993a: 89f.). De Tocqueville vertritt somit ein soziales bzw. demokratisches Weltbild.

Aufbauend auf de Tocqueville (1840) liefert das Standardwerk von Almond und Verba (1963) »The Civic Culture« einen weiteren Meilenstein in der Entwicklung des Sozialkapitalkonzepts nach Putnam. Almond und Verba (1963) untersuchten fünf Demokratien und deren politische Kultur. Auch sie untersuchten die Auswirkungen von interpersonalen Beziehungen, sozialen Normen und des Vertrauens in Menschen (Almond/Verba 1963: 284f.) auf die politische Partizipation und somit der Kooperation der Bürger. Mit Hilfe ihrer Daten konnten Almond und Verba »some explanation for the phenomenon of group formation noticed by Tocqueville and by many others since then« (Almond/Verba 1963: 295) finden. Aus der Sicht von Almond und Verba führt soziale Kooperation zu politischer Kooperation und damit zu verschiedenen politischen Kulturen. Daran angelehnt untersucht Putnam (1993a) die »civicness«[10] der italienischen Regionen. Damit erfasst Putnam im Grunde die Charakteristika der politischen Kultur der Regionen, denn »civicness« ist bei Putnam als Normen bzw. Werte der Bürger definiert.

Dritter Ausgangspunkt für Putnam ist die Arbeit von James Coleman (1988, 1990). Coleman verknüpft mit Hilfe des sozialen Kapitals die soziale Ebene mit der ökonomischen Ebene, sodass ökonomische Kooperation zwischen verschiedenen Akteuren erklärt werden kann.[11] Sein Konzept ist eindeutig rationalistisch bzw. ökonomisch geprägt (Lewandowski 2006: 15), denn das soziale Kapital wird, in Anlehnung an physisches Kapital, als individuelle Ressource betrachtet. In der deutschen Sprache ist eine Differenzierung zwischen dem Sozialkapital nach Putnam und dem sozialen Kapital von Coleman möglich. Während das Sozialkapital nach Putnam metaphorisch zu verstehen ist, handelt es sich bei Coleman um eine weitere Kapitalart (neben dem physischen und dem Humankapital). Im Englischen ist diese Unterscheidung nicht möglich, hier heißt es immer »Social Capital«. Wenn im Folgenden von dem Sozialkapital gesprochen wird, bezieht sich dies immer auf das Verständnis nach Putnam, während mit dem Terminus des sozialen Kapitals das Verständnis nach Coleman einhergeht.

1988 beschreibt Coleman erstmals drei Formen von sozialem Kapital: »obligations and expectations, information channels, and social norms« (Coleman 1988: S95). Er erläutert diese mit Hilfe einiger Beispiele, die die Vertrauenswürdigkeit bzw. das Vertrauen, soziale Beziehungen innerhalb verschiedener Netzwerke und Normen beschreiben (Coleman 1988: S98ff.). Bei den Beispielen sind bereits die späteren Konturen des Sozialkapitals nach Putnam zu erkennen. 1990 besteht das Sozialkapital bei Coleman (1990: 306ff.) aus Normen und Sank-

10 Gemeinsinn (Kriesi 2007: 27).

11 »The literature on social capital was thus trying to integrate some of these important concepts [like trust, norms of reciprocity, and institutions] from the other social sciences into a fundamentally economic approach to development« (Ostrom/Ahn 2003: xxx).

tionen, Informationspotenzial, Herrschaftsbeziehungen, Verpflichtungen und Erwartungen sowie aus übereignungsfähigen[12] sozialen und zielgerichteten Organisationen. Bei Coleman ist es schwierig die genauen Bestandteile des sozialen Kapitals auszumachen, denn sie scheinen situationsabhängig zu sein. Dies hängt vermutlich mit seiner mehrdeutigen Definition zusammen:

> »Social capital is defined by its function. It is not a single entity, but a variety of different entities, with two elements in common: they all consist of some aspect of social structures, and they facilitate certain actions of actors […] within the structure« (Coleman 1988: 98).

Coleman vergleicht den Begriff des sozialen Kapitals mit dem Begriff »Stuhl«, »der bestimmte physikalische Objekte über ihre Funktion kennzeichnet, wobei Unterschiede in Form, Design und Bauweise außer Acht gelassen werden« (Coleman 1991: 395). Die Bestandteile des sozialen Kapitals spielen bei Coleman somit nur eine untergeordnete Rolle. Mit welchen Mitteln die zwischenmenschliche Kooperation initiiert oder aufrechterhalten wird ist zweitrangig, solange das soziale Kapital zweckgemäß eingesetzt wird.

> »Die Funktion, die der Begriff ›soziales Kapital‹ identifiziert, ist der Wert, den diese Aspekte der Sozialstruktur für Akteure haben, und zwar in Gestalt von Ressourcen, die von den Akteuren dazu benutzt werden können, ihre Interessen zu realisieren« (Coleman 1991: 395).

12 Zielgerichtete Organisationen werden von Akteuren gegründet, die sich von dem Gründungszweck oder den Investitionen in die Organisation Gewinne erhoffen. Dabei entstehen zwei Nebenprodunkte. Erstens ein öffentliches Gut, bspw. profitieren auch Nichtmitglieder von der Arbeit von Menschenrechtsorganisationen, und zweitens die Übereignungsfähigkeit der Organisation für andere Zwecke (Coleman 1990: 312f.). Die Übereignungsfähigkeit ist dadurch gekennzeichnet, dass das soziale Kapital für neue oder andere Zwecke zur Verfügung steht. Bspw. wurde der Allgemeine Deutsche Frauenverein, mit dem Ziel Bildung für Frauen zugänglich zu machen und sie am öffentlichen Leben teilhaben zu lassen, gegründet. Heute setzt sich der Verein für die Belange von Migrantinnen und für die gleiche Teilhabe von Frauen und Männern in Politik, Wirtschaft und Gesellschaft ein (http://www.staatsbuergerinnen.org/philosophie/ziele.html, abgerufen am 4.1.2016).

Coleman (1988: S96) vermutet, dass

> »person's actions are shaped, redirected, constrained by the social context; norms, interpersonal trust, social networks, and social organization are important in the functioning not only of the society but also of the economy«.

Diese beiläufig geäußerte Vermutung wird von Putnam (1993a) aufgegriffen und für Italien überprüft. »›Social capital‹ refers to features of social organization, such as trust, norms, and networks, that can improve the efficiency of society by facilitating coordinated actions« (Putnam 1993a: 167). Putnam hat somit den Begriff, die Komponenten und die Wirkung des sozialen Kapitals von Coleman übernommen, während er den Verweis auf die Wirtschaft weggelassen hat. Damit folgt Putnam dem politischen bzw. demokratischen Ansatz von de Tocqueville. Bei Putnam verschiebt sich der Fokus von der wirtschaftlichen Kooperation wieder auf die gesellschaftliche Kooperation und damit einhergehend den Erhalt der Demokratie bzw. eine demokratische Zusammenarbeit der Bürger. Putnam widerspricht Coleman in dem Punkt der Funktionsweise des Sozialkapitals. »Who benefits from these connections, norms, and trust-the individual, the wider community, or some faction within the community-must be determined empirically, not definitionally« (Putnam 1995b: 665). Während bei Coleman das Individuum direkt vom sozialen Kapital profitiert und die Gesellschaft nur indirekt, vertritt Putnam einen gegenteiligen Standpunkt.[13] Putnam betont den positiven »overspill« Effekt des Sozialkapitals der Individuen auf die Gesellschaft. In dieser Betrachtungsweise ähnelt Putnams Konzept des Sozialkapitals dem von Hanifan, der ebenfalls positive Auswirkungen auf die Gesellschaft betont und der das Sozialkapital im metaphorischen Sinne versteht.

Um Putnams Verständnis des Sozialkapitals nachzuvollziehen, sollte man sein erstes Hauptwerk »Making Democracy Work« (1993a) betrachten. Putnams zweites Hauptwerk »Bowling Alone« (2000) bietet leider keine zusätzliche theoretische Grundlage oder weiterführen-

13 Daraus resultieren die unterschiedlichen Standpunkte bezüglich der Frage, ob Putnams Sozialkapital auf der Mikro- oder der Makroebene anzusiedeln ist. Das Sozialkapital ist eindeutig auf der Mikroebene zu verorten, während sich die positiven Effekte auch auf die Makroebene auswirken.

de theoretische Überlegungen, daher findet es an dieser Stelle keine weitere Beachtung. Forschungsgegenstand von »Making Democracy Work« (Putnam 1993a) ist die unterschiedliche Leistungsfähigkeit demokratischer Institutionen in Italien. Dabei soll die Frage beantwortet werden, warum die Institutionen im Norden leistungsfähiger sind als die Institutionen im Süden. In erster Linie liegt dies laut Putnam an den unterschiedlichen Rahmenbedingungen, sowohl sozialer, kultureller wie auch ökonomischer Art (Putnam 1993a: 6). Die zwei Hauptprädiktoren der institutionellen Performanz sind die sozioökonomische Modernität und die sogenannte »civic community« (Putnam 1993a: 83). Die »civic community« umfasst teilweise die gleichen Komponenten wie das Sozialkapital: ziviles Engagement, gleiche politische Rechte, Solidarität, Vertrauen und Toleranz sowie Vereine (Putnam 1993a: 87f.). Ein Merkmal der »civic community« ist die aktive Partizipation in öffentlichen Angelegenheiten. Die Bürger sind zwar keine Altruisten, aber »public spirited« und betrachten den öffentlichen Raum nicht als öffentliches Schlachtfeld (Putnam 1993a: 87). Auch mit dieser Ansicht stimmte Putnam mit de Tocqueville überein, der die Einstellung der Bürger als »self-interest properly understood« (de Tocqueville 1969 [1840]: 525–528) bezeichnete. Die Bürger haben die gleichen Rechte und Pflichten und sind »helpful, respectful, and trustful« (Putnam 1993a: 88), sowie tolerant.

Die »civic community« ist dem Sozialkapital thematisch in dem Sinne sehr nahe, dass man die Bestandteile des Sozialkapitals in der Beschreibung der »civic community« finden kann. Die »civic community« besteht aus der »civicness«, die die Normen und die Werte der Bürger (u. a. auch Vertrauenswürdigkeit) beschreibt, dem Vertrauen und den Vereinen (Putnam 1993a: 88). »Norms and values of the civic community are embodied in, and reinforced by, distinctive social structures and practices« (Putnam 1993a: 89). Dennoch bleibt unklar, wieso Putnam vom Terminus der »civic community« plötzlich zum Begriff »Sozialkapital« wechselt. Dies ist umso erstaunlicher, wenn man die Bedeutung der »civic community« betrachtet. Mit der »civic community« ist das Gefühl bzw. die Atmosphäre der Gesellschaft gemeint. Mit anderen Worten, etwas, was den Zusammenhalt und die Kooperation innerhalb der Gesellschaft oder auch den Charakter der Gesellschaft beschreibt. Die Nutzung des Terminus des Sozialkapitals hingegen verändert das Verständnis dahingehend, dass dieses schwer greifbare Konstrukt der Atmosphäre der Gesellschaft verkürzt wird auf die Beschreibung der Netzwerke, des Vertrauens und in seltenen Fällen der Normen der Bürger innerhalb der Gesellschaft. Da das Sozialkapital aufgrund des irreführenden Namens als Kapitalart angesehen wird, kritisieren viele Forscher, dass Putnam den Begriff »social capital as synonym for ›community‹, ›fraternity‹ and many other entities« (Braun 2001: 348) nutzt. Dies verdeutlicht die Unterschiede, zwischen dem Verständnis des Sozialkapitals nach Putnam (im Sinne der »civicness«) und dem Verständnis anderer Wissenschaftler (im Sinne der Kapitalart). In Putnams Denkweise ist es nicht falsch das Sozialkapital bspw. mit der Brüderlichkeit gleichzusetzen, während dies in der Kapital-Denkweise unpassend wäre. Somit kommt der Frage nach der Denkschule des Autors bei der Lektüre von Literatur zum Sozialkapital eine besondere Bedeutung zu.

Nach der Herleitung des Sozialkapital-Konzepts von Putnam und seines Begriffsverständnisses, soll nun auf die Definitionen des Sozialkapitals näher eingegangen werden. Im Laufe der Jahre haben sich die Definitionen, manchmal mehr, manchmal weniger, verändert. Tabelle 1 gibt einen Überblick über die Komponenten der Definitionen in den verschiedenen Publikationen Putnams. Da sich die vorliegende Arbeit an Putnam orientiert, wird die unüberschaubare Anzahl der stets variierenden Sozialkapital-Definitionen anderer Autoren nicht weiter beachtet. Für einen Überblick über die übrigen Definitionen sei dennoch auf Haddad/Maluccio (2003) und Freitag (2001) verwiesen.

Die erste Definition ist die wohl am häufigsten zitierte. Dies liegt vermutlich daran, dass nicht nur die drei Bestandteile des Sozialkapitals genannt werden, sondern auch auf deren Wirkungszusammenhang Bezug genommen wird. Putnam war sich damals noch nicht sehr sicher, welche Komponenten das Sozialkapital umfassen soll, denn er definiert das Sozialkapital als »such as« (Putnam 1993a: 177), welches die drei genannten Komponenten und/oder weitere, bislang nicht genannte Komponenten umfassen kann. In der zweiten Definition verdeutlicht Putnam das Ziel des Sozialkapitals: Die Kooperation zwischen den Menschen zu fördern. Gleichzeitig erwähnt er, dass das Sozialkapital ein Teil der sozialen Organisationen ist. Bei der Definition von 1995b ersetzt Putnam die sozialen Organisationen durch

Tabelle 1: Definitionen des Sozialkapitals nach Putnam

1993a	»Stocks of social capital, such as trust, norms and networks, tend to be self-reinforcing and cumulative« (Putnam 1993a: 177).
1993b	»… – ›social capital‹ refers to features of social organization, such as networks, norms, and trust, that facilitate coordination and cooperation for mutual benefit« (Putnam 1993b: 1f.).
1995b	»By ›social capital‹, I mean features of social life-networks, norms, and trust-that enable participants to act together more effectively to pursue shared objectives« (Putnam 1995b: 664f.). »Social capital, in short, refers to social connections and the attendant norms and trust« (Putnam 1995b: 665).
2000	»Social capital refers to connections among individuals-social networks and the norms of reciprocity and trustworthiness that arise from them« (Putnam 2000: 19). »Social capital-that is, social networks and the associated norms of reciprocity-comes in many different shapes and sizes with many different uses« (Putnam 2000: 21).
2002	»Social capital-that is, social networks and the norms of reciprocity associated with them« (Putnam/Goss 2002: 3).
Helliwell (2002) (OECD-Konferenz)	»Putnam set the stage by sketching a nested hierarchy of possible definitions for social capital, with the narrowest being the networks (…) with this narrow (›lean and mean‹ in his terms) definition enclosed within a series of larger definitions, including: • networks + reciprocity, • networks + trust, • networks + trust + norms, • networks + trust + norms + institutions« (Helliwell 2002: 5).
2003	»Social capital refers to social networks, norms of reciprocity, mutual assistance, and trustworthiness« (Putnam et al. 2003: 2).
2004a	»A very broad definition always risks intellectual sloppiness, so in recent years many figures in the field have converged toward a ›lean and mean‹ definition of social capital as ›social networks and norms of reciprocity‹ (Putnam 2004: 668).
Clarke (2004)	»Social capital refers to social networks and the associated norms of reciprocity« (Clarke 2004: 14).
2007	»I prefer a ›lean and mean‹ definition: social networks and the associated norms of reciprocity and trustworthiness« (Putnam 2007: 137).

»social life.« Auch hier liegt der Fokus auf den drei Komponenten des Sozialkapitals und die dadurch entstehende Kooperation. Den Definitionen der 1990er Jahren sind die drei Komponenten gemein: Netzwerke, Normen und Vertrauen. Im Jahr 2000 ist der Anfang der Definition noch mit den vorherigen Definitionen identisch, dann spezifiziert Putnam jedoch die Normen hin zur Reziprozitätsnorm und das Vertrauen zur Vertrauenswürdigkeit, die beide aus den Netzwerken entstehen. Ab 2002 schwankt Putnam zwischen zwei und drei Komponenten, teilweise mit und teilweise ohne das Vertrauen bzw. die Vertrauenswürdigkeit. Die Auswahl wird nicht weiter von Putnam begründet und so scheint sie relativ willkürlich zu erfolgen. Es ist unklar, warum das Vertrauen bzw. die Vertrauenswürdigkeit Putnam einmal wichtiger und einmal unwichtiger erscheint. Es stellt sich auch die Frage, warum Putnam die Normen auf die Reziprozitätsnorm verkürzt. Im Rahmen der »civicness« bzw. »civic community« waren auch der Respekt und die Toleranz von großer Bedeutung.

Die vorliegende Arbeit orientiert sich an der Definition aus »Making Democracy Work«: »Stocks of social capital, such as trust, norms and networks, tend to be self-reinforcing and cumulative« (Putnam 1993a: 177). Die Auflistung der Komponenten erfolgt unspezifisch, sodass zum einen unklar bleibt, ob das Sozialkapital aus weiteren, als den drei genannten, Komponenten besteht und zum anderen bleibt unklar, um welche Art der Netzwerke, des Vertrauens und der Normen[14] es sich handelt. Dies ist aber auch erst zu einem späteren Zeitpunkt von Interesse. Wichtiger sind die Gleichwertigkeit der drei aufgelisteten Komponenten und ihre Beziehungen untereinander, die in den empirischen Analysen (siehe Kapitel 8) aufgegriffen werden. Folgt man Putnams Verständnis des Sozialkapitals im demokratischen Sinne der »civicness«, so müsste sich das Sozialkapital aus den Netzwerken des zivilgesellschaftlichen Engagements bzw. den Vereinsmitgliedschaften, dem generalisierten Vertrauen und der Wohltätigkeitsnorm zusammensetzen. Nur diese spezifischen Komponenten des Sozialkapitals vermögen einen Beitrag zur »civicness« und somit zum Klima der Gesellschaft zu leisten und stehen daher im Fokus dieser Dissertation.

14 Siehe Kapitel 2.2–2.4.

2.2 Die Netzwerke

Im vorangegangenen Kapitel wurden die drei Komponenten des Sozialkapitals aufgezählt. Nun sollen die einzelnen Komponenten näher erläutert werden. Für die meisten Autoren sind die Netzwerke der wichtigste Bestandteil des Sozialkapitals. Ohne die Verbindungen zwischen Menschen gäbe es weder Vertrauen noch Normen, denn diese werden erst durch zwischenmenschliche Interaktion geschaffen. Während die Netzwerke von Bourdieu (1983) und Coleman (1988, 1990) weitestgehend vernachlässigt wurden, stellte Putnam diese in den Mittelpunkt (Häuberer 2011: 86, 147). Putnam unterstreicht die herausragende Stellung der Netzwerke: »The idea at the core of the theory of social capital is extremely simple: Social networks matter. Networks have value« (Putnam/Goss 2002: 6).

Netzwerke werden je nach theoretischem Standpunkt unterschiedlich definiert. Allgemein formuliert bestehen Netzwerke aus einer Menge sozialer Einheiten, wie bspw. Personen oder Organisationen, die durch Beziehungen aller Art miteinander verbunden sind (Esser 2000: 177). Je nachdem um welche Art sozialer Einheiten und Beziehungen es sich handelt, ergeben sich mehrere Unterarten von Netzwerken, die verschiedene Charakteristika aufweisen. Es gibt innen- und außenorientierte sowie bindende und brückenbildende Netzwerke, Netzwerke mit einer geringen oder einer hohen Dichte sowie informelle und formelle Netzwerke.[15]

Innenorientierte Netzwerke sind an der Verfolgung der materiellen, sozialen oder politischen Interessen ihrer Mitglieder interessiert, wie bspw. Berufsverbände oder Gewerkschaften, während außenorientierte Netzwerke etwas Gutes für die Gesellschaft bereitstellen möchten (Putnam/Goss 2002: 11). Außenorientierte Netzwerke streben die Erstellung öffentlicher Güter an und weisen altruistische Merkmale auf (Zmerli 2008: 49). Dabei handelt es sich beispielsweise um Umweltschutz- oder Menschenrechtsorganisationen.

Bindende, auch »bonding« genannte, Netzwerke zeichnen sich durch homogene Kontakte aus. Es handelt sich zumeist um einen Zusammenschluss von sehr ähnlichen Menschen (Putnam/Goss 2002: 11f.). Brückenbildende (»bridging«) Netzwerke beinhalten

15 Siehe dazu auch Kriesi (2007: 35ff.).

bspw. Kontakte verschiedener Schichten, Herkunftsländer, aber auch Lebensjahre oder sonstiger Unterscheidungsmerkmale von Menschen. Die meisten Kontakte sind jedoch sowohl bindend als auch brückenbildend, denn die Netzwerkmitglieder ähneln sich zumeist nur in Bezug auf einige Charakteristika, während sie sich in Bezug auf andere unterscheiden. Beispiele sind Heimatvereine oder Frauengruppen (Zmerli 2008: 50). Bezogen auf Vereinsmitgliedschaften gilt, dass der »bridging character of relations is not necessarily produced in the association itself but could also be the result of overlapping memberships at the individual level« (Hooghe/Stolle 2003: 10). Das heißt man muss nicht zwangsläufig Mitglied eines brückenbildenden Vereins sein, um mit Menschen unterschiedlicher Charakteristika in Kontakt zu kommen, denn mit der Anzahl der Mitgliedschaften steigt die Wahrscheinlichkeit innerhalb der vielen verschiedenen bindenden Vereine dennoch unterschiedliche Menschen kennenzulernen.

Die Unterteilung der Netzwerke, in diejenigen, die eine geringe oder eine hohe Dichte aufweisen, ist an Granovetter (1973, 1974) angelehnt. Granovetter untersuchte den Erfolg der Arbeitssuche mit Hilfe von starken und schwachen Kontakten. Der Grad der Bindung wurde durch die Häufigkeit der Kontakte mit einer Person und die Verbindungen des Kontaktes zu anderen Personen des gleichen Netzwerkes ermittelt (Putnam/Goss 2002: 10f.). Die schwachen Bekanntschaften, die sogenannten »weak ties«, waren für die Arbeitssuche besonders hilfreich, denn diese weisen häufig auch einen brückenbildenden Charakter auf. Ein Netzwerk mit vielen solcher schwachen Beziehungen ist durch eine geringe Dichte gekennzeichnet, während sich ein Netzwerk mit vielen Freunden und Familienmitgliedern durch eine hohe Dichte und vielen, sogenannten »strong ties«, auszeichnet.

Die vierte Unterart ist die Unterscheidung von informellen und formellen Netzwerken. Informelle Netzwerke sind bspw. Freundschafts- und Familiennetzwerke, während Vereine und Organisationen mit Satzungen formelle Gruppen darstellen. Im Kontext des Sozialkapitals sind mit formellen Netzwerken primär die freiwilligen

Vereinigungen im Sinne von Vereinen[16] gemeint. Freiwillige Vereinigungen sind

> »frei gewählte Zusammenschlüsse von Menschen [...], die ihre Ziele gemeinsam im Rahmen einer formalen – d. h. geplanten, am Ziel der Vereinigung ausgerichteten und von bestimmten Personen unabhängigen – Organisationsstruktur zu verfolgen versuchen« (Braun 2007: 201).

Die vier Unterscheidungen sind jeweils als Kontinuum zu verstehen (siehe Abbildung 4). Familien sind meistens innenorientierte, bindende, informelle Netzwerke mit einer hohen Dichte, während Umweltschutzvereine am jeweils anderen Ende der Kontinua zu finden sind. Es gibt jedoch ebenso formelle, bindende Netzwerke wie bspw. den Lions Club. In den meisten Fällen ist es jedoch nicht möglich die Netzwerke den verschiedenen Kontinua zuzuordnen, denn viele Netzwerke sind sowohl bindend als auch brückenbildend. Bei den anderen Zuordnungen wäre es prinzipiell einfacher, allerdings braucht man dafür Daten, die Informationen über die Dichte, die Ziele und die Beziehungsstruktur der Mitglieder enthalten. Genau genommen müsste man die Zuordnung für jedes Netzwerk, das man untersuchen möchte, einzeln vornehmen.

Auf die formellen Netzwerke wird nun näher eingegangen, denn die Differenzierung zwischen formellen und informellen Netzwerken ist in Bezug auf das Sozialkapitalkonzept die wichtigste Unterscheidung der verschiedenen Netzwerke[17]. Dies liegt vor allem an der Funktion der formellen Organisationen, also der Vereine und Verbände, denn sie sind die »notwendige Verknüpfung zwischen primären Gruppen wie Familien einerseits und staatlichen Institutionen und Behörden andererseits« (van Deth 2004: 295). Die Vereine dienen noch einem weiteren wichtigen Zweck. »The denser such networks in a community, the more likely that its citizens will be able to cooperate for mutual benefit« (Putnam 1993a: 173). Die Kooperation von

16 Diese werden manchmal auch als Netzwerke des zivilgesellschaftlichen Engagements bezeichnet.

17 Putnam konzentriert sich auf eine bestimmte Art der Netzwerke: »networks of civic engagement«, die vor allem aus Vereins-, Verbands- und Parteistrukturen bestehen (Kriesi 2007: 27).

Individuen wird durch die Kenntnis der übrigen Netzwerkmitglieder über die Teilnahme bzw. Nichtteilnahme wahrscheinlicher, denn »networks of civic engagement increase the potential costs to a defector in any individual transaction« (Putnam 1993a: 173). Sobald die Kosten der Nichtteilnahme höher wären, als die der Beteiligung, wäre es rational sich zu beteiligen und die Kosten der Beteiligung auf sich zu nehmen. Die Kosten bestehen in diesem Fall vor allem aus zeitlichen und sozialen Kosten. Der soziale Nutzen ist nicht zu unterschätzen, denn »networks of civic engagement facilitate communication and improve the flow of information about the trustworthiness of individuals« (Putnam 1993a: 174), d. h. die Reputation der Vereinsmitglieder wird weitergetragen und je nach Verhaltensweise verbessert oder verschlechtert sie sich. »The greater the communication (both direct and indirect) among participants, the greater their mutual trust and the easier they will find it to cooperate« (Putnam 1993a: 173). Für die Integration innerhalb des Netzwerkes und den eigenen Ruf ist es somit entscheidend, dass sich die Netzwerkmitglieder aktiv beteiligen. »Networks of civic engagement embody past success at collaboration, which can serve as a culturally-defined template for future collaboration« (Putnam 1993a: 173f.). Das bedeutet, bereits vorhandene Organisationsstrukturen können die Kooperation zwischen den Menschen erleichtern. »Freiwillige Vereinigungen sind also der Dreh- und Angelpunkt in Putnams Konzept« (Braun 2007: 202) des Sozialkapitals.

Die formellen Netzwerke lassen sich in zwei Unterarten unterteilen, denn sie entwickeln sich seit einigen Jahren von konventionellen Vereinen, in deren Rahmen man sich von Zeit zu Zeit getroffen hat und Kontakt zu anderen Vereinsmitgliedern hatte, hin zu sog. »cheque book«-Vereinen (van Deth 2004: 297). Diese Vereine zeichnen sich dadurch aus, dass die Mitglieder ihren Mitgliedsbeitrag bezahlen und sich darüber hinausgehend nicht weiter beteiligen. Zwischen den Vereinsmitgliedern besteht keinerlei Kontakt, wie bspw. beim ADAC oder dem WWF. Für das Sozialkapital auf der gesellschaftlichen Ebene kann dies problematische Auswirkungen haben. Wenn die Vereinsmitglieder keinen persönlichen Kontakt zueinander haben, können sich die positiven Eigenschaften der Vereinsmitgliedschaft nur sehr schwer auf die Mitglieder übertragen.

2.3 Die Reziprozitäts- bzw. Wohltätigkeitsnorm

Im Gegensatz zu dem Sozialkapital im Allgemeinen gibt es nur sehr wenige Definitionen der Reziprozitätsnorm. Über den reziproken Austausch hinaus gibt es eine »generalized moral norm of reciprocity which defines certain actions and obligations as repayments for benefits received« (Gouldner 1960: 170).

Die Frage, welche verschiedenen Unterarten der Reziprozität es gibt, wird von verschiedenen Autoren unterschiedlich beantwortet. Man kann ebenso wie bei den Netzwerken und dem Vertrauen zwei komplementäre Begriffe unterscheiden. Es gibt zum einen die spezifische bzw. komplementäre Reziprozität, die auch als »tit-for-tit« bezeichnet wird. Diese ist gekennzeichnet durch: »Exchanges should be concretely alike, or identical in form, either with respect to the things exchanged or to the circumstances under which they are exchanged« (Gouldner 1960: 172). Bspw. Person A hilft seinem Freund Person B bei seinem Umzug und wenn Person A umzieht, hilft ihm Person B. Zum anderen gibt es die generalisierte Reziprozität, welche auch als »tit-for-tat« bezeichnet wird. Die generalisierte Form der Reziprozität ist gekennzeichnet durch: »The things exchanged may be concretely different but should be equal in value, as defined by the actors in the situation« (Gouldner 1960: 172). Bspw. hilft Person A Person B beim Umzug und Person B hilft Person A die Winterreifen des Autos zu wechseln. Die Personen und auch der Wert der Gegenleistung sind identisch, einzig die Gegenleistung unterscheidet sich in ihrer Art. Bei beiden Formen der Reziprozität findet der Austausch grundsätzlich zwischen den gleichen Personen statt, d. h. bei keiner der genannten Reziprozitätsarten ist ein genereller Austausch mit völlig unbekannten Menschen gemeint.

Putnam hingegen definiert die Reziprozität folgendermaßen: »I'll do this for you now, in the expectation that you (or perhaps someone else) will return the favor« (Putnam 2000: 20). Putnam bezeichnet dies auch als generalisierte Reziprozität (Putnam 2000: 20f.), denn es findet kein direkter Austausch zwischen zwei Personen statt, sondern die Übergabe irgendeines Gutes und ggf. findet der Rücktausch mit einer völlig anderen Person als der ursprünglich beteiligten Person statt. Bspw. hilft Person A Person B beim Umzug und Person X hilft, der ihm völlig unbekannten Person A, den richtigen Weg zu finden.

Person B leistet dabei im schlimmsten Fall gar keine Rückgabe. Dies hat mit der klassischen generalisierten Reziprozität nur noch wenig gemein, da die Personen völlig andere sein können (sowohl Person A, wie auch Person B) und auch der Wert und die Art des Tauschgegenstands können sehr stark variieren.

Die Definition von Putnams generalisierter Reziprozität erinnert somit eher an die Norm der Wohltätigkeit (im Folgenden Wohltätigkeitsnorm genannt) von Gouldner (2005: 110). Die Wohltätigkeitsnorm beinhaltet normative Orientierungen wie Altruismus, Nächstenliebe oder Gastfreundschaft (Gouldner 2005: 110). Auch das, was Putnam als spezifische Reziprozität bezeichnet, wird bei Gouldner als generalisierte (tit-for-tat) Reziprozität bezeichnet. Bei Gouldner beinhaltet die spezifische Reziprozität (tit-for-tit) den Austausch der gleichen Güter.

Putnams Verständnis ist somit ein gänzlich anderes als das von Gouldner und da Putnams Reziprozität eher der Wohltätigkeitsnorm ähnelt, lohnt es sich, sich mit der Wohltätigkeitsnorm genauer auseinanderzusetzen. Die Reziprozitätsnorm kann von der Wohltätigkeitsnorm folgendermaßen abgegrenzt werden.

> »Die Reziprozitätsnorm rechtfertigt eine Verpflichtung, einem anderen deshalb zu helfen, weil er einem selbst geholfen hat oder helfen wird; die Wohltätigkeitsnorm rechtfertigt die Verpflichtung, einem anderen zu helfen, weil der andere dieser Hilfe bedarf« (Gouldner 2005: 115f.),

d. h. es muss vorher nicht zwangsläufig einen Austausch gegeben haben. Es ist gerechtfertigt zu helfen, »entweder weil sie dir geholfen haben oder in Zukunft helfen werden oder weil sie hilfsbedürftig sind« (Gouldner 2005: 116). Dies ist mit der Definition und dem Verständnis von Putnams generalisierter Reziprozität deckungsgleich. Eine wohltätige Handlung kann auch »zu einem späteren Zeitpunkt in Begriffen der Reziprozitätsnorm gesehen und interpretiert« (Gouldner 2005: 113) werden.

Während die Reziprozität als rational zu betrachten ist, denn entweder man bekommt exakt den gleichen oder einen gleichwertigen Gegenstand zurück, handelt es sich bei der Wohltätigkeitsnorm um eine »combination of what one might call short-term altruism and long-term self-interest« (Putnam 2000: 134). Beispielsweise wenn man einer fremden Person den Weg zeigt und daraufhin hofft, dass einem, wenn man selber eine Wegbeschreibung benötigt, ebenfalls geholfen wird. In einigen Fällen »the return of the favor is immediate and the calculation straightforward, but in some cases the return is long-term conjectural« (Putnam 2000: 135). Putnams generalisierte Reziprozität, also die Wohltätigkeitsnorm, »is fundamental to civilized life« (Putnam 2000: 135), denn nur wenn Personen daran glauben, dass ihre gute Tat oder ihre Hilfe irgendwann von irgendwem erwidert wird und ihre Tat langfristig nicht völlig umsonst war, sind Menschen auch daran interessiert kurzfristig altruistisch zu handeln. Putnams generalisierte Reziprozität, also die Wohltätigkeitsnorm, ist deshalb für die Gesellschaft wichtig, denn

> »these outstanding obligations, ..., contribute substantially to the stability of social systems. ... It is morally improper, under the norm of reciprocity, to break off relations or to launch hostilities against those to whom you are still indebted« (Gouldner 1960: 175).

Die Normen bzw. die Reziprozitätsnorm sind für das Zustandekommen von Kooperation zwischen den Menschen wichtig. »Norms such as those that undergird social trust evolve because they lower transaction costs and facilitate cooperation. The most important of these norms is reciprocity« (Putnam 1993a: 172), denn Zweifel an der Einhaltung der Norm zur Rückgabe führen sehr schnell zu einer Verweigerung von erneuter Kooperation. Es wird auch ohne die Norm kooperiert, aber die Kooperation wird mit Hilfe der Norm verbessert. »The norm of generalized reciprocity is a highly productive component of social capital. Communities in which this norm is followed can more efficiently restrain opportunism and resolve problems of collective action« (Putnam 1993a: 172), denn durch die Norm können Sanktionen verhängt werden und die Wahrscheinlichkeit der Einhaltung der Norm und somit das Zustandekommen der Kooperation steigt. Die Akzeptanz von Rechten und Gegenrechten fördert das Vertrauen und steigert die Wahrscheinlichkeit von reziprokem Verhalten.

»A society that relies on generalized reciprocity is more efficient« (Putnam 2000: 135) als eine Gesellschaft, in der die Wohltätigkeitsnorm nicht akzeptiert wird, denn dort wird Kooperation deutlich schwieriger zu initiieren sein. Die Norm dient als Versicherung, dass der vereinbarten Kooperation nachgekommen wird, denn »it provides a further source of motivation and an additional moral sanction for conforming with specific status obligations« (Gouldner 1960: 175f.). Die Reziprozitätsnorm stabilisiert nicht nur soziale Austauschsysteme, sondern sie kann auch den Ausgangspunkt für einen reziproken Austausch bilden (Gouldner 2005: 114). Die Reziprozitätsnorm übernimmt also für das Zusammenleben in einer Gemeinschaft eine wichtige Rolle. Sie wäre auch besonders wichtig in Gesellschaften mit großer sozialer Ungleichheit, denn »if B is considerably more powerful than A, B may force A to benefit it with little or no reciprocity« (Gouldner 1960: 164). D.h. ohne die Norm würde die machtvollere Person die weniger machtvolle Person ausnutzen. Allerdings dürfte gerade in Gemeinschaften mit großen sozialen Ungleichheiten die Reziprozitätsnorm nicht mehr gelten, weshalb die soziale Ungleichheit auch aufrechterhalten wird.

Auch wenn sich die Begrifflichkeiten von Putnam und Gouldner unterscheiden, verstehen beide die Reziprozität als »mutually gratifying pattern of exchanging goods and services [...], which in the long run balance, benefiting both sides equally« (Gouldner 1960: 170). Langfristig sollen alle beteiligten Akteure in gleichen Teilen von der Kooperation profitieren, sodass niemand ausgenutzt wird oder jemand mehr profitiert als andere. Diese Sichtweise entspricht ebenfalls dem demokratischen Ansatz Putnams.

2.4 Das Vertrauen

Das Vertrauen ist ein großes Forschungsfeld für sich und wie beim Sozialkapital gibt es kein einheitliches Begriffsverständnis (Kunz 2004: 203). Eine von vielen möglichen Definitionen von Vertrauen lautet: »[trust is the] belief that others will not, at worst, knowingly or willingly do you harm, and will, at best, act in your interests« (Delhey/Newton 2003: 105). Dieser Glauben beruht auf der Vertrauenswürdigkeit des Gegenübers.

Vertrauen entsteht, wenn eine Person eine andere Person aufgrund von früheren Erfahrungen, der Reputation, Informationen dritter Personen, etc. als vertrauenswürdig einschätzt. Wenn sich bspw. Person A vertrauenswürdig verhält und diese Information an andere Personen innerhalb des Netzwerkes weitergegeben wird, steigt die Wahrscheinlichkeit, dass diese Personen Person A vertrauen und mit ihr kooperieren. Ohne Vertrauenswürdigkeit und das daraus resultierende Vertrauen würde es nur wenige Kooperationen zwischen den Menschen geben. Die erfolgreiche Kooperation schafft wiederum zusätzliches Vertrauen zwischen den Menschen (Putnam 1993a: 171). Somit hängen die Vertrauenswürdigkeit und das Vertrauen sehr eng miteinander zusammen, denn

> »›trustworthiness‹, that is, a readiness to act in accord with the obligations of reciprocity. Trust (that is, the perception by others that one is trustworthy) is typically a correlate of trustworthiness and thus of social capital, but unwarranted trust (that is, trust divorced from trustworthiness) is merely gullibility, which is not part of the conception of social capital« (Putnam 2004: 668, Fußnote**).

Desweiteren wird vermutet, dass das Vertrauen aus der Reziprozitätsnorm entsteht (Putnam 1993a: 171). Denn der Ausgangspunkt der Einschätzung, ob Person A mit Person B kooperieren sollte, ist die Bereitschaft des Individuums sich der Reziprozitätsnorm zu beugen (siehe Abbildung 2). Ist diese Bereitschaft vorhanden und wird dies durch die Reputation sowie durch früheres Verhalten bestätigt, so gilt die Person als vertrauenswürdig. Die Vertrauenswürdigkeit bildet wiederum die Grundlage für das Vertrauen. Besteht der Verdacht, dass sich die Person nicht an die Reziprozitätsnorm hält, liegt keine Vertrauenswürdigkeit vor. Vertraut Person A Person B ohne das Person B vertrauenswürdig ist, so handelt Person A leichtgläubig. Auch dann kann zwischen den beiden Personen die Absicht bestehen zu kooperieren, allerdings ist die Wahrscheinlichkeit, dass sich Person B nicht regelkonform verhält deutlich größer, als wenn die Kooperation durch gerechtfertigtes Vertrauen gekennzeichnet gewesen wäre. In einem Netzwerk, in dem die Reziprozitätsnorm allgemein akzeptiert wird, steigt die Wahrscheinlichkeit, dass sich die Mitglieder des Netzwerkes vertrauen.

Abbildung 2: Von der Reziprozität zur Kooperation

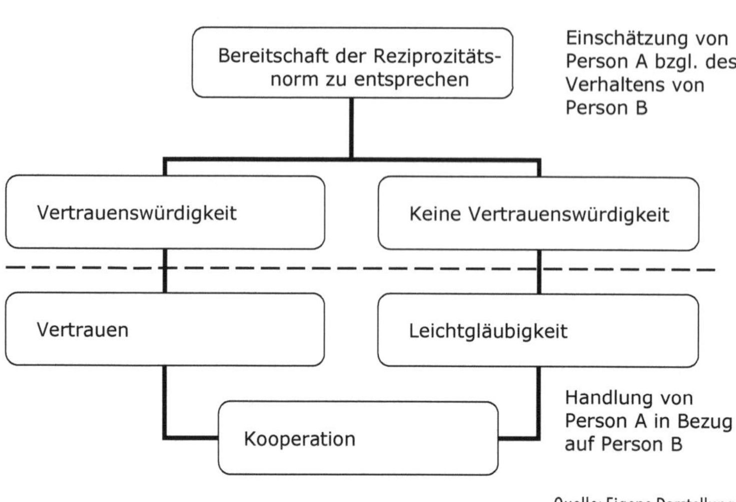

Quelle: Eigene Darstellung.

Putnam stimmt hierin mit Coleman überein, für den Vertrauen »eine rationale Entscheidung unter subjektiven Risikowahrscheinlichkeiten, die in Begriffen von Gewinn und Verlust durchgeführt wird« (Adloff/Mau 2005: 31) umfasst. Mit dem Vertrauen ist also kein blindes, naives Vertrauen gemeint, sondern wohlüberlegtes und auf die jeweilige Situation abgestimmtes Vertrauen.

Die herausragende Stellung des Vertrauens bei der Entscheidung zu kooperieren führt zu der Einschätzung, dass das soziale Vertrauen ein unerlässlicher Teil des Sozialkapitals ist (Putnam 1993a: 170). Gleiches gilt auch für die Vertrauenswürdigkeit, die Reziprozitätsnorm und die Netzwerke (Putnam 1993a: 172f.). So verwundert es auch nicht, dass Putnam die Bedeutung der Reziprozität für das Sozialkapital hervorhebt. »The touchstone of social capital is the principle of generalized reciprocity« (Putnam 2000: 134), denn die Einhaltung der Reziprozitätsnorm ist sehr stark mit dem Vertrauen verbunden.

Zusätzlich geht das Vertrauen mit einer in der Kindheit und Jugend sozial erlernten generalisierten Einstellung einher, »die sich auf die grundsätzliche Vertrauenswürdigkeit der Mitmenschen bezieht« (Kunz 2004: 203). Wer in einem vertrauensvollen Umfeld mit vielen vertrauenswürdigen Personen sozialisiert wurde, hat ein höheres generelles Vertrauen in Menschen als Personen, die in einem weniger vertrauensvollen Umfeld sozialisiert wurden. Das Vertrauen, wie auch die Internalisierung der Reziprozitätsnorm, entsteht zum einen durch persönliche Erfahrungen aus vorherigen Kooperationen und zum anderen aufgrund der sozialen Konventionen in der Sozialisationsphase (Putnam 2000: 139).

Ebenso wie bei den Netzwerken gibt es auch bei dem Vertrauen ein Kontinuum (Putnam 2000: 136, Fn. 12). Die Endpunkte sind dünnes (»thin«) oder auch generalisiertes und dichtes (»thick«) oder auch spezifisches Vertrauen (Kunz 2004: 204). »Trust embedded in personal relations that are strong, frequent, and nested in wider networks is sometimes called ›thick trust‹« (Putnam 2000: 136). Dichtes Vertrauen herrscht bspw. vornehmlich zwischen Familienmitgliedern oder Freunden vor, während dünnes Vertrauen zwischen flüchtigen Bekannten, Pendlern oder auch Unbekannten vorherrscht. »Thinner trust in ›the generalized other‹ […] also rests implicitly on some background of shared social networks and expectations of reciprocity« (Putnam 2000: 136). Für das Sozialkapital ist das dünne bzw. generalisierte Vertrauen von Bedeutung, denn das generalisierte Vertrauen steigert die Wahrscheinlichkeit mit unbekannten Personen[18] zu kooperieren. Das dünne Vertrauen hängt mit der Befolgung der Wohltätigkeitsnorm zusammen, sodass sich das gesellschaftliche Klima verbessern solle, weil jeder Mensch jedem anderen helfen würde ohne eine direkte Gegenleistung oder vorhergehende Leistung zu erwarten.

2.5 Wirkungszusammenhänge der Komponenten

Wie bereits in der Beschreibung der einzelnen Komponenten angedeutet wurde, stehen die drei Komponenten miteinander in Beziehung. Diese Beziehungen werden im Folgenden genauer betrachtet, da sie für die spätere Modellierung der empirischen Analysen von Bedeutung sind.

Putnam (1993a) beschreibt den Zusammenhang zwischen den drei Komponenten des Sozialkapitals folgendermaßen: »Stocks of

18 Man kennt die Person nicht persönlich, teilt mit ihr aber vielleicht den gleichen kulturellen Hintergrund, das gleiche Interesse (bspw. an einer Sportart), die gleiche politische Einstellung oder man hat gemeinsame Bekannte.

social capital, such as trust, norms, and networks, tend to be self-reinforcing and cumulative« (Putnam 1993a: 177). Oder auch: »Social trust, norms of reciprocity, networks of civic engagement, and successful cooperation are mutually reinforcing« (Putnam 1993a: 180). Wie in Abbildung 3 zu sehen ist, verstärken sich die drei Komponenten, die Netzwerke, das Vertrauen und die Normen, gegenseitig und bilden gemeinsam das Sozialkapital. Putnam (1993a: 173ff.) erklärt allerdings nicht warum die Zusammenhänge so aussehen und nicht anders. Nur indirekt kann man es bei Putnam herauslesen: »Networks of civic engagement foster robust norms of reciprocity [...] and encourage the emergence of social trust« (Putnam 1995a: 67), d. h. die soziale Interaktion zwischen Menschen verstärkt das Vertrauen und die Reziprozitätsnorm und bildet den Startpunkt des positiven Kreislaufs (»virtuous circle«) (Putnam 1993a: 170).

Abbildung 3: Die Wirkungszusammenhänge der Komponenten

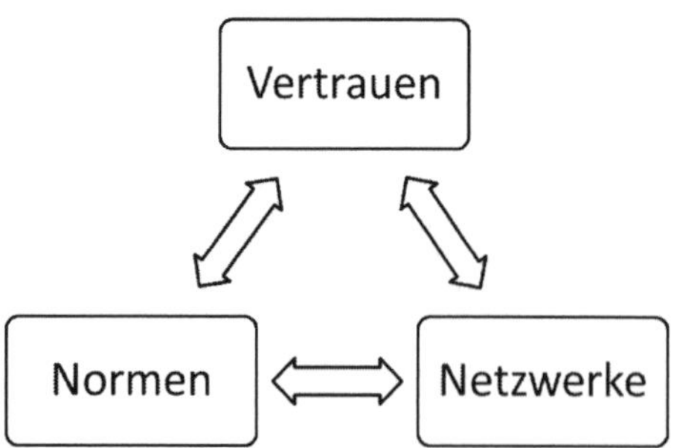

Quelle: Eigene Abbildung (angelehnt an Gabriel et al. 2002: 23).

Die Wirkungszusammenhänge beschränken sich nicht nur auf die in Abbildung 3 dargestellten Zusammenhänge. Die in den vorangegangenen Kapiteln erläuterten Dimensionen der einzelnen Komponenten lassen sich ebenfalls in die Wirkungszusammenhänge integrieren.

> »The theory of social capital argues that associational membership should, for example, increase social trust, but this prediction is much less straightforward with regard to membership in tertiary associations. From the point of social connectedness, the Environmental Defense Fund and a bowling league are just not in the same category« (Putnam 1995a: 70).

Die Dimensionen der einzelnen Komponenten stehen zwar mit den anderen Dimensionen der übrigen Komponenten in Beziehung (Abbildung 4), aber nicht jede Dimension einer jeden Komponente beeinflusst jede andere Dimension einer anderen Komponente. So unterstützen bindende Netzwerke die Entstehung von dichtem Vertrauen. Bei bindenden Netzwerken handelt es sich um Netzwerke zwischen Menschen, die durch eine enge soziale Beziehung miteinander verbunden sind. Das daraus resultierende Vertrauen bezieht sich ausschließlich auf die Mitglieder des bindenden Netzwerkes, sodass sich daraus dichtes Vertrauen entwickeln kann. Bei brückenbildenden Netzwerken handelt es sich um Menschen mit verschiedenen Charakteristika, sodass das generalisierte Vertrauen in die Menschen gestärkt wird.

»Dense networks of social interaction appear to foster sturdy norms of generalized reciprocity« (Putnam/Goss 2002: 7), denn in Netzwerken mit engen sozialen Beziehungen ist es einfacher die Reziprozität zu kontrollieren, zu sanktionieren und somit die Reziprozitätsnorm zu stärken. Damit ist allerdings die Reziprozitätsnorm nach Gouldner gemeint, da es sich bei dichten Netzwerken nicht um völlig unbekannte Menschen handelt und die Wohltätigkeitsnorm in den Netzwerken überhaupt nicht zu überwachen ist.

Wie in Kapitel 2.1 beschrieben, orientiert sich die vorliegende Dissertation an dem Konzept des Sozialkapitals nach Putnam. Die entscheidenden Komponenten des Sozialkapitals, die die »civicness« bzw. die Integration in die Gesellschaft wiedergeben, sind daher die formalen Netzwerke, das generalisierte Vertrauen und die Wohltätigkeitsnorm. Nur diese Komponenten spiegeln die Bereitschaft einen selbstlosen Beitrag zur Verbesserung des gesellschaftlichen Klimas und damit der »civicness« wider. Das spezifische Vertrauen ist nur den beteiligten Personen von Nutzen, jedoch nicht dem Allgemeinwohl. Gleiches gilt für die Reziprozitätsnorm. Personen, deren Netzwerke primär aus informellen Netzwerken bestehen, sind zwar auch in der Gesellschaft integriert, aber sie würden wahrscheinlich nicht mit fremden Menschen zusammenarbeiten und bei der Bereitstellung eines Kollektivguts helfen. Wird im Folgenden von dem Sozialkapital gesprochen, so ist damit das Sozialkapital im Sinne der »civicness«,

Abbildung 4: Dimensionen des Sozialkapitals

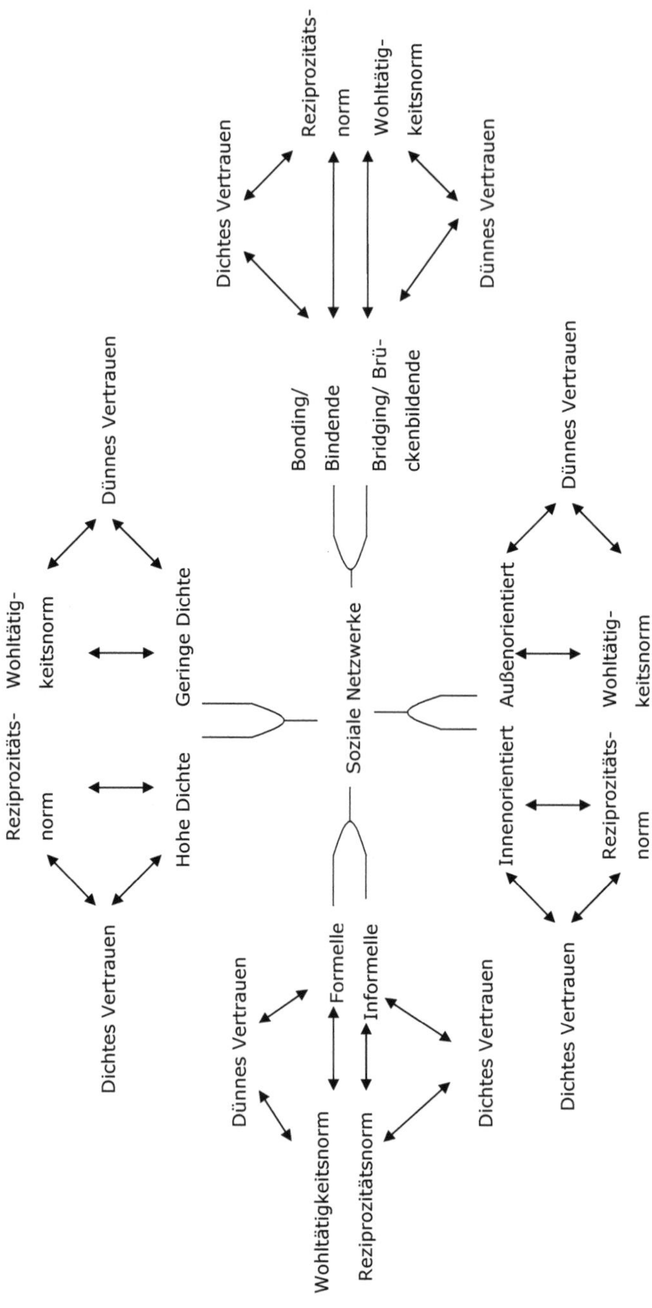

Quelle: Eigene Darstellung.

bestehend aus den drei Komponenten der formellen Netzwerke, des generalisierten Vertrauens und der Wohltätigkeitsnorm gemeint.

Wenn man sich die Definitionen aus Kapitel 2.1 in Erinnerung ruft, so beschreibt Putnam (1995b: 665 und 2000: 19, 21) nicht nur verschiedene Kontinua der einzelnen Komponenten, sondern auch Komponenten, die sich auf zwei verschiedenen Ebenen befinden. Die sozialen Netzwerke und deren vielfältigen Erscheinungsformen werden der strukturellen Ebene zugeordnet. Hierbei handelt es sich um objektive Strukturen (Heydenreich-Burck 2010: 54), wie die Anzahl und Art der Beziehungen, die Charakteristika von Netzwerken oder den Grad des Engagements in Vereinen. Die Reziprozitäts- und die Wohltätigkeitsnorm sowie das Vertrauen werden der kulturellen Ebene zugeordnet. Werden allgemein soziale Werte und Normen betrachtet, zählen Solidarität, Reziprozität, Toleranz und demokratische Einstellungen ebenfalls dazu (Kunz et al. 2008: 43).

Das Sozialkapital bzw. dessen Komponenten befinden sich jedoch nicht nur auf der kulturellen und der strukturellen Ebene. Die Komponenten können zusätzlich auf der Mikro- und der Makroebene verortet werden.[19] Auch wenn sich Putnams empirische Analysen auf die Aggregatebene beziehen, so spricht doch einiges dafür, dass die »civicness« eher auf der Mikroebene verankert ist. So handelt es sich bei der »civicness« bzw. dem Gemeinsinn um die Einstellung der Bürger gegenüber der Gesellschaft und den Mitmenschen, den internalisierten Normen und deren Einbindung in die Gesellschaft über die Vereine. D. h. man befindet sich eindeutig auf der Mikroebene. Es ist jedoch auch möglich das Sozialkapital als öffentliches Gut zu betrachten, denn auch unbeteiligte Dritte können von dem kulturellen Sozialkapital oder von dem Kooperationsergebnis profitieren. Putnam und Goss (2002: 7) nennen hierzu das Beispiel einer Bürgerinitiative zum Bau eines Kinderspielplatzes. Durch die Zusammenarbeit in der Initiative entstehen neue Beziehungen, sodass sich die Netzwerke der Beteiligten erweitern und das Vertrauen in die Menschen gestärkt wird. Im Idealfall ist die Bürgerinitiative erfolgreich und der Spielplatz wird gebaut. Von diesem Kollektivgut bzw. dem Kooperationsergebnis pro-

19 Auf das sog. »linking« Sozialkapital, das mit dem Vertrauen in Institutionen gleichzusetzen ist (Kroll 2008: 86, siehe dazu auch Woolcock 1998, Woolcock/Narayan 2000), wird hier nicht eingegangen.

fitiert wiederum die gesamte Nachbarschaft. Die Tatsache, dass sich Fremde für die Gemeinschaft einsetzen, könnte sich auf das generelle Vertrauen und die Wohltätigkeitsnorm der Nachbarn auswirken. So entsteht zusätzlich zu dem real existierenden Kollektivgut des Spielplatzes das Kollektivgut des positiven Klimas in der Gemeinschaft. »Social capital can thus be simultaneously a private and a public good« (Putnam/Goss 2002: 7).[20]

Die Zweiteilung in die strukturelle und die kulturelle Ebene sowie die Zuordnung auf der Mikro- oder der Makroebene werden von Gabriel et al. (2002: 25f.) unter der Bezeichnung des »doppelten Doppelcharakters« des Sozialkapitals zusammengefasst. Aufgrund dieser komplexen Struktur sollte daher immer beschrieben werden, welche Art des Sozialkapitals auf welcher Ebene betrachtet wird.

2.6 Operationalisierung bei Putnam

Nachdem die Definitionen und die Komponenten sowie deren Zusammenspiel erläutert wurden, wird nun die praktische Umsetzung in Putnams Hauptwerken (1993a, 2000) betrachtet. Putnam definierte das Sozialkapital sowohl 1993a wie auch 2000 von den Komponenten aus betrachtet fast identisch und dennoch wird es jeweils unterschiedlich operationalisiert. Wie bereits in Kapitel 2.1 erwähnt wurde, modellierte Putnam in »Making Democracy Work« den sog. »Civic Community Index« für Italien. Es handelt sich dabei um eine Aggregatdatenanalyse der zwanzig Regionen Italiens (Putnam 1993a: 92). Der Civic Community Index besteht aus vier Faktoren und soll die »›civic-ness‹ of regional life« (Putnam 1993a: 91) messen. Die Operationalisierung ist an die von de Tocqueville angelehnt. Der erste Faktor umfasst den prozentualen Anteil der Sport- und Kulturvereine in den einzelnen Regionen. Der zweite Faktor spiegelt den prozentualen Anteil der Zeitungsleser in der jeweiligen Region wider. Der dritte und der vierte Faktor ergeben sich jeweils aus einer Faktorenanalyse. Für den dritten Faktor wurden die Wahlbeteiligungsraten bei verschiedenen Referenden der Jahre von 1974 bis 1987 zu einem Faktor

20 Putnam scheint hier ein wenig vom demokratischen Ansatz zum rationalen Ansatz zu wandern.

zusammengefasst und für den vierten Faktor wurde der prozentuale Anteil der Präferenzwahl bei nationalen Wahlen der Jahre von 1953 bis 1979 verwendet (Putnam 1993a: 91ff.). Mit diesen vier Faktoren wurde wiederum eine Faktorenanalyse[21] berechnet. Alle Faktoren weisen Faktorladungen größer als 0,89 auf und liegen damit deutlich über dem Grenzwert von 0,7 (Putnam 1993a: 91). Bei dem neuen Faktor, der den Civic Community Index darstellt, handelt es sich indirekt um einen Faktoren zweiter Ordnung.

Putnams Operationalisierung erfolgt allerdings nicht stringent, denn bei der theoretischen Herleitung sind das Vertrauen und die Vertrauenswüdigkeit Teil der »civicness« und der »civic community« bzw. bei dem Vertrauen handelt es sich um ein Charakteristikum der Bürger der »civic community«. Bei der Operationalisierung in Putnams Civic Community Index ist das Vertrauen hingegen nicht enthalten. Stattdessen wird der Einfluss des Vertrauens auf den Civic Community Index betrachtet (Putnam 1993a: 111f.). Wenige Kapitel später wird das Vertrauen wieder als Indikator des Sozialkapitals (und damit indirekt des Civic Community Index) präsentiert. An dieser Stelle wird die Ursache-Wirkungsbeziehung nicht ausreichend auseinandergehalten bzw. ein Phänomen wird mit einem Bestandteil des Phänomes erklärt. Putnam vermischt Ursache und Wirkung des Sozialkapitals miteinander (Häuberer 2011:60) und das führt dazu, dass erklärende und erklärte Variablen sowie Ursache und Wirkung identisch sein können (Farrell 2007:37).

In »Bowling alone« modellierte Putnam (2000) den »Social Capital Index« (SCI) ebenfalls auf der Aggregatebene für die fünfzig Bundesstaaten der USA und nutzte dafür eine Faktorenanalyse erster Ordnung. Der SCI besteht aus vierzehn Indikatoren, die u.a. die Anzahl der Vereine, die Wahlbeteiligung, gemeinnützige Arbeit, Zeit mit Freunden und Zeit zu Hause, Vertrauen und Ehrlichkeit umfassen (Putnam 2000:291). Bei den Indikatoren handelt es sich sowohl um Indikatoren der Aggregatebene (bspw. die Wahlbeteiligung, die Anzahl von gemeinnützigen oder von sozialen Vereinen pro 1000 Einwohner) als auch um aggregierte Indikatoren der Individualebene (bspw. die durchschnittliche Anzahl an Vereinsmitgliedschaften,

21 Mit einer Hauptkomponentenanalyse (PCA) (Putnam 1993a: 94 Fn. 42).

der prozentuale Anteil der Besuche von öffentlichen Versammlungen oder der Anteil der Personen, die den meisten Menschen vertrauen). Von den vierzehn Indikatoren lassen sich zwölf als Indikatoren der formellen und informellen Netzwerke bezeichnen. Das Vertrauen wurde mit den übrigen zwei Indikatoren gemessen, während die Reziprozitätsnorm nicht berücksichtigt wurde. Anschließend wurde der Sozialkapital-Index mit Ausprägungen verschiedener gesellschaftlicher Bereiche wie bspw. Bildung, Nachbarschaft, Demokratie, etc. korreliert.

Anhand dieser Korrelationen ist es nicht möglich Aussagen über die kausale Beziehung oder die Abnahme des Sozialkapitals zu treffen. Letzteres versucht Putnam mit Hilfe zahlreicher Daten zu belegen. Es werden Zeitreihen präsentiert, die allesamt einen negativen Trend zeigen. Besonders eindrucksvoll ist dies für die zivilgesellschaftlichen und berufsbezogenen Vereine (Putnam 2000: Appendix III).

2.7 Kritik an dem Konzept nach Putnam

Das Konzept des Sozialkapitals kam in den 1990er Jahren in Mode und hat sich in den letzten Jahrzehnten in der Wissenschaft weit verbreitet. Das Sozialkapital wurde auf unzählige verschiedene Bereiche übertragen (Heydenreich-Burck 2010: 68, Halpern 2005: 14), sodass das Sozialkapital mittlerweile als Allheilmittel für alle möglichen gesellschaftlichen Probleme gilt (Uslaner/Dekker 2001: 176). Möglicherweise besser geeignete Theorien und Erklärungsansätze werden von den Anwendern häufig ignoriert. Obwohl es bereits genügend Kritik am Sozialkapital gab[22], wird es meistens unkritisch gebraucht. Auf die wichtigsten Kritikpunkte, die für die vorliegende Arbeit relevant sind, soll nun eingegangen werden.

Ein Vorwurf an die Forschung ist die Bezeichnung des Konzepts des Sozialkapitals als Theorie. Häuberer (2011) hat sich mit diesem Vorwurf auseinandergesetzt und Putnams Konzept auf mehrere Kennzeichen einer Theorie hin überprüft. Die von ihr festgelegten Kriterien und Voraussetzungen wurden nur teilweise erfüllt (Häuberer 2011: 58f.). So mögen einige Kennzeichen einer Theorie vorhan-

22 Bspw. Farrell (2007), Durlauf (2002), Helmbrecht (2005), Poder (2011).

den sein, aber das sollte nicht darüber hinwegtäuschen, dass die Begründungszusammenhänge unzureichend theoretisch fundiert und ausgearbeitet sind.

> »Ende der 1990er Jahre konstatierten Boix und Posner, dass die Entwicklung einer Sozialkapitaltheorie noch in den Kinderschuhen stecke, eine Einschätzung, die Diekmann erst kürzlich wiederholte (vgl. Boix, Posner 1998: 686; Diekmann 2007: 48)« (Frings 2010: 52)

und die auch heute noch gilt. »Social capital theory is not a deductive set of propositions but a heuristic framework of more or less precise hypotheses« (Diekmann 2004: 488). Das liegt nicht zuletzt an Putnam, dessen Definitionen, aufgrund seines Schreibstils und seiner über die Wissenschaft hinaus reichenden Zielgruppe, keine stringente Hypothesenherleitung und -überprüfung erlauben. Auch bei Putnam selbst fehlt die Hypothesenherleitung. Maloney et al. (2000: 214) fassen es treffend zusammen: »social capital is undertheorized and oversimplified«.

Häufig wurde die Verwendung der Terminologie des Sozialkapitals, mit Betonung auf »Kapital« kritisiert. Einige Autoren wie bspw. Esser (2000: 235), Bourdieu (1983) und Lin (2001) begreifen das Sozialkapital als Kapitalart im Sinne von Coleman und bezeichnen es daher auch folgerichtig als soziales Kapital. Clarke et al. (2004: 225) sprechen hier von der »rational version of social capital«. Putnam übernimmt zwar den Begriff des Sozialkapitals, allerdings unterliegt ihm ein anderes Verständnis. Bei ihm handelt es sich um eine »socio-cultural version of social capital« (Clarke et al. 2004: 226). Das scheint den meisten Sozialkapitalforschern nicht bewusst zu sein und so verwendet die Mehrheit der Forscher das Konzept nach Putnam, insbesondere seine Definition, mit der rationalen bzw. ökonomischen Sichtweise von Coleman. Verwirrenderweise stimmt Putnam dieser Interpretation zu, obwohl er mit seinem Sozialkapital nur metaphorisches Kapital, wie in Kapitel 2.1 beschrieben, meint.

> »We describe social networks and the associated norms of reciprocity as social capital, because like physical and human capital (tools and training), social networks create value, both individual and collective, and because we can ›invest‹ in networking« (Putnam/Goss 2002: 8).

Möglicherweise ist das eine Annäherung an den Mainstream aus Konformitätsdruck oder um die Notwendigkeit einer Erweiterung bzw. Ausarbeitung seines Konzepts zu umgehen. Dennoch ist diese Sichtweise mit Putnams Konzept des Sozialkapitals nicht vereinbar. Und auch Hanifan hat bereits darauf hingewiesen, dass das Sozialkapital allenfalls metaphorisch zu verstehen ist.

> »In the use of the phrase social capital I make no reference to the usual acceptation of the term capital, except in a figurative sense. I do not refer to real estate, or to personal property or to cold cash« (Hanifan 1916: 130).

Diese Abgrenzung unterstützt die Aussagen von Arrow (2000)[23], dass das Sozialkapital keine Kapitalform im eigentlichen Sinne ist und daher auch nicht so verwendet werden sollte. Ostrom und Ahn (2003) sprechen sich ebenfalls dafür aus, das Sozialkapital nicht als Kapitalart zu verteidigen. »That battle is certainly not winnable« (Ostrom/Ahn 2003: xxv). Die Frage ist, warum sich Putnam davon abgewendet hat und das Sozialkapital als Kapitalform verteidigt, obwohl es 1993 eindeutig anders zu verstehen ist und von ihm auch nicht in diesem Sinne erhoben worden ist. Prakash und Selle finden den Begriff des

> »›social capital‹, understood sensu stricto, misleading and capable of generating unproductive confusion. Perhaps less harm is done if it is borne in mind that the term is used metaphorically rather than in any formal, rigorous or technical sense« (Prakash/Selle (2004: 24).

Das Sozialkapital von Putnam sollte deshalb eindeutig von den Konzepten von Coleman (1988, 1990) und Lin (2001) abgegrenzt werden.

Die Anwendung des Sozialkapitals im rationalen bzw. ökonomischen Sinn und die vielen ähnlichen, aber dennoch immer etwas unterschiedlichen, Definitionen von Putnam führten dazu, dass sich in der Wissenschaft niemand auf eine Definition einigen kann (Bjørnskov 2006: 23). »Social capital is a conglomerate of several components whereby the bundles of components vary from definition to definition of respective authors« (Diekmann 2004: 488f.). Hooghe und

23 Siehe auch Franzen und Pointner (2007: 69).

Stolle (2003) gehen sogar soweit, das Sozialkapital in ihrem Sammelband gar nicht mehr zu definieren. Momentan ähnelt das Sozialkapital eher einem Sammelbegriff für unterschiedliche Zusammensetzungen unterschiedlicher Komponenten. Eine ähnliche Kritik lässt sich auch für die einzelnen Komponenten formulieren. »A number of critics[24] have argued for a clearer distinction between the subcomponents of social capital« (Halpern 2005: 9f.), denn wie Kapitel 5.2 zeigt, werden viele verschiedene und unterschiedlich gut geeignete Indikatoren zur Messung des Sozialkapitals verwendet. Manche vergleichen das Konzept sogar mit einem Rorschachtest für Intellektuelle (Halpern 2005: 18).

Durch die fehlende Einigkeit bzgl. einer Definition ist die Messung des Sozialkapitals bei Befragungen problematisch. Die Messung des Vertrauens und der Netzwerke ist relativ unumstritten. Die Komponenten können sich jedoch auf unterschiedlichen Ebenen (Individual-, Gemeinde- oder Länderebene) und auf verschiedenen Positionen des Kontinuums befinden, sodass ein vollständiges Modell des Sozialkapitals multidimensional wäre (wie bei Abbildung 4). Die scheinbare Einfachheit der Definition von Putnam entpuppt sich bei genauerem Hinsehen als komplexes Gebilde, welches nur schwer zu überblicken und zu messen ist. »Social Capital, with only a decade of history of empirical applications and attempts at measurement, does exhibit serious problems of measurement« (Ostrom/Ahn 2003: xxxiv). Mehr als zehn Jahre später hat sich an der Situation nicht viel verändert. Einzig das generalisierte Vertrauen wird seit Jahrzehnten mit Hilfe einer standardisierten Frage erhoben. Die Netzwerke werden häufig als Anzahl von Vereinsmitgliedschaften erhoben, während die Wohltätigkeitsnorm oder die generalisierte Reziprozitätsnorm nur sehr selten erhoben werden. Diese Sozialkapitalindikatoren wurden jedoch nicht für die Messung des Sozialkapitals entwickelt, sodass es hier Probleme mit der Validität und der Reliablitität geben könnte.

Dadurch, dass es keine einheitliche Definition des Sozialkapitals gibt und die Messinstrumente der Sozialkapitalkomponenten deshalb ebenfalls uneinheitlich sind, entsteht ein weiteres Problem. »The lack of consensus about the definition of social capital leads to the use of

24 Bspw. Portes (1998), Anheier und Kendall (2002), Nuissl (2002).

questionable indicators for it« (Häuberer 2011: 78). Es werden teilweise Indikatoren verwendet, die nur sehr wenig mit dem Sozialkapital zu tun haben und die Komponenten inhaltlich kaum erfassen. Die Normen bzw. die Reziprozitätsnorm werden sehr häufig durch andere Indikatoren, wie bspw. die Frage nach Gesetzestreue, die Bereitschaft jemanden zu bestechen, etc. ersetzt. Besonders der Gebrauch dieser indirekten Messinstrumente ist kritisch zu betrachten, denn zum einen führt ihre Verwendung zusätzlich zu Verwirrung, was das Sozialkapital ist (Häuberer 2011: 79) und zum anderen ist es in Bezug auf die Ergebnisse der empirischen Analysen problematisch, wenn die Indikatoren nicht konstruktvalide sind. Die Ergebnisse dieser fragwürdig zusammengesetzten Modelle sind selten vergleichbar und es treten teilweise unterschiedliche Effekte auf.

So lange das Konzept und die genaue Definition des Sozialkapitals strittig sind, bleibt unklar, was man mit den vermeintlichen Indikatoren in Umfragen misst. Die Validität und Reliabilität der Indikatoren sind vermutlich nicht gewährleistet. Nur die Vertrauensfrage ist mehrheitlich anerkannt. Bei allen anderen Indikatoren gibt es keinen Konsens. Das liegt auch an der »vagueness of the concept and the difficulties in isolating social capital from its causes and consequences« (Dekker 2004: 91). Es muss zunächst festgelegt werden, ob das Sozialkapital im rationalistischen bzw. ökonomischen oder im demokratischen bzw. sozialen Sinne gemessen werden soll. Als nächstes sollte eine genaue Definition formuliert werden bzw. die Forschungsgemeinde sollte sich auf eine Definition einigen. Darauf aufbauend können geeignete Messinstrumente entwickelt werden, sodass die Reliabilität sowie die Validität gesichert werden können.

3 Die Wahlnorm

Die Wahlnorm gehört zu den bürgerschaftlichen Normen oder auch Bürgerpflichten, im englischsprachigen Raum auch »citizenship« genannt.

> »Citizenship is a set of norms, values and practices designed to solve collective action problems which involve the recognition by individuals that they have rights and obligations to each other if they wish to solve such problems« (Pattie et al. 2004: 22).

Das Kollektivgut[25] ist in diesem Fall die Erhaltung der Funktionstüchtigkeit der Demokratie. Des Weiteren ist die Wahlnorm eine subjektive Norm, denn es handelt sich um die

> »subjektiv wahrgenommenen Erwartungen des sozialen Umfeldes, die mit der Ausübung beziehungsweise Unterlassung einer bestimmten Handlungsweise verbunden sind, sowie die Bereitschaft des Individuums, sich diesen Erwartungen zu beugen« (Frings 2010: 158).

Die Bürger verhalten sich am ehesten entsprechend der Norm, wenn diese anerkannt wird, darüber hinaus internalisiert wurde und die Norm von den Mitgliedern der Gesellschaft kontrolliert und durchgesetzt wird (Gerber et al. 2008: 34).

Es gibt zwei Ausprägungen der Wahlnorm[26]: Die internalisierte und die wahrgenommene Wahlnorm. Die internalisierte Wahlnorm

---

25 Definition bei Olson (1998: 13)

26 Siehe auch die Operationalisierung der Wahlnorm in verschiedenen Umfragen in Kapitel 5.4.

entspricht der Einstellung, dass es der persönlichen (Bürger-) Pflicht entspricht, zur Wahl zu gehen. Im Gegensatz dazu gibt es die wahrgenommene Wahlnorm.

> »It could be, of course, that the individual does not personally think that she has a duty to vote, but that she is aware that most people in her community believe that it is a citizen's duty to vote« (Blais 2000: 8).

In Umfragen ist es nicht möglich, die internalisierte von der wahrgenommenen Wahlnorm zu trennen. In der vorliegenden Umfrage wurde die Wahlnorm in einer Itembatterie erhoben. »To be a good citizen, how important would you say it is for a person to vote in elections?«[27] Die Befragten konnten ihre Einstellung auf einer Skala von 0 »Extremely unimportant« bis 10 »Extremely important« angeben. Auch hier bleibt unklar, ob es dem Befragten selbst wichtig ist, als guter Bürger wählen zu gehen oder ob der Befragte einschätzt, inwieweit die Gesellschaft die Wahlbeteiligung als Charakteristikum eines guten Bürgers ansieht. Da die Fragestellung relativ abstrakt formuliert wurde, wird in der vorliegenden Arbeit von der wahrgenommenen Wahlnorm gesprochen.

In den folgenden Abschnitten erfolgt zunächst ein Überblick über die Entstehungsgeschichte des Begriffs der Wahlnorm, sowie über die Verknüpfung zwischen der Wahlnorm, dem Wahlrecht und der Wahlpflicht. Anschließend wird die nationale und internationale Verbreitung der Wahlnorm dargestellt. Im letzten Abschnitt wird erörtert, wie die Wahlnorm in den theoretischen Kontext des Sozialkapitals verortet werden kann.

3.1 Die geschichtliche Entstehung des Begriffs der Wahlnorm

Obwohl der Ursprung der Wahlnorm nicht einwandfrei bestimmt werden kann, soll dennoch versucht werden, sich ihrer Entstehungsgeschichte anzunähern. Dabei ist anzumerken, dass das Wahlrecht,

27 Die Frage zur Wahlnorm erhebt indirekt die staatsbürgerliche Pflicht zu Wählen. Roßteutscher (2004) bezeichnet diese Variable sogar als Wahlpflicht.

die Wahlnorm und die gesetzliche Wahlpflicht eng miteinander verbunden sind.

Zur Zeit der Französischen Revolution, als das erste universelle Wahlrecht eingeführt wurde, verbreitete sich die Ansicht, es sei eine Bürgerpflicht zu wählen (Jones 1954: 27). »Die mittelalterliche, durch die Rezeption des römischen Rechts verdrängte, aber in der christlichen Lehre[28] weiterlebende Anschauung, dass jedem Recht notwendigerweise eine Pflicht gegenüberstehe« (Braunias 1932: 36), verknüpfte das Wahlrecht mit der moralischen Pflicht dieses Recht auch zu nutzen. Daraus folgt, dass dem Wahlrecht eine moralische Wahlpflicht im Sinne der Wahlnorm gegenübersteht.

Eine andere Perspektive ist die Vorstellung, dass sich die Wahlnorm aus den historischen Wurzeln des Wahlrechts entwickelt hat. Das Verständnis des Wahlrechts als Recht mit öffentlicher Funktion und die Übertragung dieser öffentlichen Funktion auf die moralische Wahlpflicht bildete die Grundlage der Wahlnorm wie sie heute bekannt ist. Schmitt begründet die öffentliche Funktion damit, dass das Wahlrecht »nicht von dem Einzelnen als Privatmann, sondern als Staatsbürger, also kraft eines öffentlich rechtlichen Status, ausgeübt wird« (Braunias 1932: 36, zitiert aus Schmitt 1928: 254). Im England des 14. Jahrhunderts waren die Grundbesitzer daher gesetzlich verpflichtet, ihre Stimme bei einer Wahl abzugeben (Braunias 1932: 35) und auch in Bayern, Lippe, Mecklenburg-Strelitz, Baden und Braunschweig gab es eine gesetzliche Wahlpflicht, die häufig gleichzeitig eine moralische Wahlpflicht enthielt (»Die Ausübung des Wahl- und Stimmrechts ist eine allgemeine Bürgerpflicht« oder »Jeder ist verpflichtet, an Wahlen und Abstimmungen teilzunehmen«) (Braunias 1932: 40f.). Als sich das Zensuswahlrecht[29] zu einem universellen Wahlrecht wandelte, blieb der Charakter der moralischen Wahlpflicht »noch lange lebendig und trug dazu bei, dass das Wahlrecht immer als öffentliche Funktion angesehen wurde« (Braunias 1932: 35). Auch heute gilt: »One does not vote for oneself; the franchise is exercised in the social interest« (Birch 2009: 41), denn die öffentliche Funktion des Wahlrechts besteht nicht nur aus der Auswahl des politischen

28 In Frankreich war die moralische Wahlpflicht sogar Bestandteil des Katechismus (Steiner 1969: 99).

29 Nohlen (2009: 41)

Führungspersonals, sondern auch aus dem Beitrag zur Aufrechterhaltung der Funktionstüchtigkeit der Demokratie sowie des Schutzes vor extremen politischen Kräften. So wird argumentiert, dass »all members of the community have a duty to contribute to collective decision-making if they are to enjoy its fruits« (Birch 2009: 42).

Es gibt drei Möglichkeiten, durch die versucht wird, den Bürgern die Bedeutung von Wahlen und des Wahlrechts zu verdeutlichen. Erstens, wie bereits erwähnt, mit der gesetzlichen Wahlpflicht. In einigen Ländern, wie bspw. Luxemburg und Belgien wurde diese beibehalten. Das liegt vor allem an der Bedeutung von Wahlen, denn »voting is such a central act in the democratic political process that states can impose a duty to vote on their citizens« (Quintelier et al. 2011: 400). Dabei muss jedoch immer zwischen dem Wahlrecht und damit einhergehend dem Recht nicht zu wählen und der Wahlpflicht abgewogen werden.

> »Vom individualistischen Standpunkt ist jede Wahlpflicht als Eingriff in die persönlichen Freiheitsrechte abzulehnen, [...] wird jedoch das Wahlrecht als öffentliche Funktion im Interesse der Gesamtheit angesehen, so kann sich die Notwendigkeit ergeben, die Ausführung dieser öffentlichen Funktion zu einer Pflicht zu machen und auf die Nichtausübung eine Strafe zu legen« (Braunias 1932: 34).

Die gesetzliche Wahlpflicht ist jedoch gerade aufgrund des Eingriffs in die persönlichen Freiheitsrechte nicht unumstritten (Lever 2010).

Die zweite Möglichkeit besteht in der Verankerung der moralischen Wahlpflicht in der Verfassung. In ca. zwanzig Prozent der demokratischen Staaten wird das Wählen als staatsbürgerliche Pflicht in der Verfassung festgehalten (Blais 2000: 92). Dies gilt bspw. für Griechenland und Mexico (Panagopoulos 2008: 457). Denn auch wenn es keine gesetzliche Wahlpflicht gibt, soll bei den Bürgern ein moralisches Pflichtgefühl erzeugt werden, wählen zu gehen.

Die Verbreitung der moralischen Wahlpflicht, also der Wahlnorm, kann drittens mit Hilfe nichtstaatlicher Akteure erfolgen. Viele wissenschaftliche Publikationen verbreiten die Ansicht, dass die Beteiligung an Wahlen sozial erwünscht sei. Am deutlichsten ist dies an den verschiedenen, zumeist negativen, Bezeichnungen für Nichtwähler auszumachen. Sie werden teilweise als »Drückeberger, Meinungslose, Apathische und Saturierte, Unzufriedene, die aus Protest nicht wählen« (Lavies 1976: 204) bezeichnet. Die Nichtbeteiligung an Wahlen wird als Abkehr von der politischen Gemeinschaft interpretiert (Putnam 2000: 35) und so wird der allgemeine Rückgang der Wahlbeteiligung mit deutlichen Worten beschrieben. Es wird suggeriert, dass der Erhalt der Demokratie in Gefahr wäre, indem beispielsweise auf die drastisch zurückgehende Wahlbeteiligung von jungen Menschen verwiesen (Chareka/Sears 2006: 522) und somit ein düsteres Bild kommender Generationen von Staatsbürgern gezeichnet wird.

Die Verbreitung bzw. die Aufrechterhaltung der Wahlnorm wird auch durch Gewerkschaften, die politische Bildung (Chareka/Sears 2006: 522) und die Medien unterstützt (Lomasky/Brennan 2000). Vor anstehenden Wahlen rufen sie regelmäßig potentielle Nichtwähler dazu auf, ihrer Bürgerpflicht nachzukommen. »Fernsehen, Rundfunk und Printmedien sind sich einig in der Propagierung der Wahlbeteiligungsnorm« (Eilfort 1994: 318). Zur Bundestagswahl 2009 wurde in Kooperation mit der Bundeszentrale für politische Bildung und ProSieben eine Reportage mit dem Titel »Sido geht wählen«[30] produziert. Der Rapper Sido diente in der Sendung als Identifikationsfigur für Erstwähler und rief diese auf, sich an den Bundestagswahlen zu beteiligen. Auch bei der Bundestagswahl 2013 engagierte sich ProSieben mit der Initiative »Geh Wählen!«[31]. Aber auch Politiker und politische Parteien tragen insbesondere im Wahlkampf dazu bei, bei den Wählern die Wahlnorm ins Gedächtnis zu rufen. Die katholische Kirche verbreitet ebenfalls die Ansicht, dass die Wahlbeteiligung sowohl ein Recht als auch eine Pflicht sei (Blais/Achen 2009: 2).

Dieser soziale Druck zu wählen, ob nun durch verschiedene Institutionen oder durch die Gesellschaft an sich geschaffen, »indicates that many people believe it is right to vote and wrong not to vote, and such beliefs presumably flow from the view that it is the duty of every citizen to vote« (Blais 2000: 8). Es bleibt jedoch völlig offen, ob die Wahlnorm innerhalb der Gesellschaft akzeptiert ist, weil viele Bürger die Wahlnorm internalisiert haben, oder ob der Gesellschaft

30 http://www.bpb.de/presse/50101/sido-geht-waehlen (abgerufen am 21.1.2015)

31 http://www.prosieben.de/tv/deine-stimme-kann-mehr (abgerufen am 21.1.2015)

die allgemeine Akzeptanz der Wahlnorm durch die Medien und die Wissenschaft suggeriert wird.

3.2 Die empirische Betrachtung der Wahlnorm

Die Wahlnorm wird nur selten in Wahlstudien und Befragungen erhoben (De Nève 2009: 150).[32] Deutschland bildet hier keine Ausnahme und weist nur wenige Datenquellen auf. Länderübergreifend gibt es lediglich zwei Befragungen mit einem entsprechenden Item.[33] Dies ist zum einen der vorliegende ESS 2002/2003 und das International Social Survey Programme (ISSP) 2004 und 2014.[34] Noch seltener sind Längsschnittdaten.[35] Diese wären aber dringend notwendig, um Veränderungen der Wahlnorm zu beobachten.

3.2.1 Die Wahlnorm in Deutschland

Zusätzlich zu der juristischen Herleitung der Entstehung der Wahlnorm (Kapitel 3.1), wurde die Wahlnorm in der Frühphase der Bundesrepublik mit historischen Spezifika erklärt. So wurde sie als ein Resultat des preußischen Pflichtbewusstseins gedeutet (Eilfort 1994: 35) oder vor dem Hintergrund der Zeit des Nationalsozialismus betrachtet. Die Wahlnorm sei ein

32 Das stellten auch schon Rattinger (1994) sowie Falter und Schumann (1993: 45) fest. Es fehlen »Erhebungen mit einem konstanten Instrument über einen längeren Zeitraum hinweg« (Rattinger 1994: 324).

33 Abgesehen von Studien in den einzelnen Ländern.

34 Für Deutschland sind die Daten des ISSP 2014 bereits veröffentlicht, für die übrigen teilnehmenden Staaten noch nicht.

35 In Deutschland gibt es vier abgeschlossene Langfrist-Panels im Rahmen der GLES und deren Vorgängerstudie »Politische Einstellungen, politische Partizipation und Wählerverhalten im vereinigten Deutschland«. Die Fragestellung war jeweils identisch: »In der Demokratie ist es die Pflicht jedes Bürgers, sich regelmäßig an Wahlen zu beteiligen.« Die Befragten konnten ihre Zustimmung oder Ablehnung mit Hilfe einer 5-stufigen Skala ausdrücken. Die Wahlnorm scheint relativ stabil zu sein: 35 Prozent der Befragten gaben in allen drei Wellen (1994, 1998 und 2002) den gleichen Wert an (siehe Tabelle A1). 1998 bis 2005 waren es 49 Prozent. Im dritten Panel von 2002 bis 2009 waren es 53 Prozent und 2005 bis 2013 waren es 41 Prozent.

> »Pflichtgefühl, das sich früher anderen politischen Forderungen gegenüber äußerte: nicht dem Angebot, an der politischen Willensbildung und Machtverteilung mitzuwirken, sondern sich einem autoritären Regime gehorsam zu fügen« (Greiffenhagen/Greiffenhagen 1979: 68).

Dieses Pflichtgefühl wurde auf die Bundesrepublik übertragen und mit der Steuer-, Impf- oder Schulpflicht verglichen. Bei der moralischen Wahlpflicht handele es sich um eine staatliche Aufforderung, der Folge geleistet werden müsse (Greiffenhagen/Greiffenhagen 1979: 67).

In der Gegenwart wird die Bedeutung der Wahlnorm wieder mehr im Sinne der Wahlbeteiligung zur Bewahrung der Demokratie und der Stärkung ihrer Legitimität begründet. Beispielsweise titelte das Nachrichtenmagazin Der Spiegel zu der Bundestagswahl 2013 »Träge, frustriert, arrogant – Wie Nichtwähler die Demokratie verspielen« (Spiegel 38/2013). Nichtwähler werden u. a. als schamlos bezeichnet. Die Botschaft an die Leser ist eindeutig: Es ist die Pflicht eines Bürgers zur Wahl zu gehen. In den 1950er bis 1970er Jahren war die Wahlnorm ein Charakteristikum der politischen Kultur der Bundesrepu-

Abbildung 5: Die Verteilung der Wahlnorm in Deutschland in Prozent

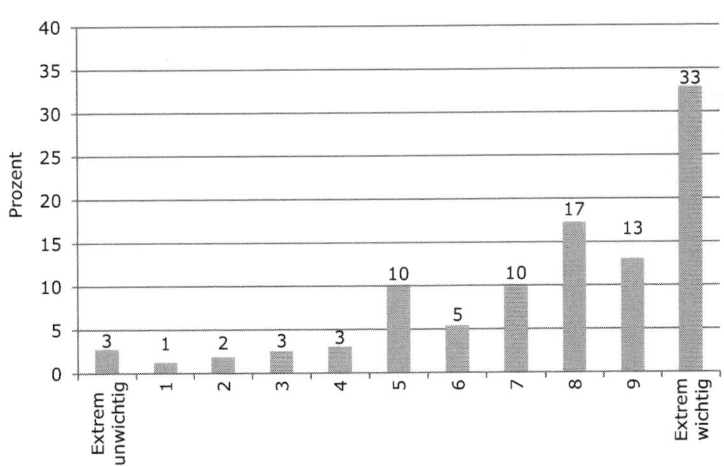

Quelle: ESS 2002/2003, »To be a good citizen, how important would you say it is for a person to vote in elections?«. Gewichtet mit dem Design-Gewicht.

blik (Eilfort 1994: 322). Wie stark die Wahlnorm von der deutschen Bevölkerung derzeit wahrgenommen wird, zeigt Abbildung 5. Da die Wahlnorm nur in der ersten Runde des ESS 2002/2003 erhoben wurde, ist leider nur eine Momentaufnahme möglich.

Wie zu erwarten, hält die Mehrheit der deutschen Befragten die Beteiligung an Bundestagswahlen für eine staatsbürgerliche Pflicht. 32,9 Prozent der Befragten sind der Meinung, dass es extrem wichtig ist, sich an Wahlen zu beteiligen, um ein guter Bürger zu sein. Für eine genauere Betrachtung der Prozentzahlen werden die Werte für Deutschland zusätzlich im Anhang in Tabelle A2 berichtet. Der Schiefekoeffizient beträgt -1,2, d. h. die Verteilung ist linksschief. 78 Prozent der Befragten liegen im Zustimmungsbereich der Skala und schätzen die Wahlbeteiligung als staatsbürgerliche Pflicht ein. Der Wölbungskoeffizient weist mit einem Wert von 0,8 auf eine leichte Wölbung hin. Andere Studien wie bspw. die Allgemeine Bevölkerungsumfrage (ALLBUS), die German Longitudinal Election Study (GLES) oder das ISSP zeigen ähnliche Werte und Verteilungen (siehe Tabelle 3). Auch deren Items messen eher die extern wahrgenommene und nicht die internalisierte Wahlnorm.

3.2.2 Die Wahlnorm international

Ähnlich wie in Deutschland ist die Wahlnorm in allen Ländern sehr rechtssteil verteilt.[36] In Belgien und Spanien sind die Kategorien 5 bis 10 ähnlich stark besetzt. Die Mehrheit der Belgier und Spanier steht der Wahlnorm positiv gegenüber, jedoch ohne eindeutigen Gipfel. Der Modus der Verteilungen ist mehrheitlich jeweils die höchste Kategorie: Die Zustimmung, dass es für einen guten Bürger extrem wichtig ist zur Wahl zu gehen. Dänemark hat den höchsten Mittelwert (8,9), während Spanien (6,4) den kleinsten Mittelwert, dicht gefolgt von Belgien (6,5) und Slowenien (6,7), aufweist. Insgesamt sind die Mittelwerte der Wahlnorm in den Ländern jedoch sehr hoch.

In vielen Umfragen treten die nordeuropäischen Staaten einheitlich als Spitzenreiter auf (Delhey/Newton 2005, Norris 2002). In diesem Fall zeigt sich jedoch nur in Dänemark und Schweden eine

36 Siehe Tabelle A2.

Tabelle 2: Mittelwertranking der Wahlnorm

	N	Platzierung	Mittelwert	Standard-abweichung
Dänemark	1452	1	8,9	1,7
Schweden	1926	2	8,4	2,2
Luxemburg	1005	3	8,4	2,4
Frankreich	1444	4	8,3	2,3
Ungarn	1653	5	8,3	2,3
Norwegen	1974	6	8,2	1,9
Griechenland	2405	7	8,2	2,3
Österreich	2121	8	8,1	2,4
Irland	1953	9	7,7	2,5
Polen	2053	10	7,7	2,4
Deutschland	2752	11	7,6	2,6
Finnland	1957	12	7,6	2,4
Italien	1189	13	7,5	2,5
Niederlande	2311	14	7,5	2,2
Portugal	1431	15	7,2	2,7
Großbritannien	1988	16	7,2	2,8
Slowenien	1487	17	6,7	2,9
Belgien	1786	18	6,5	2,8
Spanien	1624	19	6,4	2,7
Insgesamt	35522		7,6	2,6

Quelle: ESS 2002/2003. Gewichtet mit dem Design-Gewicht.
Insgesamt gewichtet mit dem Design- und Populationsgewicht.

sehr starke Wahlnorm. Norwegen folgt an sechster Stelle und das Schlusslicht der nordeuropäischen Staaten bildet Finnland auf dem zwölften Platz. Die Verteilung der Wahlnorm in Finnland ähnelt den Verteilungen für Polen, Deutschland und Italien. Auch die süd- und mitteleuropäischen sowie die postsowjetischen Staaten zeigen kein einheitliches Muster, sodass kulturelle und ökonomische Ähnlichkeiten weniger Einfluss auf die wahrgenommene Wahlnorm haben als zu erwarten wäre. Vielmehr scheint das Vorhandensein einer starken Wahlnorm, je nach politischer Lage und Historie der Länder, höchst individuell zu sein.

Dies deutet sich auch bei den Mittelwerten von Luxemburg (8,4) und Belgien (6,5) an. Obwohl sich beide Länder kulturell und ökonomisch sehr stark ähneln und beide eine gesetzliche Wahlpflicht in ihrer Verfassung verankert haben, die ähnlich sanktioniert wird, unterscheiden sich ihre Mittelwerte deutlich voneinander. Da die gesetzliche Wahlpflicht u. a. mit der Aufrechterhaltung der moralischen Wahlpflicht begründet wird, sollte Belgien einen höheren Mittelwert, als den in der Stichprobe ermittelten, aufweisen. Aufgrund der Schwierigkeiten auf der politischen Ebene, bspw. bei der Regierungsbildung oder der Bewahrung der Handlungsfähigkeit der Regierung, scheint die Wahlnorm nicht sehr stark wahrgenommen zu werden.[37] Griechenland, das die gesetzliche Wahlpflicht erst zwei Jahre vor der Erhebung des ESS abgeschafft hat, hat im Vergleich zu den übrigen Ländern eine sehr starke Wahlnorm (8,2). Hier wäre es besonders spannend die weitere Entwicklung zu verfolgen.

In Belgien scheint die gesetzliche Wahlpflicht nicht zu einer akzeptierten Wahlnorm zu führen, während sie in Luxemburg und Griechenland möglicherweise einen Einfluss hatte. Die übrigen Länder weisen aber auch ohne eine gesetzliche Wahlpflicht eine starke Wahlnorm auf. Somit ist fraglich, ob die Wahlpflicht generell mit der Wahlnorm in Verbindung steht. Für eine stichhaltige Überprüfung dieser Annahme würde jedoch eine größere Anzahl von Fällen und Zeitpunkten benötigt werden. Die Zahl der Länder mit einer gesetzlichen Wahlpflicht nimmt jedoch eher ab und in vielen Ländern mit einer Wahlpflicht werden Verstöße nicht oder nur mit geringen Strafen sanktioniert[38]. Der Zusammenhang zwischen der gesetzlichen Wahlpflicht und der Wahlnorm wird daher vermutlich unklar bleiben.

37 Es kann sich hier auch um Crowding-Out handeln (Hasen 1996). Die Wahlnorm wird durch die gesetzliche Wahlpflicht gemindert (bspw. für den Umweltschutz siehe (Frey/Stutzer 2008: 410)).

38 http://www.idea.int/vt/compulsory_voting.cfm (abgerufen am 21.1.2015)

3.2.3 Die Wahlnorm im zeitlichen Vergleich

Da die Wahlbeteiligung und die Wahlnorm in einem engen Verhältnis zueinander stehen und die Wahlbeteiligung in den meisten Ländern sinkt, sollte auch die Wahlnorm in den letzten Jahren abgenommen haben. Um diesen vermuteten Zusammenhang überprüfen zu können, stehen jedoch kaum Daten zur Verfügung. Für Deutschland gibt es mit der GLES sowie deren Vorgängerbefragungen von 1994[39] bis 2013 fünf Zeitpunkte. Für den ALLBUS (1998 und 2008) und für den ISSP mit dem Themenschwerpunkt »Bürger und Staat« (2004 und 2014) liegen jeweils zwei weitere Zeitpunkte vor. Es ist durchaus lohnenswert, die Ergebnisse der verschiedenen Befragungen zu betrachten. Bei der GLES handelt es sich um eine Wahlstudie, in deren Zusammenhang die soziale Erwünschtheit bei der Wahlnorm größer sein sollte, als bei einer allgemeinen Bevölkerungsumfrage, wie dem ALLBUS.

Abbildung 6: Die Wahlnorm im zeitlichen Vergleich in Deutschland in Prozent

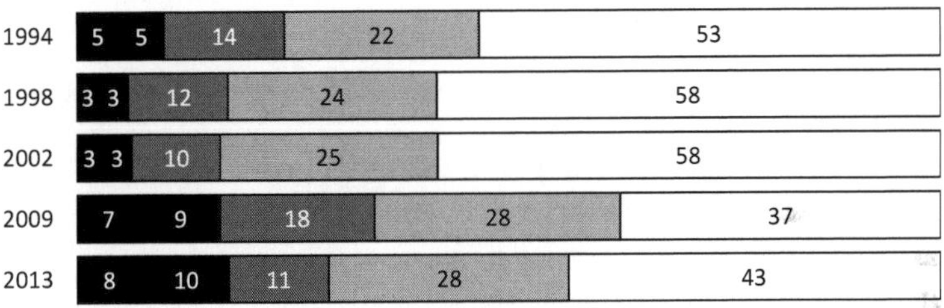

Quelle: GLES 2009 und 2013 sowie deren Vorgängerstudien »Politische Einstellungen, politische Partizipation und Wählerverhalten im vereinigten Deutschland« von 1994, 1998 und 2002, »In der Demokratie ist es die Pflicht eines jeden Bürgers, sich regelmäßig an Wahlen zu beteiligen« (eigene Berechnungen in Prozent).

Bei den GLES-Daten und deren Vorgängerbefragungen in Abbildung 6 zeigt sich kein einheitlicher Trend. 75 Prozent der Befragten stimm-

39 Steinbrecher et al. (2007: 228)

ten 1994 der Aussage, es ist die Pflicht eines jeden Bürgers, sich regelmäßig an Wahlen zu beteiligen, zu. Der Anteil erhöhte sich in den Folgebefragungen auf insgesamt 82 Prozent. 2002 stimmten alleine 58 Prozent der Befragten der Aussage, es ist die Pflicht eines jeden Bürgers, sich regelmäßig an Wahlen zu beteiligen, voll und ganz zu. 2009 betrug der Anteil der stärksten Form der Zustimmung hingegen nur 37 Prozent und ist somit stark gesunken. Der Anteil derjenigen, die die Pflicht eines jeden Bürgers, sich regelmäßig an Wahlen zu beteiligen, ablehnen, hat sich im gleichen Zeitraum von 6 Prozent auf 16 Prozent nahezu verdreifacht. 2013 nahm die stärkste Form der Zustimmung wieder zu, erreichte jedoch mit nur 43 Prozent bei weitem nicht das Niveau von 2002. Selbst mit diesen fünf Zeitpunkten ist es schwierig, einen einheitlichen Trend zu erkennen.

Eine weitere Schwierigkeit bildet der Vergleich von unterschiedlichen Skalierungen. Bei der GLES hatten die Befragten fünf Antwortkategorien inklusive einer mittleren Kategorie zur Auswahl, während sich die Befragten des ALLBUS mit Hilfe von vier Kategorien entscheiden mussten, ob sie die Wahlnorm befürworten oder ablehnen. Was man jedoch sowohl beim ESS, als auch bei den GLES- und ALLBUS-Daten beobachten kann, ist die extrem schiefe Verteilung der gegebenen Antworten.

Werden die Ergebnisse des ALLBUS und der US-amerikanischen Umfrage »Trends in Political Values and Core Attitudes« betrachtet, wächst über die Jahre der Anteil derer, die der Wahlnorm zustimmen. Beim ALLBUS fehlen, ähnlich wie bei der GLES, weitere Zeitpunkte um einen Trend eindeutig zu identifizieren. Das ist mit den US-amerikanischen Daten theoretisch einfacher möglich, denn hier liegen sechzehn Zeitpunkte vor. 1987 stimmten 47 Prozent der Befragten der Aussage, als Bürger ist es meine Pflicht zu wählen, voll zu. 1991 erreichte die Zustimmung mit 73 Prozent der Befragten ihren bisherigen Höchststand. In den Jahren danach sank die Zustimmung kontinuierlich auf knapp 60 Prozent, bevor sie ab 2003 wieder anstieg und 2007 ein zweites Hoch erreichte. 2012 sank die Zustimmung um 17 Prozentpunkte auf 52 Prozent und befindet sich damit wieder auf dem Niveau von 1990.[40] Für eine gesellschaftliche Norm, die in der

40 Die Wahlnorm in GB von 1994 bis 2001 bei Clarke et al. (2004: 287) mit der BES. Die Zustimmung schwankt zwischen 64 und 80 Prozent.

Tabelle 3: Die Wahlnorm im zeitlichen Vergleich

Deutschland	Stimme voll zu	Stimme eher zu	Stimme eher nicht zu	Stimme gar nicht zu
ALLBUS 1998	52 %	31 %	11 %	6 %
ALLBUS 2008	63 %	21 %	9 %	7 %
Veränderung 2008–1998	11 PP	-10 PP	-2 PP	1 PP
USA				
1987	47 %	41 %	9 %	3 %
1988	58 %	33 %	7 %	2 %
1989	65 %	27 %	6 %	2 %
1990	51 %	36 %	9 %	4 %
1991	73 %	21 %	4 %	2 %
1992	70 %	22 %	6 %	2 %
1993	67 %	28 %	4 %	1 %
1994	66 %	27 %	4 %	3 %
1997	63 %	26 %	7 %	4 %
1999	65 %	27 %	5 %	3 %
2000	63 %	28 %	6 %	3 %
2002	62 %	28 %	6 %	4 %
2003	65 %	27 %	5 %	3 %
2007	71 %	22 %	5 %	2 %
2009	69 %	22 %	4 %	5 %
2012	52 %	31 %	11 %	6 %

Quelle: ALLBUS 1998 und 2008: In der Demokratie ist es die Pflicht jedes Bürgers, sich regelmäßig an den Wahlen zu beteiligen, USA: I feel it's my duty as a citizen to always vote (eigene Berechnungen in Prozent).

Regel stabil sein sollte, erscheinen die Schwankungen in der Zustimmung der Wahlnorm erklärungsbedürftig zu sein.

Für den ISSP 2014 liegen derzeit nur die Daten für Deutschland vor. Wie bereits beim ALLBUS nimmt die Beutung der wahrgenommenen Wahlnorm zu. 2004 waren 32 Prozent der Befragten der Meinung, dass eine beständige Beteiligung an der Wahl einen guten Bürger ausmacht. 2014 erhöht sich der Anteil der Befragten um 11 Prozentpunkte.

Tabelle 4: Die Wahlnorm im zeitlichen Vergleich in Deutschland

ISSP	Überhaupt nicht wichtig						Sehr wichtig
2004	6 %	6 %	8 %	12 %	13 %	23 %	32 %
2014	6 %	5 %	7 %	8 %	13 %	18 %	43 %
Veränderung von 2004 bis 2014	0 PP	-1 PP	-1 PP	-4 PP	0 PP	-5 PP	11 PP

Quelle: ISSP 2004 und 2014, »Es gibt verschiedene Ansichten darüber, was einen guten Bürger ausmacht. [...] Was meinen Sie: Inwieweit sind folgende Dinge wichtig, um ein guter Bürger zu sein? Dass jemand immer wählen geht.

Für die British Social Attitudes surveys liegen dreizehn Zeitpunkte vor. Die Befragten konnten der Aussage, dass es Jedermanns Pflicht sei zu wählen, zustimmen oder sie ablehnen. Über den Zeitraum von zweiundzwanzig Jahren hinweg zeigt sich ein negativer Trend. Die Zustimmung variiert zwischen 68 und 56 Prozent. Die Schwankungen lassen sich teilweise durch äußere Einflüsse erklären, denn in den Wahljahren 2001, 2005 und 2010 (und mit einer zeitlichen Verzögerung vermutlich auch 1998 und 2011) nimmt die Zustimmung zur Wahlnorm leicht zu.

Zusammengenommen zeigt dies zum einen, dass ein klarer Trend aufgrund fehlender Längsschnittdaten nicht zu erkennen ist und zweitens schwankt die Zustimmung unerklärlicherweise von Studie zu Studie. Dies könnte ein Hinweis darauf sein, dass die Wahlnorm mit den vorliegenden Fragen nicht optimal gemessen wird und die Reliabilität und Validität möglicherweise nicht gegeben sind. Zusätzlich sollte eine Strategie gefunden werden, wie man mit der sozialen Erwünschtheit umgeht. Da es sich bei der Wahlnorm um eine von der Gesellschaft sozial erwünschte Norm handelt, neigen einige Befragte dazu, der moralischen Wahlpflicht zuzustimmen, obwohl dies nicht ihrer Einstellung entspricht. In diesem Fall spräche man von sozial er-

Abbildung 7: Die Wahlnorm im zeitlichen Vergleich in Großbritannien

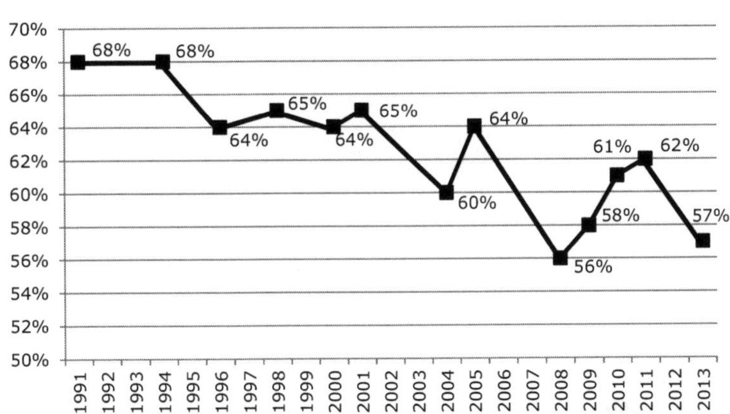

Quelle: British Social Attitudes survey 1991–2013, gewichtet. »There are different opinions as to what it takes to be a good citizen. As far as you are concerned personally on a scale of 1 to 7, where 1 is not at all important and 7 is very important, how important is it always to vote in elections?«, Prozentuale Angabe der Personen, denen es sehr wichtig ist immer zu wählen.

wünschtem Antwortverhalten. In Wahlstudien sollte die Problematik der sozialen Erwünschtheit stärker vorliegen, als in allgemeinen Bevölkerungsumfragen, da den Befragten alleine durch die thematische Fokussierung das sozial erwünschte Verhalten bewusst werden sollte. Vermutlich unterscheidet sich in den einzelnen Ländern nicht nur die Ausprägung der Wahlnorm an sich, sondern auch die Ausprägung der sozialen Erwünschtheit. Die unterschiedlichen response rates bzw. die Selbstselektion der Befragten[41] tragen möglicherweise ebenfalls zu einer Verzerrung der gemessenen Wahlnorm bei. Es dürfte somit relativ unklar sein, wie die Wahlnorm in den jeweiligen Ländern in der Grundgesamtheit verteilt ist. »In consequence, citizen duty remains mysterious« (Blais/Achen 2009: 4).

3.3 Das Sozialkapital und die Wahlnorm

Bei den staatsbürgerlichen Normen geht es um die Verknüpfung der individuellen Ebene (Bürger) mit der gesellschaftlichen bzw. poli-

41 Siehe auch Kapitel 5.1.1.

tischen Ebene (Kollektivgut) und der Steuerung des Verhaltens der Bürger. Diese gelingt am einfachsten, wenn die Norm internalisiert ist, denn bei internalisierten Normen erfolgt die Sanktionierung innerlich, bspw. durch ein schlechtes Gewissen, sinkenden Selbstrespekt oder andere negative Einschätzungen seiner Selbst (Frey/Stutzer 2008: 410). Voraussetzung für die Internalisierung der Wahlnorm ist die Erfüllung zweier Bedingungen. Erstens muss die Wahlnorm als legitim anerkannt werden. Die vermehrte Interaktion in Gruppen erhöht für den Einzelnen die Wahrscheinlichkeit, die Wahlnorm als allgemein verbreitet und damit auch als legitim wahrzunehmen (Radtke 1972: 50). Damit geht auch die Übertragung von Teilkontrollrechten auf andere Personen einher (Coleman 1991: 380), d. h. man erlaubt anderen Bürgern das eigene Wahlverhalten zu überwachen und erhält von anderen Bürgern die Erlaubnis ihr Verhalten zu beobachten. Die Bürger können somit den sozialen Druck, zur Wahl gehen zu müssen, aufbauen und damit drohen die Nichtwahl im Bedarfsfall zu sanktionieren. Der soziale Druck und die Verbreitung der Wahlnorm werden zusätzlich durch die Medien und die Politik verstärkt.

Die zweite Bedingung ist das Vorhandensein eines inneren Sanktionssystems (Coleman 1991: 380). Innere Sanktionssysteme entwickeln sich durch die Identifizierung mit dem Sozialisationsagenten. Der Sozialisationsagent legt die erwünschten Handlungen des Individuums fest (Coleman 1991: 383). Im Falle der Wahlnorm handelt es sich bei dem Sozialisatonsagenten um den Staat, dessen Zielsetzung der Erhalt und die Funktionstüchtigkeit der Demokratie ist. Das erwünschte Verhalten ist dementsprechend die Stimmabgabe der Bürger bei Wahlen. Wenn sich die Bürger mit dem Staat identifizieren, sollte sich das innere Sanktionssystem entwickeln (Coleman 1991: 382) und die Wahlnorm wird internalisiert.

Die Identifizierung mit dem Sozialisationsagenten, in diesem Fall dem Staat, erfolgt am leichtesten durch die Integration in der Gesellschaft. Der Grad an Integration, gemessen durch das Sozialkapital[42], steigert die Identifikation mit der Gesellschaft und dem Staat bzw. der demokratischen Gesellschaft. Dadurch wird die Wahlnorm stärker internalisiert und durch das innere Sanktionssystem überwacht.

42 Siehe Kapitel 2.1 und 2.5.

Mit wenig oder keinem Sozialkapital bleiben lediglich die informellen Netzwerke für die äußere Überwachung und Sanktionierung übrig. Die informellen Netzwerke, bestehend aus Familienmitgliedern, Freunden und Bekannten, können psychische Kosten als normative Sanktion anwenden (bspw. durch Ablehnung oder Mißbilligung des Verhaltens, in diesem Fall der Nichtwahl) (Coleman 1991: 376ff.). Soziale Kontakte können eine fehlende Internalisierung der Wahlnorm bis zu einem gewissen Grad durch sozialen Druck substituieren.

> »Someone with a low sense of civic obligation may nonetheless vote to avoid displeasing a friend or relative with a stronger sense of duty« (Knack 1992: 138).

Die Aufrechterhaltung der Wahlnorm ist daher auf zweierlei Arten mit dem Sozialkapital verbunden. Zum einen unterstützt das Sozialkapital die Internalisierung der Wahlnorm und zum anderen sind die informellen Netzwerke für die Durchsetzung von Normen wichtig. Nur unter der Bedingung, dass es Personen gibt, die die Befolgung der Norm wahrnehmen und die Nichtbefolgung sanktionieren, bleibt die Norm bestehen und wird weiter verbreitet. In einer mobilen Gesellschaft dürfte das jedoch immer schwieriger werden. Personen mit einer großen Mobilität können Sanktionen entgehen (Coleman 1991: 372). Gleiches gilt auch für Bewohner von Großstädten. Umso bedeutender ist somit der Beitrag des Sozialkapitals auf die Internalisierung der Wahlnorm, die die zunehmend schwindende direkte Kontrolle der Bürger untereinander ersetzt und den sozialen Druck aufrechterhält. Anderenfalls ist mit einer sich vermindernden Bedeutung der Wahlnorm zu rechnen.

Wie bereits im einleitenden Kapitel erwähnt wurde, gehört die Wahlnorm zu den staatsbürgerlichen Normen. Weitere Beispiele sind das Zahlen von Steuern, die Einhaltung der Gesetze, etc. (Pattie et al. 2004: 21ff.). Diese lassen sich klar von der Reziprozitäts- und der Wohltätigkeitsnorm abgrenzen, denn bei den staatsbürgerlichen Normen geht es um das Verhalten gegenüber dem eigenen Staat, während die Reziprozitäts- und die Wohltätigkeitsnorm das Verhalten von Individuen gegenüber anderen Individuen regeln.

Auch wenn die Wahlnorm eine staatsbürgerliche Norm ist und somit für alle Staatsbürger auf gleiche Weise gelten sollte, so verhält es sich wie bei allen Normen: Die gesellschaftlichen Schichten nehmen die Wahlnorm unterschiedlich stark wahr. »Conformity to these norms [social pressures and inner feelings of social obligation] is related to social status« (Lipset 1983: 208). Für Normen im Allgemeinen gilt, dass mächtige und wohlhabende Personen mit geringerer Wahrscheinlichkeit sanktioniert werden und daher eine geringere extrinsische Motivation haben die Norm zu befolgen. Personen unterer Gesellschaftsschichten haben nichts zu verlieren und sind nicht darauf angewiesen sich normkonform zu verhalten (Coleman 1991: 371f.). Auch ihre extrinsische Motivation ist gering. Die Befolgung der Wahlnorm sollte in der Mittelschicht am häufigsten erfolgen, denn besonders die Angehörigen dieser Schicht sind auf eine positive Reputation angewiesen. Die Internalisierung der Wahlnorm, also die intrinsische Motivation der Normbefolgung, sollte hingegen sowohl bei Personen der Mittel- als auch der Oberschicht am stärksten sein, da diese Gruppen am besten in die Gesellschaft integriert sind.

Wenn die Wahlnorm, und das gilt auch für das Sozialkapital, besonders in der Mittel- und Oberschicht vorzufinden ist, ist die wachsende Ungleichheit zwischen Arm und Reich bedrohlich für die Akzeptanz und die Internalisierung dieser Norm. Steigt die Ungleichheit und die gesellschaftliche Struktur wird heterogener, dann nimmt nicht nur das Sozialkapital ab (Uslaner 2000), sondern auch die Wahlnorm und somit die Wahlbeteiligung. Auch Campbell verweist darauf, dass Normen in einem homogenen Umfeld besser verbreitet und durchgesetzt werden können, als in einem heterogenen Umfeld. »Social norms facilitating civically motivated collective action are stronger in places characterized by homogeneity of preferences« (Campbell 2006: 32). Die Arbeiter- bzw. Unterschicht distanziert sich von der Gesellschaft, sichtbar durch die Abnahme des Sozialkapitals und der Abnahme der Wahlnorm.

Der Zusammenhang zwischen dem Sozialkapital und der Wahlnorm sollte nun deutlich geworden sein.

> »Social interactions presumably ensure compliance with norms that motivate social behaviour (Putnam 2000: 336–344). In a democracy, one of these norms is civic duty, but the social capital model rarely addresses it« (Clarke et al. 2004: 234).

Für Befürworter des Sozialkapitals »ist die Beteiligung im politischen und sozialen Bereich eine zentrale Tugend« (Roßteutscher 2004: 181), sodass die Wahlnorm einen wichtigen Bestandteil der Erklärung der Wahlbeteiligung durch das Sozialkapital darstellen könnte.

4 Die theoretischen Ansätze zur Erklärung der Wahlbeteiligung

Die verschiedenen Erklärungsansätze des Wahlverhaltens befassen sich mit zwei Aspekten. Zum einen wird versucht die Entscheidung zur Wahl zu gehen oder nicht, also die Wahlbeteiligung, zu erklären. Zum anderen soll die Auswahl einer Partei oder eines Kandidaten, sprich die Wahlentscheidung, erklärt werden. Die folgenden Ansätze wurden primär zur Erklärung der Wahlentscheidung entwickelt. In der Wahlforschung

> »wird die Wahlbeteiligung als Teil der Wahlentscheidung zugunsten einer Partei oder eines Kandidaten betrachtet, so daß deren Bestimmungsgrößen auch für die Erklärung der Wahlbeteiligung herangezogen werden können« (Caballero 2005: 330).

Die Verwendung der Wahlentscheidungsansätze zur Erklärung der Wahlbeteiligung ist jedoch, wie in den folgenden Kapiteln dargestellt wird, nicht immer widerspruchsfrei.

In diesem Kapitel sollen die wichtigsten Ansätze und Modelle aus der Wahl- und der Partizipationsforschung erörtert werden, die entweder die Wahlnorm oder formelle[43] Netzwerke beinhalten. In den frühesten Untersuchungen der Wahlbeteiligung wurde schwerpunktmäßig der Einfluss von informellen Netzwerken berücksichtigt (Lazarsfeld et al. 1944, Berelson et al. 1954 und Maccoby 1958). Im Rahmen des Sozialkapitals sind jedoch besonders die formellen Netz-

43 Wie in Kapitel 2.2 dargestellt wurde, ist es möglich die Netzwerke in formelle und informelle Netzwerke zu unterteilen.

werke von Bedeutung[44], daher wird der soziologische Ansatz nicht weiter betrachtet.

Die Wahlnorm wurde in den folgenden Ansätzen unterschiedlich stark eingebunden. Es soll geklärt werden, in welchem Ansatz zur Erklärung der Wahlbeteiligung die Wahlnorm integriert wurde oder sie am besten zu integrieren wäre. Die Berücksichtigung von formellen Netzwerken im sozioökonomischen Standardmodell (Verba/Nie 1972) und dem »civic voluntarism«-Modell (Verba et al. 1995) bildet die Basis für die Verwendung des Konzepts des Sozialkapitals zur Erklärung der Wahlbeteiligung. Daher werden die zwei Modelle aus der Partizipationsforschung ebenfalls betrachtet.

4.1 Der sozialpsychologische Ansatz

Campbell et al. (1954) entwickelten den sozialpsychologischen Ansatz zur Erklärung des Wahlverhaltens. Hauptuntersuchungsgegenstand ist die Wirkung von psychologischen Merkmalen, wie Einstellungen, Erwartungen und Loyalität gegenüber Gruppen auf das Wahlverhalten insgesamt (Campbell et al. 1954: 85f.). Es handelt sich hierbei um sechs Faktoren: Die Parteiidentifikation, Themen- und Kandidatenorientierungen, Konformität, Selbstwirksamkeit und die Wahlnorm (Campbell et al. 1954: 86). Die Wahlnorm und die Selbstwirksamkeit wirken sich primär auf die Entscheidung, sich an der Wahl zu beteiligen, aus. Deshalb wurden sie theoretisch nicht weiter beachtet und lediglich im Anhang berichtet (Campbell et al. 1954: 187ff.). Die ersten vier Einstellungen wirken sich hingegen zusätzlich auf die Entscheidung aus, welche Partei oder welcher Kandidat gewählt wird. In der Studie wurden jedoch nur die Parteiidentifikation und die Themen- und Kandidatenorientierungen genauer betrachtet, da sie den größten Beitrag zur Erklärung der Wahlentscheidung leisten (Campbell et al. 1954: 86).

Die Wahlnorm (»sense of civic duty«) wurde mit Hilfe von vier Items gemessen. Die Mehrheit der Befragten weist eine sehr starke Wahlnorm auf, denn ca. 87,5 Prozent der Befragten lehnen die Aussagen »It isn't so important to vote when you know your party doesn't

44 Siehe Fußnote 17.

have a chance to win« und »So many other people vote in the elections that it doesn't matter much to me whether I vote or not« ab (Campbell et al. 1954: 195). Die Aussage »A good many local elections aren't important enough to bother with« wird von ca. 80 Prozent der Befragten abgelehnt, während die Aussage »If a person doesn't care how an election comes out he shouldn't vote in it« lediglich von 50 Prozent der Befragten abgelehnt wird (Campbell et al. 1954: 195). Positiv ist zum einen die Messung mit mehreren Items, denn diese ist in der Regel reliabler als eine Messung mit nur einem Indikator (Reeskens/Hooghe 2008: 530) und zum anderen wird die Wahlnorm indirekt erfasst, sodass der Grad der sozialen Erwünschtheit kleiner sein sollte. Auf der anderen Seite ist nicht unbedingt gewährleistet, dass die Messung valide ist und damit tatsächlich die Wahlnorm gemessen wird.

Es wird auch der bivariate Zusammenhang zwischen der Wahlnorm und verschiedenen soziodemographischen Variablen überprüft. Höher gebildete, Weiße und Befragte mit hohem Einkommen sowie Personen, die in großen Metropolen wohnhaft sind, weisen eine starke Wahlnorm auf (Campbell et al. 1954: 197). Mit einer weiteren Kreuztabelle wird die Beziehung zwischen der Wahlnorm und der Wahlbeteiligung unter Kontrolle verschiedenster soziodemographischer Faktoren untersucht. »The relationship between citizen duty and political participation holds up very well, even when each of these eight demographic factors is held constant« (Campbell et al. 1954: 199).

1960 erweiterten Campbell et al. ihren Ansatz um den sogenannten Kausalitätstrichter. Das Kernmodell umfasst weiterhin die Wirkung der Parteiidentifikation, der Themen- und der Kandidatenorientierungen auf die Wahlentscheidung. Neu hinzugekommen sind von außen kommende Einflüsse und die Berücksichtigung des sozialstrukturellen Hintergrunds der Wähler (Pappi/Shikano 2007: 23). Es wird davon ausgegangen, dass die Zugehörigkeit zu sozialen Gruppen die Einstellungen der Individuen beeinflusst. Dies kann über Primärgruppen, wie die Familie, Freunde und Bekannte, oder durch Sekundärgruppen, wie die Religionszugehörigkeit oder die Gewerkschaftsmitgliedschaft, erfolgen (Campbell et al. 1960: 297, 302).

Im Gegensatz zu der vorangegangenen Studie untersuchen Campbell et al. (1960) zusätzlich den Einfluss von psychologischen Faktoren auf die Wahlbeteiligung. Die Entscheidung sich an der Wahl zu beteiligen wird von der psychologischen Involvierung der Wähler in die Politik beeinflusst. Es handelt sich dabei um vier Faktoren: Das Interesse am Wahlkampf, das Interesse am Wahlergebnis, die Selbstwirksamkeit und die Wahlnorm (Campbell et al. 1960: 101f.). Auch hier wurde die Wahlnorm, wie bereits in Campbell et al. (1954), mit vier Indikatoren gemessen und ein kumulativer Index gebildet.

Der Fokus des sozialpsychologischen Ansatzes liegt in erster Linie auf der Erklärung der Wahlentscheidung, sodass die Wahlnorm keinen Bestandteil des Kernmodells darstellt. Daher findet die Wahlnorm wenig Beachtung und keinerlei weitere theoretische Fundierung. Stattdessen ist sie dem erweiterten sozialpsychologischen Ansatz zuzuordnen, wenn es darum geht die Wahlteilnahme zu erklären. Doch auch in den dazugehörigen statistischen Modellen, wird die Wahlnorm zumeist ohne weitere Begründungen eingefügt.

4.2 Der Rational-Choice-Ansatz

Der Rational-Choice-Ansatz (RC-Ansatz) wurde von Anthony Downs (1957) entwickelt. Die Methodik und die zentralen Annahmen stammen aus der Ökonomie und wurden auf die Politik übertragen (Arzheimer/Schmitt 2014: 339). Primär wurde damit das Verhalten der Wähler analysiert.

Das Kernmodell von Downs zur Erklärung des Wählerverhaltens umfasst drei Komponenten: Die Wahrscheinlichkeit p, den Nutzen U und die Kosten C. Die Wahrscheinlichkeit p gibt an, wie wahrscheinlich es ist die wahlentscheidende Stimme abzugeben. Der Nutzen U setzt sich aus der Differenz des Nutzens, der sich aus der Regierungstätigkeit von Partei A ergibt, und des Nutzens, der sich aus der Regierungstätigkeit von Partei B ergibt[45], zusammen (Pappi/Shikano 2007: 34). Bei den Kosten handelt es sich um Informations-, Entscheidungs- und Opportunitätskosten (Arzheimer/Schmitt 2014: 377). In einigen Ländern können zusätzlich materielle wie immaterielle Kosten auftreten (Arzheimer/Schmitt 2014: 377). »Voting depends on a calculation of the personal costs and benefits of voting« (Clarke et al.

45 Dies gilt für Zwei-Parteiensysteme.

2004: 7). Wenn der Nutzen die Kosten übersteigt (p x U > C), sollte ein rational handelndes Individuum wählen gehen.

Da jedoch der Nutzen mit der Wahrscheinlichkeit diskontiert wird, um den erwarteten Nutzen der Stimmabgabe zu ermitteln (Arzheimer/Schmitt 2014: 377), wird der erwartete Nutzen infinitisemal werden (Green/Shapiro 1994: 49, Fn. 2) und damit übersteigen die Kosten jedes Mal den Nutzen, sodass jegliche Stimmabgabe irrational wird. Daraus ergibt sich das sogenannte Wahlparadox, denn obwohl die Wahlenthaltung einer rationalen Verhaltensweise entsprechen würde, ist bei jeder Wahl zu beobachten, dass die Mehrheit dennoch wählen geht. Das würde auch bedeuten, dass der RC-Ansatz nichts zur Erklärung der Wahlentscheidung beitragen kann, weil der rationale Mensch gar nicht erst zur Wahl gehen sollte.

Es gibt viele verschiedene Versuche das Wahlparadox aufzulösen.[46] Ein Versuch ist die Hinzunahme der Pflicht (duty). Dazu gehört auch die Wahlnorm. Schon Downs meinte »it is sometimes rational for a citizen to vote even when his short-run costs exceed his short-run returns, because social responsibility produces a long-run return« (Downs 1957: 261). Das Wählen aus einer sozialen Verantwortung heraus legt die Grundlage zu Überlegungen zur Wahlnorm. Begründet wird die Verantwortung mit dem Wert des Wahlakts an sich, denn wenn niemand wählen gehen würde, würde das System kollabieren (Downs 1957: 261). Um das Scheitern der Demokratie zu verhindern würde der rational handelnde Mensch der Versuchung widerstehen »to let short-run individual rationality triumph over long-run individual rationality« (Downs 1957: 268). Da die absoluten Kosten des Wählens sehr gering sind, können einige Menschen damit leben, dass ihre persönlichen Kosten die persönlichen Gewinne übersteigen. Doch die Wahlteilnahme mit dem Ansinnen die Demokratie schützen zu wollen ist aus zwei Gründen nicht plausibel. Zum einen stellt die Wahlbeteiligung zum Erhalt der Demokratie ein weiteres Kollektivgutproblem dar, sodass rationale Personen ihre Stimme dennoch nicht abgeben würden. Zum anderen ist es mehr als unwahrscheinlich, dass niemand zur Wahl geht. Sollte es dennoch dazu kommen, dass die Teilnahmebereitschaft der anderen Wähler massiv sinkt, so würde

46 Für eine ausführlichere Betrachtung sei auf Arzheimer und Schmitt (2014) sowie Green und Shapiro (1994) verwiesen.

sich die Wahrscheinlichkeit, die entscheidende Stimme abzugeben, vergrößern und damit wäre es für einige Menschen wieder rational zu wählen (Lomasky/Brennan 2000: 78). »But this is not how *moral* people reason. Since the cost of voting is small, the good citizen will conclude that voting is the right thing to do and not voting is wrong« (Blais 2000: 93). Problematisch an dieser Sichtweise ist jedoch die Tatsache, dass der RC-Ansatz von rationalen Menschen ausgeht und nicht von moralischen.

Auf Basis von Downs Vorüberlegungen zur Wahlnorm implementierten Riker und Ordeshook (1968) die »duty«, auch d-Term genannt, innerhalb des erweiterten RC-Ansatzes. Die »duty« entspricht bei Riker und Ordeshook (1968) »psychic goods as helping save democracy, fulfilling a sense of civic duty, expressing one's efficacy, and so on« (Blais et al. 1995: 827). Die Hinzunahme des d-Terms führte zu einer kontroversen Diskussion. Die Gegner des d-Terms argumentieren, dass seine Einführung tautologisch sei. »It borders on tautology, by leaving us with the prediction that the people who will vote are those who feel they should vote« (Campbell 2006: 15). Die Hinzunahme der Wahlnorm wird von einigen Autoren sogar als analytischer Fehlschlag bezeichnet (Campbell 2006: 15). Besonders kritisch ist die Hinzunahme der Wahlnorm innerhalb des RC-Ansatzes zu sehen, weil dadurch »willkürliche Vermutungen über das Zustandekommen von Präferenzen« (Arzheimer/Schmitt 2014: 393) angestellt werden und der Kern des Ansatzes verändert wird (Arzheimer/Schmitt 2014: 394).

Eine weitere Möglichkeit das Paradox aufzulösen ist die Klassifizierung verschiedener Anreize zur Wahlbeteiligung. So gibt es unter anderem »solidary incentives«, also Anreize, die durch soziale Netzwerke gesetzt werden (Knack 1992: 135). »External sanctions from friends, relatives, and other associates appear to play a major role in overcoming collective action problems in other settings« (Knack 1992: 137). Soziale Sanktionen, wie bspw. Scham, Konformitätsdruck, Ächtung und Missbilligung sollten ausreichend Druck auf die Menschen ausüben und sie motivieren an der Wahl teilzunehmen. Des Weiteren sollten sie, wie in Kapitel 3.3 beschrieben, die Internalisierung der Wahlnorm verstärken. Die Wähler umgehen durch ihre Wahlbeteiligung die sozialen Kosten bzw. sozialen Sanktionen, die möglicherweise entstanden wären, wenn sie sich nicht an der Wahl beteiligt hätten. Mit solchen Annahmen rückt der RC-Ansatz sehr stark in die Nähe des soziologischen und des sozialpsychologischen Ansatzes (Caballero 2005: 338).

Dennoch stimmt die Wahlnorm mit der Begründung die Demokratie zu schützen oder die Wahlnorm als Ausdrucksweise des Gefühls, dass es das richtige wäre zu wählen, nicht mit den Grundannahmen des RC-Ansatzes überein und sollte daher nicht weiter im Kontext des Ansatzes verwendet werden. Die Wahlnorm sollte entweder abgelehnt werden, weil sie den Prämissen des RC-Ansatzes widerspricht oder wenn sie als Teil des Ansatzes betrachtet wird, sollte sie unbedingt näher untersucht werden. Momentan wird die Wahlnorm in der RC-Forschung hingegen geduldet, aber sie wird nicht weiter beachtet und erforscht. »Civic duty has received too little theoretical attention in the empirical and rational choice literatures on turnout« (Blais/Achen 2009: 5).

4.3 Das Konzept des Sozialkapitals

Mit Hilfe des Konzepts des Sozialkapitals wird ebenfalls versucht die Wahlbeteiligung zu erklären. Ausgangspunkt ist die positive Wirkung der Netzwerke auf die Wahlbeteiligung. So ist es nicht verwunderlich, dass in allen Ansätzen zur Erklärung des Wahlverhaltens, außer dem RC-Ansatz, der Einfluss von informellen Netzwerken angesprochen wurde. Ihnen ist auch gemein, dass die formellen Netzwerke nicht systematisch integriert wurden, sondern einmalig als Kontrollvariable oder als möglicher zusätzlicher Einflussfaktor erwähnt wurden.

Im sozioökonomischen Standardmodell (SES-Modell) von Verba und Nie (1972) zur Erklärung politischer Partizipation, inklusive der Wahlbeteiligung, wurden formelle Netzwerke berücksichtigt. Neben den Ressourcen wurde die Mitgliedschaft in unpolitischen Vereinen als zusätzliche Drittvariable zur Kontrolle des Modells eingefügt und somit am Rande berücksichtigt (Verba/Nie 1972: 174ff.). Dahinter steckt die Frage, ob die Vereinsmitgliedschaft die Verzerrung der Partizipation durch den sozialen Status verringern kann und Personen mit geringerem sozialen Status, die sich aufgrund ihrer Ressourcen und Einstellungen eher nicht beteiligen würden, mobilisieren kann (Verba/Nie 1972: 20). Nach der Berücksichtigung des sozialen Status beteiligen sich aktive Vereinsmitglieder sehr viel häufiger als inaktive oder Nichtmitglieder (Verba/Nie 1972: 185). Politische Diskussionen und die Arbeit für das Gemeinwohl erhöhen die Partizipation zusätzlich (Verba/Nie 1972: 188f.). Die Mitgliedschaft und Aktivität in unpolitischen Vereinen erhöhen ebenfalls die Partizipation, aber nur, wenn die Mitglieder dort ebenfalls politischen Themen ausgesetzt sind (Verba/Nie 1972: 194).

Zwei Annahmen des »civic voluntarism«-Modells, dem Nachfolger des SES-Modells, stimmen mit dem Sozialkapital-Ansatz überein. Zum einen wird davon ausgegangen, dass die Mitgliedschaft oder der Kontakt zu bspw. Kirchen oder unpolitischen Gruppen »as training grounds for civic skills« (Brady et al. 1995: 271) dienen. Diesen Zusammenhang fasste bereits de Tocqueville unter dem Begriff »Schulen der Demokratie« zusammen.

> »The civic skills that facilitate participation are not only acquired in childhood but cultivated throughout the life cycle in the major secondary institutions of adult life. In this way, the institutions of civil society operate, as Tocqueville noted, as the school of democracy« (Brady et al. 1995: 285).

Zum anderen wird unterstellt, dass Netzwerke die Mobilisierung der Personen unterstützen. Die Netzwerke vereinfachen die Kooperation, sodass kollektive Handlungen schneller umgesetzt werden können.

Somit scheint das Konzept des Sozialkapitals zur Erklärung politischer Partizipation und damit auch der Wahlbeteiligung geeignet zu sein. Putnam hat auf die Bedeutung der formellen Netzwerke für die politische Partizipation aufmerksam gemacht (Gabriel 2004: 326). Dies liegt auch an der Betonung der positiven Eigenschaften der Netzwerke und deren Einfluss sowohl auf das Individuum als auch auf dessen Umfeld. Weitere Anknüpfungspunkte von Putnam an de Tocqueville betreffen die »Annahmen über den Erwerb politischer Kompetenz im Rahmen der familiären und schulischen Sozialisation« (Gabriel 2004: 326) und deren partizipationsfördernde Effekte. Wichtiger als die »civic skills« sind Putnam jedoch das Vertrauen und die Normen. Die Fähigkeiten ermöglichen bspw. die Kooperation in einer Bürgerinitiative, aber erst das Vertrauen und die Normen lassen das Individuum nicht nur ein Teil der Gruppe, sondern auch ein Teil der Gesellschaft, werden. Deutlich wird diese Sichtweise Putnams in Bezug auf die Wahlbeteiligung. »Declining electoral participation is merely the most visible symptom of a broader disengagement from community life« (Putnam 2000: 35, Fn. 11). Die Wahlbeteiligung ist die einfachste Form der politischen Partizipation und die meisten Menschen besitzen die Fähigkeiten eine Stimme abzugeben. Auf die Stimmabgabe zu verzichten ist für Putnam gleichbedeutend mit dem Rückzug aus dem gesellschaftlichen Leben. Das Sozialkapital-Konzept beschreibt somit die Involvierung der Individuen innerhalb der Gesellschaft und schafft die Verknüpfung von der sozialen zu der politischen Partizipation.

> »Das Zusammenwirken sozialer Aktivität (in Netzwerken), von zwischenmenschlichem Vertrauen und der Befürwortung auf die Gemeinschaft bezogener Werte und Normen führt (…) zu einer höheren politischen Beteiligung der Bürger« (Steinbrecher 2009: 68).

Daher ist das Konzept des Sozialkapitals für die Erklärung von politischer Involvierung im Allgemeinen, und der Wahlbeteiligung im Besonderen, geeignet.

In Verbindung mit den Überlegungen aus Kapitel 3.3, wonach die Wahlnorm mit dem Konzept des Sozialkapitals in Verbindung steht, ergibt sich somit die Verknüpfung zwischen dem Sozialkapital, der Wahlnorm und der Wahlbeteiligung.

> »Social capital is important because trusting people focus their attention less on themselves and close groups and more on society at large. Moreover, trusting people are willing to risk cooperation with others who are not well known to them, and to participate with them in community activities (Granovetter 1973; Uslaner 1999)« (Clarke et al. 2004: 226).

Entscheidend ist die Wirkung des Sozialkapitals auf die Bürger, deren Verhalten weniger eigennützig und stattdessen stärker am Wohlergehen der Gesellschaft orientiert sein sollte. Das Sozialkapital sollte daher auch das Gefühl, dass die Wahlbeteiligung eine Bürgerpflicht darstellt, verstärken. Das Sozialkapital wirkt sich somit mittels der

Wahlnorm positiv auf die Wahlbeteiligung aus, da es sich bei Wahlen um einen gesamtgesellschaftlichen Vorgang handelt.

5 Der aktuelle Forschungsstand

Die in den folgenden Unterkapiteln aufgeführte Literatur verwendet größtenteils Umfragedaten als Datengrundlage. Besonders die Messung der selbstberichteten Wahlbeteiligung ist jedoch nicht immer unproblematisch, denn die Wahlbeteiligungsrate in Umfragen ist meist höher als die amtliche Wahlbeteiligungsrate.[47] Es treten die sogenannte Overrepresentation und das sogenannte Misreporting auf. Im schlimmsten Fall führen sie in der Modellschätzung zu verzerrten Koeffizienten (Cassel 2003, Bernstein et al. 2001), weshalb das Problem nicht unterschätzt werden sollte. Hinzu kommt, dass das Ausmaß der Overrepresentation und des Misreportings größer geworden ist (De Nève 2009, Kleinhenz 1995, Smeets 1995, Burden 2000) und die Probleme mit der Zeit dringender werden.

Angesichts dieser Probleme werden zunächst die Overrepresentation und das Misreporting näher betrachtet, bevor der Forschungsstand in Bezug auf die Themen Sozialkapital, Wahlnorm und Wahlbeteiligung dargestellt wird.

5.1 Das Phänomen der Overrepresentation und des Misreporting

Die Abweichung der selbstberichteten von der amtlichen Wahlbeteiligung hat im Allgemeinen drei Ursachen. Erstens unterscheidet sich die amtliche Wahlbeteiligungsrate je nach Berechnungsgrundlage von

47 Bspw. zeigen Selb und Munzert (2013: 187), dass bei 130 Nachwahlstudien in 128 Fällen Overreporting auftritt. Zweimal tritt Underreporting auf, von denen nur das Underreporting in Weißrussland erklärt wird. Die Autoren gehen davon aus, dass die offizielle Wahlbeteiligungsrate »geschönt« wurde.

der aus Umfragedaten berechneten Wahlbeteiligungsrate. Es gibt drei Möglichkeiten die amtliche Wahlbeteiligungsrate zu berechnen. Die Voting Age Public (VAP)-Wahlbeteiligungsrate berechnet sich aus dem prozentualen Anteil der Wähler an der Anzahl aller Personen im wahlfähigen Alter, während es sich bei der Voting Eligible Public (VEP)-Wahlbeteiligungsrate um den Wähleranteil an der Anzahl aller wahlberechtigten Personen handelt.[48] Bei der Wahlbeteiligungsrate der registrierten Wähler, wird der prozentuale Anteil der Wähler unter den registrierten Wählern berechnet (Norris 2004: 157). Die Auswirkungen der verschiedenen Berechnungsgrundlagen zeigen sich in Tabelle 6 und werden dort weitergehend erläutert.

Zweitens können Unterschiede durch fehlerhafte Wählerverzeichnisse auftreten. Hierdurch kann der Anteil der Nichtwähler künstlich angehoben werden (Kleinhenz 1995: 74). Es handelt sich um die sogenannten statistischen Nichtwähler, deren Wahlberechtigungskarte nicht zugestellt werden konnte, die kurz vor der Wahl verstorben sind, die per Briefwahl gewählt haben, deren Wahlbrief aber nicht angekommen ist oder die einen Doppelwohnsitz angemeldet haben (Lavies 1973: 49). Der Anteil der statistischen Nichtwähler wurde in den 1970er Jahren von Lavies (1973: 50) auf vier Prozent geschätzt. Eilfort (1994: 56) überprüfte diese Schätzung und korrigierte sie auf ein bis zwei Prozent nach unten. Durch die Verbesserung der Einwohnerkarteien und damit auch der Wählerverzeichnisse durch die elektronische Datenverarbeitung und die Möglichkeit ohne die Wahlberechtigungskarte die Stimme abzugeben, dürfte sich die Anzahl der statistischen Nichtwähler zunehmend verkleinern (Caballero 2005: 333, Fn. 7). Aktuellere Zahlen liegen dazu nicht vor.

Drittens trägt die Umfrageforschung einen bedeutenden Anteil zu der Abweichung bei und soll daher näher betrachtet werden. Die Abweichungen ergeben sich zum einen durch die nicht immer wahrheitsgemäßen Angaben der Befragten, dem Misreporting und zum anderen durch einen überproportional hohen Wähleranteil in der Stichprobe, der Overrepresentation.

48 http://www.electproject.org/home/voter-turnout/faq/denominator (abgerufen am 26.10.2015)

5.1.1 Wie entstehen die Overrepresentation und das Misreporting?

Wenn eine Disparität zwischen der Anzahl der Wähler in der Stichprobe und der Grundgesamtheit der Wähler auftritt, kann man von einer verzerrten Stichprobe sprechen. Dies kann durch normale Stichprobenfehler oder -ausfälle passieren oder durch die Selbstselektion einiger Befragter. Generell gilt, dass politisch interessierte und gebildete Menschen häufiger an Umfragen teilnehmen als politisch Uninteressierte und Menschen mit einem niedrigen Bildungsabschluss (Smeets 1995: 310f.). Das bedeutet gleichzeitig, dass sich Personen, die häufiger wählen gehen auch häufiger befragen lassen. Für die Schweiz zeigte Steiner, dass die Wahlbeteiligung bei stimmberechtigten Bürgern, die das Interview verweigerten oder nicht erreichbar waren, 10 Prozentpunkte unterhalb der Wahlbeteiligung derjenigen lag, die sich an der Umfrage beteiligt hatten (Steiner 1965: 236). Es befinden sich somit mehr wahre Wähler in der Stichprobe als in der Grundgesamtheit, sodass die wahren Wähler überrepresentiert sind und von Overrepresentation gesprochen werden kann.

Wenn in einer Umfrage die selbstberichtete Wahlbeteiligung erfasst wird, ergeben sich in Kombination mit der tatsächlichen Wahlbeteiligung vier (Nicht-)Wählertypen. Die wahren Wähler haben angegeben gewählt zu haben und haben tatsächlich an der Wahl teilgenommen, während die falschen Wähler ebenfalls angegeben haben gewählt zu haben, obwohl sie ihre Stimme nicht abgegeben haben. Die wahren Nichtwähler sind diejenigen, die angegeben haben nicht gewählt zu haben und tatsächlich nicht an der Wahl teilgenommen

Tabelle 5: Vier Typen des (Nicht-)Wählers

	Tatsächliche Wahlteilnahme	Tatsächliche Wahlenthaltung
Selbstberichtete Wahlteilnahme	Wahre Wähler	Falsche Wähler (Overreporter)
Selbstberichtete Wahlenthaltung	Falsche Nichtwähler (Underreporter)	Wahre Nichtwähler

Quelle: In Anlehnung an Sigelman (1982: 49).

haben. Diejenigen, die angegeben haben nicht an der Wahl teilgenommen zu haben, obwohl sie ihre Stimme abgegeben haben, werden als falsche Nichtwähler bezeichnet.

Wenn die Befragten, bewusst oder unbewusst, nicht der Wahrheit entsprechend antworten, kommt es zum sogenannten Misreporting. Es gibt zwei Formen des Misreporting: das Overreporting und das Underreporting. Zum Overreporting kommt es, wenn viele Befragte behaupten, sie wären wählen gegangen, obwohl sie es nicht waren. Zusammen mit dem Anteil der wahren Wähler, überschreitet die selbstberichtete Wahlbeteiligung den Wert der amtlichen Wahlbeteiligung. Zum Underreporting kommt es hingegen, wenn viele Befragte angeben nicht gewählt zu haben, obwohl sie tatsächlich an der Wahl teilgenommen haben. Wie es zu diesen falschen Angaben kommt, soll im Fortgang dieses Kapitels thematisiert werden.

Es gibt hauptsächlich zwei Ursachen des Misreportings: Erinnerungsprobleme der Befragten im weitesten Sinn und soziale Erwünschtheit. Die Schwierigkeiten sich an die eigene Wahlteilnahme zu erinnern, können durch mehrere Umstände auftreten. Zu allererst können sich Menschen besser erinnern, wenn das jeweilige Ereignis in der näheren Vergangenheit liegt. Die Erinnerungsprobleme verstärken sich dabei v. a. bei politisch uninteressierten Personen und Personen ohne Parteiidentifikation (Granberg / Holmberg 1991: 454), denn »politics forms a very insignificant part of their life, and they simply forget temporarily that they voted« (Granberg / Holmberg 1991: 459). Ein weiteres Hindernis für die Erinnerung an die Wahlteilnahme können die Umstände der Wahl bilden. Besonders unwichtige oder uninteressante Wahlen bleiben möglicherweise weniger leicht im Gedächtnis hängen und Befragte können sich nicht genau an ihre Wahlteilnahme erinnern (Campbell et al. 1960: 96). Belli et al. (2001) fanden zudem heraus, dass wahre Wähler und wahre Nichtwähler gewohnheitsmäßige (Nicht-)Wähler sind und dass falsche Wähler eine »intermittent voting history« (Belli et al. 2001: 495) besitzen. D. h. unregelmäßigen Wählern bzw. unregelmäßigen Nichtwählern fällt es ebenfalls schwerer sich an die letzte Stimmabgabe zu erinnern, während es Personen mit einer konsistenten Wahlvergangenheit aufgrund ihres sich stets wiederholenden Verhaltens leichter fallen sollte sich an ihre Wahlteilnahme zu erinnern.

Der Grund, der am häufigsten mit dem Overreporting in Verbindung gebracht wird, ist die soziale Erwünschtheit und damit einhergehend die Wahlnorm. Es stellt sich die Frage, warum einige Befragte bewusst falsche Angaben über ihre Wahlteilnahme machen. Bei Wahlstudien mit Vor- und Nachwahlbefragungen tritt oftmals der »Hawthorne«/»Stimulus«[49]-Effekt auf. So wurde bspw. bei der American National Election Study 1964 fast die Hälfte des Overreportings der Nachwahlstudie durch die Frage nach der Wahlbeteiligung in der Vorwahlstudie verursacht (Smeets 1995: 311f.). Bei solchen Befragungen könnte das Overreporting somit stärker ausfallen, als bei einzelnen Nachwahlbefragungen, denn die Befragten haben einen höheren Anreiz sozial erwünscht und wie in der Vorwahlstudie angekündigt zu antworten. Aber auch die Interviewsituation in einer einmalig stattfindenden Befragung kann zu unaufrichtigen Angaben von Nichtwählern führen. Sie spüren möglicherweise den sozialen Druck dem Interviewer gegenüber anzugeben an der Wahl teilgenommen zu haben, da dies den gesellschaftlichen Erwartungen entspräche. Es gibt jedoch auch Experimente mit unterschiedlichen Befragungstechniken (Befragungen per Telefon, per Post, Face-to-Face oder im Internet), in denen sich das Ausmaß des Overreportings kaum unterscheidet (Vavreck 2007, Voogt/Saris 2003). Der mutmaßlich stärkste Anreiz für Befragte ihre Wahlteilnahme vorzutäuschen dürfte deshalb allgemein auf die soziale Norm, dass die Wahlbeteiligung eine staatsbürgerliche Pflicht sei, zurückzuführen sein, sodass die Befragten unabhängig von der Befragungstechnik zu einer »bewussten Falschaussage tendieren (*misreporting*)«[50] (De Nève 2009: 27). Dass die Misreporter die Wahlnorm sehr wohl wahrnehmen und wissen, dass sie sich normkonform verhalten sollten, ist nicht zwangsläufig ein Widerspruch dazu, dass sie sich letztendlich doch nicht an der Wahl beteiligen. »A norms ›oughtness‹ it is something members of a community feel they ought to do, even if they do not always do it« (Campbell 2006: 25). Die Misreporter haben die Wahlnorm vermutlich nicht internalisiert, sondern spüren lediglich den sozialen Druck der Gesellschaft wählen zu gehen. Hierbei handelt es sich um die wahrgenommene Wahlnorm.

49 Siehe Granberg und Holmberg (1992).

50 Kursivstellung im Original

5.1.2 Der Forschungsstand zu dem Misreporting und der Overrepresentation von Wählern in der Stichprobe

Für die USA, Schweden und Großbritannien gibt es Analysen des Overreportings bzw. der Overreporter, die sogenannten »vote validation studies«. In diesen drei Ländern ist es möglich, die Wählerverzeichnisse und die Stimmabgabe zu kontrollieren, sodass die wahren Wähler und Nichtwähler, aber auch die falschen Wähler und Nichtwähler, identifiziert werden können. In der Bundesrepublik gibt es keine Möglichkeiten die tatsächliche Anzahl an unaufrichtigen Wählern zu quantifizieren. Einzig Eilfort (1994) konnte dank eines glücklichen Zufalls die Angaben der Stuttgarter Wähler bei der Bundestagswahl 1990 validieren.

Um die Auswirkungen auf die Koeffizienten und somit das Gefahrenpotential für die folgenden Modelle abzuschätzen, sollte man sich zunächst einen Überblick über die Häufigkeit der jeweiligen (Nicht-)Wählertypen verschaffen. Als Grundlage dienen die eben genannten »vote validation studies« aus den USA und Schweden, sowie die validierten Daten von Eilfort (1994) für Deutschland und die der British Election Study (BES) für Großbritannien.

Tabelle 6 gliedert sich wie folgt auf. Die ersten zwei Spalten beinhalten das jeweilige Jahr der Studie und die Fallzahl. Am aktuellsten sind die Validierungsstudien aus Großbritannien, die den Zeitraum von 1987 bis 2010 umfassen. Die darauffolgenden vier Spalten beinhalten die Wählertypen aus Tabelle 5: Die wahren Nichtwähler, die falschen Nichtwähler, die falschen Wähler und die wahren Wähler. Die falschen Wähler verursachen das Overreporting, das somit in der fünften Spalte berichtet wird. Die Overrepresentation, die von den wahren Wählern ausgelöst wird, wird in den letzten zwei Spalten berichtet.

Bei der Befragung zur Bundestagswahl 1990 handelte es sich bei 20,3 Prozent der Befragten um wahre Nichtwähler und bei 71,9 Prozent um wahre Wähler. 7,8 Prozent der Stuttgarter Befragten konnten als falsche Wähler bzw. als Overreporter identifiziert werden. Ungefähr jeder dritte Nichtwähler (28,1 Prozent) gab also fälschlicherweise an, gewählt zu haben. Von den falschen Wählern gaben sogar 17,8 Prozent an, per Briefwahl gewählt zu haben, das heißt sie haben die anspruchsvollere Lüge gewählt. Im Gegensatz zu der Stimmabgabe im Wahllokal, wo die Lüge durch Beobachtung der Mitmenschen auffallen könnte, ist dies bei der Briefwahl nahezu ausgeschlossen und macht es sehr unwahrscheinlich beim Lügen ertappt zu werden.

Die selbstberichtete Wahlbeteiligungsrate, berechnet aus der Summe der wahren und der falschen Wähler, liegt bei 79,7 Prozent, während die amtliche Wahlbeteiligungsrate bei 77,8 Prozent liegt. Somit liegt Overreporting vor. Wird der prozentuale Anteil der wahren Wähler mit der amtlichen Wahlbeteiligungsrate verglichen, so ergibt sich eine Differenz von -5,9 Prozentpunkten. Wahre Wähler sind in der Stichprobe unterrepräsentiert, d.h. dass es in der Stichprobe weniger Wähler als in der Grundgesamtheit gibt. Somit liegt Underrepresentation vor. Dennoch ist die Differenz zwischen der selbstberichteten und der amtlichen Wahlbeteiligungsrate positiv (1,9 Prozentpunkte). Dies bedeutet, dass das Overreporting so stark ist, dass die Unterrepräsentation der wahren Wähler ausgeglichen und sogar überkompensiert wird.

Aus Tabelle 6 wird ersichtlich, dass die Differenzen zwischen der amtlichen und der validierten Wahlbeteiligungsrate deutlich schwanken. In den Stichproben der britischen und der schwedischen Wahlstudien waren überproportional viele wahre Wähler vertreten. Bei den Differenzen der Wahlstudien der Vereinigten Staaten wird deutlich, inwiefern sich die Berechnungsgrundlage der Wahlbeteiligungsraten unterscheidet. Anders als in der Bundesrepublik müssen sich die US-amerikanischen Bürger vor der Wahl registrieren lassen (Oldopp 2013: 161f.). Dies sind in dem betrachteten Zeitraum durchschnittlich 67 Prozent der Bevölkerung.[51] Wird die Wahlbeteiligungsrate der registrierten Wähler betrachtet, so sind die wahren Wähler in den Stichproben der Wahlstudien unterrepräsentiert, während sie bei der Wahlbeteiligungsrate der Personen im wahlberechtigten/-fähigen Alter überrepräsentiert sind. In den USA würde man, im Gegensatz zu den übrigen Ländern, die Differenz der wahren Wähler und der VAP betrachten, da alle nicht registrierten Personen auch als Nichtwähler angesehen werden können.

Eilfort untersuchte die Gruppe der falschen und der wahren Wähler, sowie die wahren Nichtwähler in Bezug auf politische Einstellun-

51 Eigene Berechnung, basierend auf den Daten des »United States Elections Project«, http://elections.gmu.edu, abgerufen am 5.11.2015.

Tabelle 6: Misreporting und Overrepresentation in Großbritannien, Deutschland, den USA und Schweden

	Jahr	N	Wahre Nichtwähler	Falsche Nichtwähler	Falsche Wähler (Overreporter)
Groß-britannien	1987	3729	12,9%	0,9%	4,3%
	1992	3056	11,2%	1,5%	4,4%
	1997	2854	15,7%	0,7%	4,3%
	2001	2576	23,3%	0,5%	4,5%
	2005	3431	18,5%	2,4%	4,5%
	2010	1378	11,9%	11,2%	10,0%
Deutschland	1990	7393	20,3%	0,0%	7,8%
USA	1964	1306	20,4%	0,5%	14,2%
	1978	2222	44,0%	1,3%	12,8%
	1980	1279	28,1%	0,4%	10,7%
	1984	1944	26,9%	0,0%	9,0%
	1986	2111	48,7%	0,3%	8,1%
	1988	1736	30,4%	0,7%	10,1%
	1990	1966	52,3%	1,4%	7,8%

Wahre Wähler	Wahlbeteiligung[a]	VAP[b]	Differenz der wahren Wähler und der Wahlbeteiligung	Differenz der wahren Wähler und der VAP
82,0%	75,4%	75,2%	6,6 PP	6,8 PP
83,0%	77,8%	75,4%	5,2 PP	7,6 PP
79,2%	71,5%	69,4%	7,7 PP	9,8 PP
71,8%	59,4%	57,6%	12,4PP	14,2PP
74,6%	61,4%	58,3%	13,2 PP	16,3 PP
66,9%	65,8%	61,1%	1,1 PP	5,8 PP
71,9%	77,8%	73,1%	-5,9 PP	-1,2 PP
64,9%	62,8%	61,9%	2,1 PP	3,0 PP
41,9%	57,0%	37,2%	-15,1 PP	4,7 PP
60,8%	76,5%	52,6%	-15,7 PP	8,2 PP
64,2%	74,6%	53,1%	-10,4 PP	11,1 PP
43,0%	54,9%	36,4%	-11,9 PP	6,6 PP
58,8%	72,5%	50,1%	-13,7 PP	8,7 PP
38,5%	56,0%	36,5%	-17,5 PP	2,0 PP

Quellen: Großbritannien (eigene Berechnungen mit der BES), Deutschland (eigene Berechnungen mit den Zahlen von Eilfort 1994), USA (Belli et al. 2001: 483), Schweden (Granberg/Holmberg 1991: 451), International Institute for Democracy and Electoral Assistence (Wahlbeteiligungsrate und VAP, http://www.idea.int/vt/, abgerufen am 5.11.2015), Differenzen: Eigene Berechnung.

[a] Prozentualer Anteil der abgegebenen Stimmen der registrierten Wähler.

[b] Prozentualer Anteil der abgegebenen Stimmen aller im wahlberechtigten/-fähigen Alter (Voting age population). Interessanter als die VAP wäre die VEP, allerdings liegt diese bei der angegebenen Datenquelle nicht vor.

Tabelle 6 (Fortsetzung): Misreporting und Overrepresentation in Großbritannien, Deutschland, den USA und Schweden

	Jahr	N	Wahre Nichtwähler	Falsche Nichtwähler	Falsche Wähler (Over-reporter)
	1956	1118	11,0%	0,0%	4,0%
	1960	1395	7,0%	1,0%	2,0%
	1964	1397	11,0%	0,0%	3,0%
	1968	2925	5,0%	0,0%	2,0%
	1970	4119	6,0%	1,0%	1,0%
Schweden	1973	2544	5,0%	0,0%	2,0%
	1976	2595	3,0%	0,0%	1,0%
	1979	2740	4,0%	1,0%	1,0%
	1982	2919	4,0%	0,0%	3,0%
	1985	2841	4,0%	1,0%	1,0%
	1988	2704	7,0%	1,0%	2,0%

gen und soziodemographische Merkmale. In seinen Analysen haben falsche Wähler ein stärkeres politisches Interesse, können sich eher mit einer politischen Partei identifizieren und stimmen der Wahlnorm stärker zu. Falsche Wähler sind darüber hinaus älter (Eilfort 1994: 141 ff.). Insgesamt kommt Eilfort zu dem Ergebnis, dass »sich die ›Overreporter‹ in ihren Merkmalen und Einstellungen wesentlich mehr von den ›bekennenden‹ Nichtwählern als von den Wählern« (Eilfort 1994: 143) unterscheiden. Die deutschen falschen Wähler ähneln somit eher den wahren Wählern.

Wahre Wähler	Wahl-beteiligung[a]	VAP[b]	Differenz der wahren Wähler und der Wahl-beteiligung	Differenz der wahren Wähler und der VAP
85,0%	79,8%	77,3%	5,2 PP	7,7 PP
90,0%	85,9%	82,8%	4,1 PP	7,2 PP
86,0%	83,9%	80,9%	2,1 PP	5,2 PP
93,0%	89,3%	86,6%	3,7 PP	6,4 PP
92,0%	88,3%	87,3%	3,7 PP	4,7 PP
93,0%	90,8%	85,8%	2,2 PP	7,2 PP
96,0%	91,8%	88,5%	4,2 PP	7,5 PP
94,0%	90,7%	86,9%	3,3 PP	7,1 PP
93,0%	91,4%	88,6%	1,6 PP	4,4 PP
94,0%	89,9%	86,2%	4,1 PP	7,8 PP
90,0%	86,0%	82,7%	4,0 PP	7,3 PP

Quellen: Großbritannien (eigene Berechnungen mit der BES), Deutschland (eigene Berechnungen mit den Zahlen von Eilfort 1994), USA (Belli et al. 2001: 483), Schweden (Granberg/Holmberg 1991: 451), International Institute for Democracy and Electoral Assistence (Wahlbeteiligungsrate und VAP, http://www.idea.int/vt/, abgerufen am 5.11.2015), Differenzen: Eigene Berechnung.

[a] Prozentualer Anteil der abgegebenen Stimmen der registrierten Wähler.

b Prozentualer Anteil der abgegebenen Stimmen aller im wahlberechtigten/-fähigen Alter (Voting age population). Interessanter als die VAP wäre die VEP, allerdings liegt diese bei der angegebenen Datenquelle nicht vor.

Belli et al. (2001) vergleichen mit Daten der American National Election Study ebenfalls die wahren Wähler mit den Overreportern und den wahren Nichtwählern. Sie kommen auch zu dem Ergebnis, dass »overreporters exhibit mean levels in between those for validated voters and nonvoters for age, education, whether the election was presidential or nonpresidential, and all of the attitudinal measures« (Belli et al. 2001: 487). Die Autoren meinen, es wäre »interesting to speculate whether social desirability or similar processes affect not only the voter turnout question but also questions on political attitudes« (Belli et al. 2001: 497). Sigelmans (1982) Befunde wurden auch

Jahrzehnte später wiederholt bestätigt. Overreporter »tend to be intermediate but closer to actual voters than to nonvoters in terms of political interest, emotional involvement in politics, and other discriminating variables« (Sigelman 1982: 52). Silver et al. (1986), Anderson und Silver (1986), Bernstein et al. (2001) und Harbaugh (1996) kamen zu ähnlichen Ergebnissen. Granberg und Holmberg (1991) bestätigten die Forschungsergebnisse für Schweden von 1956 bis 1988. Auch sie kommen zu dem Schluß, dass

> »those with the characteristic that predisposes people to vote (e. g., high interest) are less willing to acknowledge not voting. This can be interpreted to indicate that the norm prescribing that people ought to vote is implanted, in varying degrees of strength, more strongly among people who are more predisposed to vote« (Granberg/Holmberg 1991: 453).

Falsche Nichtwähler ähneln eher den wahren Nichtwählern, und die falschen Wähler ähneln den wahren Wählern. Doch auch hier befinden sich die falschen Wähler eindeutig zwischen den Nichtwählern und den wahren Wählern (Granberg/Holmberg 1991: 454).

5.2 Das Sozialkapital

Das Sozialkapital wurde bereits sehr häufig untersucht, sodass der Forschungsstand aufgrund des populären Konzepts sehr groß und schier unübersichtlich ist (bspw. Franzen/Freitag 2007: 9). Ein Merkmal des inflationären Gebrauchs des Sozialkapitals ist die oftmals fehlende Klarheit, warum das Sozialkapital etwas zur Erklärung des jeweils untersuchten Sachverhalts beitragen sollte. Da sich Putnam, was den genauen theoretischen Hintergrund und die Herleitung seiner Hypothesen angeht, eher zurückgehalten hat, sind auch die Autoren von Aufsätzen, Sammelbänden und Dissertationen bei der theoretischen Begründung ihrer Forschungsmodelle häufig sehr unkonkret.[52] Eine konsistente Herleitung des empirischen Modells nach Putnam (1993a, 2000) erfolgt in den wenigsten Fällen. Lippl (2007: 422) fasst es treffend zusammen: Welche Indikatoren für die drei Komponen-

52 Das sieht auch Heydenreich-Burck (2010: 91) so.

ten des Sozialkapitals herangezogen werden, »ist in der Regel vom konkreten Erkenntnisinteresse, der verfügbaren Datenbasis und zum Teil auch von den ›Vorlieben‹ der Forschenden abhängig«.[53] Diesen Eindruck bestätigten Fulkerson und Thompson (2008) in ihrer Meta-Analyse. Die Autoren untersuchten aus dem Zeitraum von 1988 bis 2006 240 Artikel aus soziologischen Fachzeitschriften zum Thema Sozialkapital. Die Fachzeitschriften lassen sich in allgemeine und themenspezifische Zeitschriften unterscheiden. Zu den allgemeinen Zeitschriften zählen solche, die sich mit neuen Entwicklungen der soziologischen Theorien und methodischer Innovation in der Soziologie beschäftigen.[54] Bei den themenspezifischen Zeitschriften handelt es sich um Zeitschriften, die nach soziologischen Themen, wie der Politischen Soziologie, Soziale Probleme, Familie und Sozialisation, klassifiziert werden können (Fulkerson/Thompson 2008: 547). Bei 17,5 Prozent der Artikel aus allgemeinen Zeitschriften wurde keine Definition verwendet (Fulkerson/Thompson 2008: 548). Je nach Fachrichtung wurden unterschiedliche Konzepte des Sozialkapitals häufiger verwendet als andere. In der Politischen Soziologie und der Medizin/Gesundheit wird mehrheitlich Putnams Konzept verwendet (Fulkerson/Thompson 2008: 552). Am häufigsten werden die Netzwerke beachtet. 46 Prozent der Artikel in allgemeinen Zeitschriften und 36 Prozent der Artikel in themenspezifischen Zeitschriften beinhalten die Netzwerke (Fulkerson/Thompson 2008: 548). Am seltensten werden die Reziprozität und Normen beachtet. In nur 10 Prozent der Artikel in allgemeinen Zeitschriften werden Normen berücksichtigt, bei themenspezifischen Zeitschriften sind es immerhin 20 Prozent (Fulkerson/Thompson 2008: 548).

Bei der Betrachtung des Forschungstands sollte man beachten, dass (wie bereits in Kapitel 2.1 erläutert wurde) den verschiedenen Konzepten des Sozialkapitals unterschiedliche Blickwinkel und Menschenbilder zu Grunde liegen. Je nachdem welcher Ansatz in der jeweiligen Quelle verwendet wird, werden die Ergebnisse dementspre-

53 Für eine beispielhafte Übersicht siehe (Grootaert 2001: 22/23).

54 Bei den allgemeinen Zeitschriften handelt es sich bspw. um die American Sociological Review, dem American Journal of Sociology, British Journal of Sociology, Social Forces und Social Problems (Fulkerson/Thompson 2008: 547).

chend interpretiert.[55] In den folgenden Unterkapiteln beschränkt sich die Autorin auf die wichtigsten Studien und unterscheidet der Übersichtlichkeit halber zwischen Studien zu den einzelnen Komponenten des Sozialkapitals und zum Sozialkapital insgesamt. Da sich die Analysen der vorliegenden Arbeit auf die Mikroebene beschränken, handelt es sich bei den hier berichteten Quellen ausschließlich um Analysen der Mikroebene.

Des Weiteren sollen drei Punkte angesprochen werden. Zum Ersten wird auf das grundlegendste Problem der Sozialkapitalforschung eingegangen: Die Erhebung der Daten mit ungeeigneten Messinstrumenten (Adam 2008: 176ff.). Besonders die Reliabilität und die Validität dürften bei der Messung des Sozialkapitals problematisch sein (Halpern 2005: 31ff.). Es handelt sich hierbei um ein altbekanntes Problem, da Schuller et al. (2000) bereits frühzeitig forderten: »more work needs to be done on the validity of the measures« (Schuller et al. 2000: 27). Zum Zweiten wird auf die besonderen Eigenschaften der Komponenten für die Kooperation eingegangen und zum Dritten werden die verschiedenen Komponenten des Sozialkapitals als abhängige Variable betrachtet.

5.2.1 Netzwerke

Aufgrund der Vielfalt der Netzwerke gibt es eine große Anzahl verschiedener Messinstrumente (siehe auch Heydenreich-Burck 2010: 162f.). Am häufigsten werden die formellen Netzwerke, die für die vorliegende Dissertation relevant sind, als Vereinsmitgliedschaft gemessen. Dabei werden die Vereine nach ihren thematischen Schwerpunkten unterschieden. Meistens handelt es sich dabei um Sportvereine, professionelle Interessengruppen, religiöse Organisationen oder Kulturvereine. Eine weitere Einteilung ist die Art der Vereinsmitgliedschaft. Hierbei wird in aktive und passive Mitgliedschaften unterschieden (Selle/Stoemsnes 2001, Wollebaek/Selle 2004). In einigen Fällen wird auch das Verhältnis zu anderen Mitgliedern, der

55 Es kann daher passieren, dass im Forschungsstand einige Ergebnisse aus einer rationalen Perspektive betrachtet werden und der Terminus »soziales Kapital« verwendet wird. Die Gesamtperspektive der Dissertation wird davon jedoch nicht betroffen sein.

Anteil der Freunde unter den Mitgliedern und der Anteil der Freunde unter den Mitgliedern erhoben (van Deth 2004: 302).

Die Typisierung von Vereinen ist jedoch nicht unproblematisch. Je nach Ziel des Vereins sowie der kulturellen und institutionellen Umgebung des Vereins, kann sich eine Mitgliedschaft positiv oder negativ auf die anderen zwei Komponenten des Sozialkapitals auswirken (Rothstein 2005: 102). Auch die scheinbar einfache Messung der Vereinsmitgliedschaften hat somit ihre Vor- und Nachteile.

Die Sozialisationsannahme der Vereine als Schulen der Demokratie von de Tocqueville (1840) bzw. der Einfluss der Netzwerke auf den Erwerb von sog. ›civic skills‹ wurde vielfach untersucht. Beispielhaft werden zwei Aufsätze vorgestellt, die die allgemeinen Forschungsergebnisse repräsentieren. Braun (2007) unterschied dabei zwischen binnen- und außenorientierten Vereinigungen, verschiedenen Vereinsmitgliedschaftstypen sowie verschiedenen Vereinigungen (Hobby-, Sport-, politische und karitativ-soziale Vereinigungen), um die Sozialisationsannahme zu überprüfen. Die verschiedenen Vereinsmitglieder wurden einander gegenübergestellt und anhand ihrer Zustimmung zu gesellschaftlichen und politischen Sachverhalten verglichen (Braun 2007: 216ff.). Die auftretenden Unterschiede können jedoch nicht auf eine Sozialisation der Mitglieder zurückgeführt werden, da es sich um Querschnittsdaten handelt. Hooghe (2003a, b) untersuchte ebenfalls den positiven Einfluss von Netzwerken auf die ›civic attitudes‹. Er geht hingegen davon aus, dass sich die Einstellungsunterschiede zunächst auf Grund der Selbstselektion der Mitglieder ergeben (Hooghe 2003b: 97). Auch hier basieren die Analysen auf Querschnittsdaten, sodass die Frage der Sozialisation durch Vereinsmitgliedschaften vorläufig ungeklärt bleibt.

Die Befunde zu den Determinanten der Vereinsmitgliedschaft im Allgemeinen sind sehr einheitlich. Um ein Beispiel zu nennen: »The middle-aged, men, those employed in professional and managerial occupations, the rich, the well-educated« (Pattie et al. 2004: 103) sind häufiger Mitglieder von Organisationen. Diese Befunde konnten auch länderübergreifend bestätigt werden (Hooghe 2001).

Die Determinanten der Mitgliedschaften unterschiedlicher Vereinstypen können sich davon graduell unterscheiden. Einige Vereinstypen, wie bspw. soziale, kulturelle und religiöse Vereine werden von

Frauen bevorzugt, während Männer in Sportvereinen und Interessengruppen überrepräsentiert sind. Dies lässt sich für die übrigen Determinanten beliebig fortsetzen (Badescu/Neller 2007: 173ff.).

5.2.2 Reziprozitätsnorm

Im Vergleich zu den Netzwerken und dem Vertrauen wird die Reziprozität bzw. die Reziprozitätsnorm nur sehr selten untersucht. Die Reziprozitätsnorm sowie Werte und Normen im Allgemeinen sind »in den Arbeiten zu Sozialkapital in seltsamer Weise unterbelichtet. Dies gilt sowohl für die theoretische Konzeptualisierung als auch für die empirische Forschung« (Westle/Roßteutscher 2008: 164).[56] Dies wird von der Meta-Analyse von Fulkerson und Thompson (2008) bestätigt. Nur jeder fünfte Artikel (18,5 Prozent) ihrer Stichprobe enthielt die Reziprozität (Fulkerson/Thompson 2008: 548).

Das Problem der ungeeigneten Messinstrumente tritt bei der Reziprozität besonders häufig auf. Dies liegt vor allem daran, dass es aus der Theorie nur sehr wenige Vorschläge gibt, wie man die Reziprozitätsnorm messen kann. Putnam hat einmalig Beispiele zur Messung des Sozialkapitals genannt, nur für die Reziprozitätsnorm gab er keinen Vorschlag (Helliwell 2002). Aus Mangel an geeigneten Indikatoren wird die Reziprozitätsnorm in den meisten Aufsätzen weggelassen oder es werden unpassende Proxys verwendet. Als Ersatz werden bspw. gesellschaftliche Normen, prosoziales Verhalten oder gesellschaftlich erwartete Einstellungen erhoben. In den späteren Sozialkapitalmodellen werden diese dann allgemein als Normen bezeichnet. Westle und Gabriel (2008) oder Zmerli (2008), stellvertretend für viele Publikationen, die den World Values Survey oder die Daten des Citizen, Involvement, Democray-Netzwerkes verwendet haben, bezeichnen die Bewertungen zu sozialem oder antisozialem Verhalten als Normen. Beispielsweise werden das Ausnutzen von Sozialleistungen, Schwarzfahren, Steuerhinterziehung, Erwerb von Diebesgut, Annahme von Schmiergeld, das Zahlen von Steuern, die Einhaltung der Gesetze, regelmäßige Spendenbereitschaft, usw. von den Befragten bewertet (Pattie et al. 2004: 48). Diese Indikatoren las-

56 Siehe auch Gabriel et al. (2002: 69), Kapitel 5.2.1.1 aus Heydenreich-Burck (2010: 57).

sen sich aber klar von der Reziprozitäts- und der Wohltätigkeitsnorm abgrenzen (siehe Kapitel 2.3) und haben mit der Reziprozitäts- und der Wohltätigkeitsnorm nichts gemeinsam.

Neben der Schwierigkeit der Operationalisierung besteht eine weitere Problematik bei der Messung der Reziprozitätsnorm. Wie bei allen Normen, ist es eine Herausforderung mit der sozialen Erwünschtheit und der Validität umzugehen.

Häuberer (2011) und Heydenreich-Burck (2010) zählen einige Studien auf, die nach eigenen Angaben die Reziprozitätsnorm enthielten. Betrachtet man die jeweiligen Studien, stellt sich jedoch heraus, dass keine der Genannten die Reziprozität untersucht. Kawachi et al. (1999) verwenden einen der Vertrauensindikatoren »people try to be helpful« als Indikator für Reziprozität (Häuberer 2011: 67), während Narayan und Cassidy (2001) sogar alle drei Vertrauensvariablen als Indikatoren für die Normen verwenden und zeitgleich die Indikatoren des Vertrauens in politische Institutionen als allgemeines Vertrauen bezeichnen. Das Verwischen der Grenzen zwischen der Reziprozitätsnorm und dem sozialen sowie dem politischen Vertrauen sollte zukünftig unterlassen werden.

Einige Beispiele von guten Indikatoren der Reziprozitätsnorm finden sich bei Franzen und Pointner (2007), Freitag und Traunmüller (2008) und Perugini et al. (2003). Freitag und Traunmüller (2008) nutzen das Sozio-ökonomische Panel 2005. Sie unterteilten die Bundesrepublik in 97 Raumordnungsregionen[57] und dokumentierten die Ausprägung der einzelnen Sozialkapitalkomponenten in den Regionen. Die Reziprozitätsnorm wurde mit Hilfe von drei Indikatoren gemessen. »Wenn mir jemand einen Gefallen tut, bin ich bereit, dies zu erwidern.« Der Zustimmung oder Ablehnung dieser Aussage konnte auf einer Skala von 1 »trifft überhaupt nicht zu« bis 7 »trifft voll zu« Ausdruck verliehen werden. Die übrigen zwei Items waren: »Ich strenge mich besonders an, um jemandem zu helfen, der mir früher schon mal geholfen hat« sowie »Ich bin bereit, Kosten auf mich zu nehmen, um jemandem zu helfen, der mir früher einmal geholfen hat« (Freitag/Traunmüller 2008: 251). Hierbei handelt es sich jedoch streng ge-

57 Die Raumordnungseinheiten sind zwischen Bundesländern und Regierungsbezirken anzusiedeln (Freitag/Traunmüller 2008: 227).

nommen nicht um die Erfassung der Reziprozitätsnorm, sondern um die Reziprozitätsbereitschaft und die spezifische Reziprozität.

Welche Konsequenzen die Vermischung dieser Items hat, zeigt sich bei Franzen und Pointner (2007). Auch in dieser Publikation werden verschiedene Indikatoren zur Reziprozität miteinander kombiniert. Die Prüfgröße für die Reliabilität, Cronbachs Alpha, beträgt lediglich 0,35 (Franzen/Pointner 2007: 80) und liegt damit deutlich unter dem üblichen Grenzwert von 0,7. Dieser geringe Wert hat zwei Ursachen. Zum Ersten wird hier negative Reziprozität gemessen, obwohl Personen, die im positiven Sinne reziprok sind (Gutes für Gutes) wahrscheinlich weniger dazu neigen Schlechtes mit Schlechtem zu vergelten, denn für positive Reziprozität ist Vertrauen in die Menschen vonnöten und ein gewisser Hang zum Altruismus von Vorteil. Bei Perugini et al. ist die positive Reziprozität stark positiv mit dem fairen Verhalten des Gegenspielers korreliert ($r=0{,}25$; $p<0{,}01$), während die negative Reziprozität positiv mit dem unfairen Verhalten des Gegenspielers korreliert ist ($r=0{,}2$; $p<0{,}01$) (Perugini et al. 2003: 269). Die positive und die negative Reziprozität sind deshalb gar nicht oder nur schwach miteinander korreliert ($r=-0{,}02$ für das italienische und $r=0{,}16$ ($p<0{,}01$) für das englische Sample) (Perugini et al. 2003: 263). Zum Zweiten wird die geringe Reliabilität bei Franzen und Pointner durch die Vermischung von drei Indikatoren verursacht, die jeweils sowohl die spezifische negative und die positive Reziprozität als auch die generelle, positive Reziprozität messen. Ähnlich wie bei dem generellen und dem spezifischen Vertrauen ist die Korrelation zwischen diesen verschiedenen Arten nur mäßig (Perugini et al. 2003: 263). Zwei Indikatoren des öffentlichen Engagements messen die Wohltätigkeit (Franzen/Pointner 2007: 80). Diese könnte man, leicht umformuliert, zur besseren Messung der Wohltätigkeitsnorm einsetzen. Aufgrund der unterschiedlichen Dinge, die mit der Reziprozität und dem öffentlichen Engagement gemessen werden, sind beide Konstrukte signifikant negativ miteinander korreliert ($r=-0{,}15$) (Franzen/Pointner 2007: 82). Die übrigen Korrelationen sind jedoch wie erwartet positiv, nur bei dem öffentlichen Engagement scheint es wiederholt zu kontraintuitiven Korrelationen zu kommen. Die Ergebnisse der Faktorenanalyse, die miteinander kovariierende latente Konstrukte enthält, ergibt bei den Normen kein einheitliches Ergebnis. Es werden schlussendlich vier Faktoren extrahiert, die mit 0,18 bis 0,34 miteinander signifikant korrelieren (Franzen/Pointner 2007: 84).

Die Determinanten der Reziprozität und der Reziprozitätsnorm zu untersuchen, gestaltet sich aufgrund der problematischen Messung ebenfalls sehr schwierig. Zunächst stellt sich die Frage, ob die altruistische Reziprozität, die von Putnam als generalisierte Reziprozität bezeichnet wird (Kapitel 2.3), tatsächlich existiert. Dazu gibt es einige interessante Experimente aus der Spieltheorie, in denen Beweise für altruistische Reziprozität gefunden werden konnten (Diekmann 2004: 491). »Participants will reciprocate, even if this behavior is not in their short- or long-term material interest« (Diekmann 2004: 500). In anderen Experimenten, teilweise auch in weniger einkommensstarken Ländern, ist der Befund nicht so eindeutig (Diekmann 2004: 502). Aufgrund einiger Ergebnisse der Spieltheorie gibt es Vermutungen, dass sich die Reziprozitätsnorm bei hinreichend vielen Wiederholungen von reziproken Handlungen entwickelt (Diekmann 2004: 490). Belege gibt es dafür noch nicht.

5.2.3 Vertrauen

Die Messung des Vertrauens erfolgt in den meisten Fällen mit der Standardfrage nach Rosenberg (1956): »Generally speaking, would you say that most people can be trusted or that you can't be too careful in dealing with people?«. Die Antwortmöglichkeiten variieren von einer dichotomen bis zur 11-stufigen Skala (siehe Fußnote 83). Rosenberg (1956) erprobte zwei weitere Indikatoren, um das Vertrauen besser erfassen zu können, die auch heute oftmals erhoben werden (siehe Kapitel 7.2). Die meisten Forscher plädieren dafür, alle drei Vertrauensindikatoren zu verwenden (Pattie et al. 2004: 169, Fußnote 14,15), denn der Standardindikator ist nicht unumstritten (Sturgis/Smith 2010). »It is essential to control for cross-cultural equivalence, and in some cases it might be preferred to exclude dubious measurements in countries like Ireland or Portugal« (Reeskens/Hooghe 2008: 530). Auch Gabriel et al. (2002: 61ff.) zweifeln an der Konsistenz der Vertrauensindikatoren und gehen sogar so weit zu sagen, dass die gegebene Datenlage, in ihrem Fall der World Values Survey, »keine verlässlichen Aussagen über das Ausmaß des sozialen Vertrauens in der westlichen Welt« (Gabriel et al. 2002: 64) zulässt. In den übrigen Ländern dieser Welt dürfte die Konsistenz des Vertrauensindikators auf Grund der kulturellen Unterschiede noch schlechter abschneiden, denn »even within a single language community, definitions of trust can vary, as can the overtones that people associate with the word itself« (Field 2003: 125).

Das Forschungsfeld des Vertrauens ist unglaublich groß.[58] Es gibt ganze Bücher und Sammelbände, die sich ausschließlich mit den verschiedensten Arten des Vertrauens auf der theoretischen Ebene auseinandersetzen (Warren 1999, Cook 2001, Hardin 2002, Frings 2010, Misztal 1996, Rothstein 2005, Uslaner 2002) und obwohl das soziale Vertrauen häufig untersucht wurde, ergaben sich jedoch immer auch widersprüchliche Ergebnisse (Delhey/Newton 2003: 111f.). Einige Determinanten verhalten sich dennoch konsistent.

> »We see that it is among the elderly, the religious, the richest households, white people, and the Scots that the most personally trusting people are concentrated. The least personally trusting are found among the very young (24 years old and under) and among black people« (Pattie et al. 2004: 60).

Während einige Autoren, bspw. Fukuyama (1995) und Uslaner (1999), das Sozialkapital auf das Vertrauen als Indikator reduzieren, plädiert Field dafür das Vertrauen als »a consequence rather than an integral component of social capital« zu sehen (Field 2003: 65). Des Weiteren ist das Vertrauen ein kompliziertes und variierendes Phänomen, dessen Integration in das Sozialkapital das Gesamtkonzept verkompliziert (Field 2003: 64).

5.2.4 Sozialkapital allgemein

Bei dem Forschungsstand zum Sozialkapital im Allgemeinen geht es vor allem um zwei Fragen. Wie verhalten sich die Sozialkapitalkomponenten zueinander? Gibt es einen reziproken Zusammenhang oder einseitige kausale Mechanismen? Bilden die drei Komponenten das Konstrukt ›Sozialkapital‹ ab und wie sieht die Struktur aus? Letzterem

58 Einen kurzen Überblick bieten Heydenreich-Burck (2010: 59, Fn. 27) und (Zmerli 2008: 67–71).

kann man mit Hilfe einer konfirmatorischen Faktorenanalyse (CFA) auf die Spur kommen. Dabei gibt es mehrere Möglichkeiten, die in Kapitel 8.3 erörtert werden.

Franzen und Pointner (2007: 71) konzeptualisieren das Sozialkapital als latentes Konstrukt, das mit einer Faktorenanalyse, die Faktoren zweiter Ordnung enthält, überprüfbar ist. Sie berufen sich dabei auf van Deth (2003) und Paxton (1999). Eine Begründung, warum diese Form der Konzeptualisierung gewählt wurde und in welcher Beziehung die latenten Dimensionen der drei Komponenten zueinander stehen sollten, fehlt. Aber auch van Deth (2003: 83), der die latente Dimension des Sozialkapitals ebenfalls als Faktor zweiter Ordnung dargestellt hat, bezieht sich lediglich auf Paxton (1999) und zusätzlich auf Narayan und Cassidy (2001). Bei van Deth gibt es ebenfalls keine theoretische Begründung für die Modellierung der latenten Dimensionen und auch bei Paxton (1999) findet sich darauf kein Hinweis. Bei Narayan und Cassidy (2001: 66) wird lediglich vermerkt: »Figure 2 details the relationship among the hypothesized dimensions of social capital«. Auch hier bleibt völlig unklar auf welche theoretische Grundlage sich die Autoren beziehen.

Bei Franzen und Pointner (2007) kommt noch erschwerend hinzu, dass sie das dargestellte Modell nicht überprüfen. Statt einer konfirmatorischen Faktorenanalyse, die latente Faktoren zweiter Ordnung enthält, schätzen sie eine explorative Faktorenanalyse und extrahieren vier Faktoren. Die einzelnen Faktoren sind dabei nicht sehr vertrauenswürdig. Ein Faktor enthält beispielsweise zwei Indikatoren zu informellen Netzwerken, einen Indikator zur Reziprozität und einen zur sozialen Partizipation, der eine negative Faktorladung aufweist. Die Korrelationen zwischen den vier Faktoren schwanken zwischen 0,18 und 0,34. Franzen und Pointner (2007: 84) schlussfolgern:

> »Erstens lassen sich die zehn Items nicht als eindimensionale Items zur Messung von Sozialkapital auffassen, sondern sie setzen sich vielmehr aus mehreren Faktoren zusammen. Zweitens sind diese Faktoren untereinander auch nur schwach korreliert, sodass zwischen diesen Faktoren also auch eine inhaltliche Differenzierung vorgenommen werden kann«.

Dennoch wird keine Faktorenanalyse, die den Faktor »Sozialkapital« zweiter Ordnung enthält, berechnet. Das bedeutet, es wird davon ausgegangen, dass die vier Faktoren unterschiedliche Inhalte abbilden und gemeinsam nicht die latente Dimension zweiter Ordnung des Sozialkapitals abbilden. Stattdessen folgen lineare Regressionen mit den Faktoren als abhängige Variablen und den jeweiligen übrigen Faktoren als unabhängige Variablen.

Andere Autoren konzeptualisieren und operationalisieren das Sozialkapital als Faktorenanalyse, die Faktoren der zweiten Ordnung enthält. Radnitz et al. (2009) untersuchten das Sozialkapital in Usbekistan und in der Kirgisischen Republik. Ihr Modell umfasst drei Indikatoren für die Normen, vier für die informellen Netzwerke und sieben Vertrauensindikatoren. Die Pfadkoeffizienten schwanken zwischen 0,32 und 0,82 (Radnitz et al. 2009: 718). Zwischen dem Sozialkapital und den Netzwerken gibt es einen negativen Pfadkoeffizienten von -0,34; d. h. je häufiger sich die Menschen mit anderen Menschen (an verschiedenen Orten) treffen, desto weniger Sozialkapital haben sie (Radnitz et al. 2009: 718). Die Koeffizienten zwischen dem Sozialkapital und den Normen (0,59) und dem Vertrauen (0,25) sind nicht sehr stark. Die Pfadkoeffizienten und die Korrelationen weisen darauf hin, dass das Modell nicht zu den Daten passt. Der Root Mean Square Error of Approximation (RMSEA)[59] bestätigt dies, denn er beträgt 0,064. Ob die Modellanpassung aufgrund der Länderauswahl oder aufgrund der informellen Netzwerkindikatoren suboptimal ist, ist nicht zu sagen. Van Oorschot et al. (2006) verwendeten den European Values Study 1999/2000 um das Sozialkapitalmodell, bestehend aus den drei Komponenten (Netzwerken, Vertrauen und Bürgersinn) zu überprüfen. Die Indikatorenauswahl der Autoren ist jedoch fragwürdig. Die Werte der Hälfte der acht Pfadkoeffizienten sind kleiner als 0,5 (van Oorschot et al. 2006: 157). Erstaunlicherweise ist der RMSEA mit 0,046 tadellos. Jones et al. (2009) nutzen ebenfalls den European Values Study 1999/2000 als Grundlage für ihre Faktorenanalyse, die Faktoren zweiter Ordnung enthält. Ihr Sozialkapitalmodell besteht aus vier Komponenten: Sozialen Netzwerken, Vertrauen, sozialen Normen und politischem Interesse. Es gibt einen standardisierten

59 Siehe Kapitel 8.4.

Wert, der größer als Eins ist und das soziale Vertrauen wurde zu dem institutionellen Vertrauen hinzugefügt, wo es weder aus theoretischer noch aus empirischer Sicht hingehört. Narayan und Cassidy (2001) modellieren das Sozialkapitalmodell für Ghana und Uganda mit 27 Indikatoren, aus denen sie sieben Komponenten extrahieren wollen. Die Autoren rechnen zunächst einzelne Faktorenanalysen für die einzelnen Komponenten. So ergeben sich (je nach Land) sogar mehr als sieben Komponenten des Sozialkapitals. Das finale Modell für das jeweilige Land wird jedoch nicht mehr berichtet (Narayan/Cassidy 2001: 80). All diese Aufsätze haben gemein, dass nirgends eine theoretische Herleitung angeboten wird, warum das Sozialkapital als Faktorenanalyse, die Faktoren zweiter Ordnung enthält, spezifiziert wurde.

Eine Faktorenanalyse, bei der angenommen wird, dass alle Sozialkapitalindikatoren auf einen Faktor laden, sieht man nur sehr selten. Wie Mateju und Vitaskova (2006) und Dekker (2004) zeigen, haben diese Modelle zumeist keinen guten Modelfit. Die Items sind inhaltlich zu unterschiedlich, sodass die Faktorladungen zwischen 0,18 und 0,57 variieren (Dekker 2004: 97) und damit weit unter dem üblichen Grenzwert von 0,7 liegen. Somit scheinen sich die Autoren zumindest darin einig zu sein, dass das Sozialkapital nicht eindimensional ist.

Eine weitere Möglichkeit das Sozialkapital angemessen zu modellieren liegt in der Berechnung einer Faktorenanalyse, die mehrere miteinander korrelierte latente Konstrukte enthält. Mateju und Vitaskova (2006) berechneten ein Modell mit zwei latenten Variablen (bestehend aus je drei Indikatoren): Dem Vertrauen und den Netzwerken sowie einer Kovarianz. Der Modelfit verbesserte sich im Vergleich zu der Faktorenanalyse, bei der alle Indikatoren auf ein latentes Konstrukt gezwungen wurden, deutlich. Der RMSEA sinkt von 0,144 auf 0,064 und erreicht damit fast den Grenzwert von 0,05 (Mateju/Vitaskova 2006: 506).

Halman und Luijkx (2006) vertreten ebenfalls die Meinung, dass sich das Sozialkapital aus mehreren Komponenten zusammensetzt, doch sie berechnen keine Faktorenanalyse. Mit dem ESS 2002 als Datengrundlage berechnen sie vier getrennte Mehrebenenanalysen mit dem individuellen Vertrauen, dem Vertrauen in politische Institutionen, der Einschätzung der Wichtigkeit sozial aktiv zu sein und der Einschätzung der Wichtigkeit formal aktiv zu sein als abhängige

Variablen. Mit dieser Vorgehensweise wird die Notwendigkeit einer Mehrebenenfaktorenanalyse umgangen.

Neben dem Streitpunkt welche Struktur das Sozialkapital aufweist, gibt es eine weitere strittige Frage in der Sozialkapitalforschung: In welchem Verhältnis stehen die drei Komponenten des Sozialkapitals zueinander? Putnam postuliert zwischen den Netzwerken, der Reziprozität und dem Vertrauen keinen kausalen Zusammenhang. »The causal arrows among civic involvement, reciprocity, honesty, and social trust are as tangled as well-tossed spaghetti« (Putnam 2000: 137).[60] Sind sie wie Putnam vermutet reziprok oder gibt es kausale Zusammenhänge? »Die Frage nach der Ursache und der Wirkung zwischen den Komponenten sozialen Kapitals lässt sich somit theoretisch kaum erklären« (Heydenreich-Burck 2010: 63), sodass nur Panel-Daten und geeignete statistische Verfahren der Antwort näher kommen können. Viele Studien versuchten diese Frage zu beantworten, doch »die überwiegende Zahl der Studien konzentriert sich auch hier auf die Beziehungen zwischen sozialem Vertrauen und Netzwerken« (Heydenreich-Burck 2010: 73) und findet zumeist nur schwache Zusammenhänge (bspw. Scheufele/Shah 2000, Stolle 2001a, b). Somit können nur Aussagen über die Beziehung zwischen dem Vertrauen und den Netzwerken gemacht werden.

Delhey und Newton (2003) bieten einen Überblick über Studien, die die Beziehung zwischen Vertrauen und Netzwerken testen. Sie nennen es das »Chicken-and-egg problem« (Delhey/Newton 2003: 102). Wissenschaftlich würde man es Endogenitätsproblem bezeichnen (Stolle 2003: 25). Brehm und Rahn (1995) »report evidence that causation flows mainly from joining to trusting« (Putnam 1995b: 666). Andere Studien meinen, der Zusammenhang wäre eine reine Scheinkorrelation aufgrund der soziodemographischen Variablen. Es gibt zwar einige wenige Aufsätze mit Paneldaten, die den Wirkungszusammenhang des Vertrauens und der Netzwerke untersuchen, allerdings wenden die wenigsten angemessene statistische Verfahren an.[61] Zwei Studien wenden zwar Panel-Regressionen an, bei Bekkers

60 Diese Aussagen wurden aus früheren empirischen Arbeiten entnommen und basieren nicht auf theoretischen Überlegungen.

61 Es handelt sich um Claibourn und Martin (2000), Jennings und Stoker (2004), Stolle und Hooghe (2004), Li et al. (2005) und Quintelier (2013).

(2012) sind jedoch die Fallzahlen recht klein und der Zeitabstand ist mit vier Jahren relativ kurz und bei Sturgis et al. (2015) ist das Vertrauen dichotom kodiert, d.h. es ist relativ schwierig eine Veränderung festzustellen. Die Reliabilität dürfte nicht gewährleistet sein, da sich das Antwortverhalten möglicherweise stärker an kurzfristigen Ereignissen orientiert, als das beim generalisierten Vertrauen, gemessen mit einer 11-stufigen Skalierung, der Fall wäre.

Glanville et al. (2013) untersuchten mit Hilfe der General Social Survey Paneldaten 2006–2008 den Effekt der informellen Netzwerke auf das Vertrauen. Es gibt einen positiven Effekt (Glanville et al. 2013: 555) und da kein gegenläufiger signifikanter Effekt auftrat, spricht dies für den kausalen Pfad von den informellen Beziehungen hin zum Vertrauen (Glanville et al. 2013: 556). Für formelle Mitgliedschaften wurde dies leider nicht überprüft.

Wenn man sich den Kern des Konzepts anschaut, der laut Freitag et al.

> »die von de Tocqueville inspirierte These dar[stellt], dass das generalisierte Vertrauen vornehmlich in den vielfältigen Vereins- und Organisationsstrukturen einer vitalen Zivilgesellschaft wurzelt, dort regeneriert und aufrechterhalten wird« (Freitag et al. 2009: 499),

und dann die wenigen Panel-Daten-Analysen betrachtet, kommt man zu keinem eindeutigen Ergebnis. Die Korrelation zwischen den Netzwerken und dem Vertrauen könnte tatsächlich alleine durch die Selbstselektion der Mitglieder zustande kommen. Menschen, die ein hohes Vertrauen in andere Menschen haben, werden eher Mitglied in einem Verein (Stolle 2003, 2001). Einige Studien zeigen einen kausalen Effekt des Vertrauens auf die Netzwerke. Es kann auch sein, dass dieser Effekt durch Zufall in den Modellen auftritt und es sich lediglich um eine Scheinkorrelation[62] handelt. Menschen, die ein hohes Vertrauen haben, haben einen höheren sozioökonomischen Status und auch Menschen, die Mitglieder in einer Organisation sind, weisen diesen auf. Bis es Panel-Daten mit geeigneten Sozialkapitalindi-

62 Dieser Verdacht wurde auch von Steinbrecher (2009: 71) geäußert.

katoren gibt und diese mit Hilfe angemessener statistischer Analysen untersucht werden, bleibt der kausale Zusammenhang ungeklärt.

Für die Determinanten des Sozialkapitals insgesamt gilt im Grunde das gleiche wie bei den einzelnen Komponenten als abhängige Variable, daher sei an dieser Stelle nur auf die Übersicht bei Heydenreich-Burck (2010: 92f.) verwiesen. Es gibt dennoch einen wichtigen Punkt, der das Sozialkapital im Ganzen betrifft. Auch wenn das Forschungsfeld des Sozialkapitals unendlich groß erscheint, so gibt es dennoch viele Aspekte, die noch ungeklärt sind.[63] Bspw. ist Putnams (2000) These des sinkenden Sozialkapitals bis heute weder bestätigt noch widerlegt. Für die USA gab es zahlreiche Untersuchungen (Paxton 1999, Rahn/Transue 1998, Rothstein/Stolle 2003) und dort scheint das Sozialkapital tatsächlich abzunehmen. Für die europäischen Staaten gibt es zahlreiche unterschiedliche Ergebnisse, die in den meisten Fällen auf Querschnittsdaten basieren und daher die Entdeckung eines einheitlichen Trends unmöglich machen. In einigen Ländern und je nach Operationalisierung scheint das Soziälkapital zu sinken oder sich auf einem Niveau zu halten (Putnam/Goss 2001[64]). Es mangelt vor allem an geeigneten Daten, sodass keine systematischen Übersichten über die Zeit oder länderspezifische Unterschiede in der Verteilung des Sozialkapitals innerhalb der EU oder Europa erstellt werden können (Adam 2008: 160). Hierbei zeigt sich ein sich durch das gesamte Forschungsfeld des Sozialkapitals ziehendes Problem (wie auch schon in Kapitel 2.7 angedeutet wurde): Es gibt keine konsistente Sozialkapital-Forschung. Je nach Konzept sowie der verwendeten Definition und Operationalisierung gibt es unterschiedliche Ergebnisse.

Mit den Daten des Eurobarometer (Gesthuizen et al. 2008), des ISSP (Kääriäinen/Lehtonen 2006, Lüdicke/Diewald 2007, Schyns/Koop 2010), des ESS (Jungbauer-Gans/Gross 2007, Meulemann 2008), des European Values Study (Adam 2008) und vor allem dem World Values Survey (Westle/Gabriel 2008, Gabriel et al. 2002) ist es zumindest möglich, die Verteilung des Sozialkapitals für verschiedene Länder zu einem Zeitpunkt darzustellen. Insgesamt lässt sich jedoch zusam-

63 Siehe Westle und Roßteutscher (2008). Es wird im Folgenden jedoch nur auf den für die vorliegende Arbeit wichtigsten Punkt eingegangen.

64 Hall (2001), Worms (2001) und Rothstein (2001), alle aus Putnam und Goss (2001). Eindeutige Trends sind dort aber nicht auszumachen.

menfassen, dass es viele Probleme in der Sozialkapitalforschung gibt. Aufgrund dieser Missstände ist es »difficult to judge the overall impact of social capital because we don't have a clear-cut idea of what it is« (Uslaner/Dekker 2001: 179). Das liegt nicht zu letzt daran, dass es zwischen dem Konzept des Sozialkapitals und dessen Messung einen großen Unterschied gibt (Paxton 1999: 89f.).

5.3 Das Sozialkapital und die Wahlbeteiligung

Warum das Sozialkapital zur Erklärung der Wahlbeteiligung herangezogen wird, bleibt in den meisten Veröffentlichungen unklar. Viel zu häufig wird es ohne theoretische Verankerung in die empirischen Analysen eingeführt. Es wird weder erläutert, warum das Konzept des Sozialkapitals geeignet sei die Wahlbeteiligung zu erklären, noch wird begründet, wie sich die einzelnen Komponenten auf die Wahlbeteiligung auswirken. Lediglich die positive Wirkung der Netzwerke auf die Wahlbeteiligung wird durchgehend betont.

Nie, Powell und Prewitt (1969a,b) bilden oftmals den Ausgangspunkt für die Anwendung des Sozialkapitalkonzepts zur Erklärung der Wahlbeteiligung, denn ihr sozioökonomisches Standardmodell zur Erklärung der politischen Partizipation enthielt unter anderem Netzwerke. In der nachfolgenden Studie betonten Verba und Nie (1972) die Bedeutung von Vereinen für die politische Partizipation. Mitglieder von Vereinen engagieren sich politisch, weil sie von anderen Vereinsmitgliedern ermuntert worden sind oder weil sie die Ressourcen des Vereins für den eigenen Zweck nutzen können (Verba/Nie 1972: 175). Die Vereine gelten in diesem Kontext als »Mobilisierungsagenturen« (Lippl 2007: 427). Verba et al. (1995: 304ff.) untersuchten die Anwendung von »civic skills« in Vereinen. Sie fragten jedoch nicht nach der Verbesserung oder der Entwicklung der Fähigkeiten durch die Vereine im Sinne der Schulen der Demokratie. Erst Brady et al. (1995: 285) erwähnten die Schulen der Demokratie nach de Tocqueville (1840). Durch diesen Verweis erscheint einigen Forschern, beispielsweise Kunz und Gabriel (2000), das sozioökonomische Standardmodell als Vorgängermodell des Sozialkapital-Ansatzes zur Erklärung politischer Partizipation.

Nakhaie (2006) untersuchte für Kanada den Einfluss des Sozialkapitals auf die Wahlbeteiligung. Demnach steigt die Wahrscheinlichkeit der Wahlbeteiligung, je länger eine Person in einer Gemeinde lebt und wenn sie freiwillige Arbeit leistet oder spendet (Nakhaie 2006: 381). Mit zunehmendem Kontakt zu Menschen nimmt auch die Wahrscheinlichkeit der Wahlteilnahme zu (Nakhaie 2006: 377). In der Schweiz wirkt sich die soziale Integration, gemessen mit Hilfe der Vereinsmitgliedschaft, ebenfalls positiv auf die Wahlbeteiligung aus (Steiner 1969: 132).

Bei Zmerli hatten die Vereinsmitgliedschaft, informelle Netzwerke, öffentliche (prosoziale) Normen[65], das politische Interesse und das Institutionenvertrauen einen Einfluss auf die Wahlbeteiligung in Westdeutschland (Zmerli 2008: 281). Für Ostdeutschland zeigt sich ein ähnliches Muster, allerdings ist die Erklärungskraft des Modells um 8 Prozentpunkte geringer (Zmerli 2008: 284). Das Sozialkapital von Jugendlichen wirkt sich ebenfalls auf deren Wahlbeteiligung aus (Schäfer 2006). Das Vertrauen war nur in einer der von Schäfer verwendeten Umfragen verfügbar und war nicht signifikant (Schäfer 2006: 212). Einzig die Vereinsmitgliedschaft (als Dummy) in einem beliebigen Verein hatte einen positiven Einfluss auf die Wahlbeteiligung (Schäfer 2006: 212). Für eine Studie, die den Einfluss des Sozialkapitals auf die Wahlbeteiligung untersuchen soll, verwendet die Autorin sehr wenige Sozialkapitalprädiktoren und auch suboptimale Indikatoren. So ist es nicht verwunderlich, dass sich Nagelkerke's R^2 in den 6 Modellen maximal um 4,5 Prozentpunkte erhöht (Schäfer 2006: 213).

Die empirischen Befunde der Effekte des Sozialkapitals auf die Wahlbeteiligung sind oftmals uneinheitlich. Dies bestätigt auch die Meta-Analyse von Smets und van Ham (2013). Sie erstellten eine Meta-Analyse von 90 Studien, die die individuellen Determinanten der Wahlbeteiligung untersuchten und im Zeitraum zwischen 2000 und 2010 publiziert wurden. Die Studien wurden hinsichtlich der verschiedenen theoretischen Ansätze zur Erklärung der Wahlbeteiligung kodiert. Es wurde dabei zwischen dem Ressourcen-, dem Mobilisations-, dem Sozialisations- und dem Rational Choice-Modell sowie

65 Die Wahlnorm war zwar Teil der Itembatterie, wurde jedoch nicht in den Indizes berücksichtigt (Zmerli 2008: 323).

dem psychologischen und dem institutionellen Modell unterschieden. Am häufigsten wurden das Ressourcen- und das Mobilisationsmodell in jeweils knapp 30 Prozent der Studien untersucht. Das Sozialkapital wurde dem Mobilisationsmodell zugeordnet. Es wurde in lediglich drei Studien untersucht und wurde in nur einer erfolgreich getestet (Smets/van Ham 2013: 351), das heißt in der Hälfte der Tests (4 von 8) waren die Koeffizienten statistisch signifikant und in der erwarteten Richtung, während sie in der anderen Hälfte nicht signifikant waren. Die Mitgliedschaft in Vereinen wurde vom Sozialkapital getrennt untersucht. In 5 Studien und 8 Tests wurde die Mitgliedschaft untersucht. In 80 Prozent der Studien und 87,5 Prozent der Tests war dies erfolgreich (Smets/van Ham 2013: 351).

Es bleibt festzuhalten, dass es vor allem an geeigneten Daten fehlt. Mit spezifischen Sozialkapitalindikatoren oder Panel-Daten wäre es vermutlich deutlich einfacher eindeutigere Forschungsergebnisse zu erhalten. Denn auch wenn es viele Studien gibt, die einen positiven Zusammenhang zwischen dem Sozialkapital und der Wahlbeteiligung gefunden haben, so ist sich die Forschungsgemeinde uneins, ob es sich hierbei tatsächlich um die positive Wirkung des Sozialkapitals auf die »civic skills« und damit auf die Wahlbeteiligung handelt oder ob lediglich eine Scheinkorrelation vorliegt. »Citizens with a propensity to participate politically have a similar propensity to join other formal and informal networks« (Armingeon 2007: 382). Durch die Selbstselektion der Vereinsmitglieder scheint das Sozialkapital einen Einfluss auf die Wahlbeteiligung zu haben. Armingeon vermutet, dass der Zusammenhang verschwinden würde, sobald soziostrukturelle Merkmale als Kontrollvariablen eingefügt würden (Armingeon 2007: 361f.). Ihm liegen jedoch nur die Citizen-, Involvement- und Democray-Daten vor, mit denen es nicht möglich ist kausale Effekte zu überprüfen. Daher beschränkt sich die Analyse bei Armingeon auf zwei lineare Regressionen für West- und Osteuropa. Die positiven Effekte der verschiedenen Vereinsmitgliedschaften auf die Wahlbeteiligung bleiben, bis auf einen, auch bei Kontrolle der soziodemographischen Merkmale bestehen (Armingeon 2007: 375).

McFarland und Thomas (2006) vermuteten hingegen, dass das Sozialkapital sehr wohl einen Einfluss auf die politische Partizipation hat. Sie gehen jedoch davon aus, dass soziodemographische Merkmale und das Sozialkapital alleine nicht ausreichen, sondern dass diese Ressourcen aktiviert werden müssen (McFarland/Thomas 2006: 403) und dies vorzugsweise während der Jugend geschieht. In Jugendorganisationen sollen den Mitgliedern politische und zivile Fähigkeiten vermittelt werden, die im Erwachsenenalter zu vermehrter Partizipation führen (McFarland/Thomas 2006: 403). Die Autoren untersuchten diese Vermutung mit Hilfe von zwei Panel-Datensätzen, der National Educational Longitudinal Study (NELS) und der National Longitudinal Study of Adolescent Health. In den verschiedenen Modellen wurden, zusätzlich zu den relevanten Variablen der Organisationsmitgliedschaften, auch Charakteristika der Schulen, der soziale Hintergrund und die Bildungsabschlüsse der Eltern kontrolliert. Die Autoren kamen zu dem Ergebnis, dass »selective extracurricular involvement in politically salient clubs encourages long-term political involvement seven to twelve years later« (McFarland/Thomas 2006: 420). Die Bildung der Eltern hat ebenfalls einen Einfluss auf die politische Partizipation ihrer Kinder im Erwachsenenalter. Der Effekt des Sozialkapitals scheint somit zum einen durch die Sozialisation generiert zu werden und zum anderen durch die Ressourcenausstattung der Individuen.

Smith (1999) nutzte ebenfalls die NELS, modellierte jedoch ein lineares Strukturgleichungsmodell. Mit einem Strukturgleichungsmodell ist es möglich, die Effekte der einzelnen Befragungszeitpunkte auf die Einstellungen und das Verhalten der Befragten nachzuvollziehen. Auch hier scheint die Beteiligung in Jugendorganisationen die Normen, das Verhalten und die Fähigkeiten, die bei der Partizipation im Erwachsenenalter von Bedeutung sind, zu beeinflussen und (weiter-) zu entwickeln (Smith 1999: 572).

Settle et al. (2011) verwendeten den Add Health-Datensatz. Sie operationalisierten das Sozialkapital mit der Frage nach der sozialen Integration innerhalb der Schule und der Einschätzung der Freunde wie gut der Befragte innerhalb der Schule integriert ist (Settle et al. 2011: 245). In der Schulzeit gut integrierte Befragte und Befragte mit gut integrierten Freunden gehen sieben Jahre später eher zur Wahl als schlecht integrierte Befragte. Die Bildung, das Einkommen und Mitgliedschaften in sozialen Vereinen der Eltern haben sich ebenfalls positiv auf die Wahlbeteiligung der jungen Erwachsenen ausgewirkt (Settle et al. 2011: 247).

5.4 Die Wahlnorm

Wie bereits in Kapitel 3.2 erwähnt, mangelt es der Forschung zu der Wahlnorm vor allem an einem allgemein akzeptierten Messinstrument. Dies hat sich in Deutschland seit Rattinger (1994) nicht verändert und auch international gibt es kein einheitliches Messinstrument. Zur Veranschaulichung, wie die Wahlnorm gemessen werden kann, wird im Anschluss zum einen die gängigste Variante berichtet und zum anderen mehrere Varianten vorgestellt, wie die Wahlnorm gegebenenfalls besser gemessen werden könnte.

Der klassische Indikator besteht aus der Aussage »belief that voting is a civic duty« (deutsche Variante siehe Kapitel 3) und einer mehrstufigen Antwortskala, um der Zustimmung oder der Ablehnung Ausdruck verleihen zu können (Keaney/Rogers 2006: 20). Mit dieser Frage wird, wie bereits in Kapitel 3 erwähnt, die wahrgenommene Wahlnorm abgefragt. Es kann sich auch um eine rein fiktive Norm handeln. Viele Menschen glauben, dass diese Norm existiert, aber sie wurde weder internalisiert, noch wird sie vom persönlichen Umfeld sanktioniert. Bei der Interpretation der Daten wird in Einzelfällen sogar so getan, als hätte man die internalisierte Wahlnorm abgefragt. Bspw. bezeichnet Rattinger (1994: 324) die Wahlnorm aus Falter und Schumann (1993) als internalisierte Wahlnorm. Auch hier handelt es jedoch lediglich um die Zustimmung zur Aussage »Wählen ist eine Pflicht des Bürgers«. Falter und Schumann bezeichnen die Wahlnorm korrekterweise als »empfundene Wahlnorm« (1993: 44).

Ein anderer Ansatzpunkt die Wahlnorm zu messen, ist die Frage nach dem sozialen Druck bei der Wahl bzw. der Nichtwahl. »Do you have any friends, neighbours or relatives who'd be disappointed or angry with you if they knew you hadn't voted in this year's election?« (Keaney/Rogers 2006: 20). Die internalisierte Wahlnorm wird damit jedoch auch nicht gemessen, weil es sich hier um den sozialen Druck und eine mögliche Sanktionierung von außen handelt. Sollte die Wahlnorm internalisiert worden sein, würde die Sanktionierung jedoch innerlich erfolgen, bspw. durch ein schlechtes Gewissen oder Schamgefühl. In Deutschland stimmten die 18–24-Jährigen am ehesten der Aussage zu, »Familienangehörige oder Freunde haben auf mich eingewirkt, meine Stimme abzugeben« (Eilfort 1994: 194). Demnach scheint die soziale Kontrolle bei Erstwählern zumindest ansatzweise vorhanden zu sein. Der soziale Druck sich an Wahlen zu beteiligen scheint also primär die Erstwähler zu erreichen bzw. bei ihnen vorhanden zu sein (Eilfort 1994: 194). In der Schweiz zeigen sich nur schwache Zusammenhänge zwischen der Beteiligungshäufigkeit des Befragten und der Wahlbeteiligung des Vaters oder der Wahlbeteiligung von Freuden sowie der Reaktion des Vaters oder der Freunde auf die Nichtwahl (Steiner 1969: 95f.). Bedauerlicherweise testeten Eilfort und Steiner dies nur bivariat. Blais fügt hingegen seinem Modell, zusätzlich zur Wahlnorm, einen Indikator hinzu (ähnlich dem von Knack 1992), der den sozialen Druck der Freunde und Familie im Falle der Nichtwahl misst. Der Koeffizient des sozialen Drucks ist statistisch nicht signifikant, woraus Blais schlussfolgert, dass »it is a internalized sense of duty and not the presence of social pressures that induces people to vote« (Blais 2000: 104). Das könnte auch den Eindruck verstärken, dass die Antworten auf den klassischen Indikator durch die soziale Erwünschtheit verzerrt sind. Die klassische Frage verleitet eher dazu, sozial erwünscht zu antworten als die Frage nach dem sozialen Druck durch Freunde und Familie, da das sozial erwünschte Verhalten nicht bereits in der Fragestellung enthalten ist.

Clarke et al. (2004) verwendeten die BES (2001, 2005, 2009/2010). Dort wurde die Wahlnorm mit vielen verschiedenen Indikatoren gemessen. So wurden zum einen die negativen Kosten bei der Nichtwahl und zum anderen die persönliche Befriedigung durch die Wahlteilnahme erhoben. Es folgte die klassische Frage sowie die Aussage, dass die Demokratie nur richtig funktioniert, wenn die meisten Menschen wählen. Zum Schluss gab es zwei Indikatoren zum persönlichen Umfeld des Befragten: Ob Familie und Freunde glauben, dass die Wahlteilnahme Zeitverschwendung ist und ob die Menschen in der Nähe des Befragten zur Wahl gegangen sind (Clarke et al. 2004: 251). Somit wurden der individuelle Nutzen und die individuellen Kosten, der Nutzen für die Demokratie und soziale Normen abgefragt.

Bei der Betrachtung des Forschungsstands zur Wahlnorm ist es somit wichtig zu beachten, wie die Wahlnorm operationalisiert worden ist und was sie inhaltlich aussagt.

5.4.1 Kontextuelle Determinanten der Wahlnorm

»The role of interpersonal pressures to vote has received little attention in the theoretical literature on turnout, and virtually none in the empirical literature« (Knack 1992: 137). Es wird nicht diskutiert, ob es eine Wahlnorm gibt und es scheint auch keine theoretische Erklärung der Wahlnorm zu geben (Lomasky/Brennan 2000: 63). Vielmehr scheint die Wahlnorm als eine Art Volksweisheit akzeptiert zu sein, die man nicht weiter hinterfragt (Lomasky/Brennan 2000: 84, Jones 1954: 26), sodass der Forschungsstand zur Wahlnorm sehr übersichtlich ist. Es gibt nur eine Studie zur Wahlnorm bzw. zur Entstehung der Wahlnorm auf die im Folgenden näher eingegangen wird.

Campbells Ausgangspunkt ist die Feststellung, dass »›fulfilling one's duty‹ remains at best a tautological explanation for political participation« (Campbell 2006: 3). Anstatt sich, wie sonst üblich in der Forschungsliteratur, damit zu begnügen, dass es so etwas wie die Bürgerpflicht zu wählen gibt, fragt Campbell am Beispiel der jungen US-Amerikanerin Traci warum sie diese Bürgerplicht spürt. »It is far more interesting to ask why Traci felt that voting was her duty« (Campbell 2006: 3).

Klassischerweise werden politische Einstellungen und politisches Verhalten auf der Individualebene betrachtet (Campbell 2006: 3). Ein bedeutender Faktor bei der Entwicklung von gesellschaftlichen und politischen Orientierungen, und damit auch bei der Wahlnorm, ist unbestritten die Sozialisation (Campbell 2006: 96f.). Der Einfluss des sozialen Kontexts auf die Sozialisation fand erst im Zuge der Sozialkapital-Debatte Beachtung (Campbell 2006: 98f., Verweise auf Coleman 1990 und Putnam 1993a), denn »the burgeoning literature on social capital has redirected political scientists' attention to important differences among geographic units« (Campbell 2006: 3). Dies ist nach Campbell auch die richtige Perspektive, denn in seinem Beispiel hat Traci gewählt, weil sie in einer Gegend mit hohem Sozialkapital aufgewachsen ist (Campbell 2006: 4). Nun verschiebt sich die Erklärung von der individuellen Perspektive der verinnerlichten Norm, hin zu der Erklärung der kontextuellen Perspektive: Die Wahlnorm ihres Umfeldes veranlasste sie zu wählen. Die eigentliche Frage ist für Campbell somit warum die Wahlnorm mancherorts stärker ist als anderswo.

Nach Campbell (2006: 5) kommt es also erstens darauf an, in welchem Umfeld man sich in der Gegenwart aufhält und welchem sozialen Druck man gegenwärtig ausgesetzt ist. Zweitens in welcher Umgebung man sich in der Vergangenheit aufgehalten hat sowie wo und wie man sozialisiert wurde. Drittens ist es von Bedeutung was man früher getan hat, denn früheres Verhalten und häufig wiederholendes Verhalten beeinflusst bekanntermaßen ebenfalls das heutige Verhalten. Demnach gibt es einen Zusammenhang zwischen der Heterogenität des Umfelds, der Wahlnorm allgemein (sowohl internalisiert als auch wahrgenommen) und der Wahlbeteiligung.

Campbell testet die Hypothese »that civic norms are enforced through personal interactions among like-minded people« (Campbell 2006: 76). Dabei unterscheidet er zwischen dem sozialen Kontext und dem sozialen Netzwerk. »Social networks [...] simply refer to the family, friends, and acquaintances with whom each of us has regular interaction« (Campbell 2006: 77). Grundsätzlich sind für Campbell jedoch die Eigenschaften des sozialen Kontexts von Bedeutung (Campbell 2006: 77). »Civic norms are likely to be weaker in heterogeneous social environments« (Campbell 2006: 88, siehe dazu Coleman 1990: 292). Putnams (2000) Beobachtungen werden von Campbells Befunden gestützt:

> »homogeneous communities facilitate bonding, however, appears to foster a mind-set conducive of bridging, as evidenced by the higher levels of political tolerance found among young people who live in heterogeneous environments« (Campbell 2006: 124).

Die interessantere Frage ist dabei, ob politische Homogenität soziale Normen verstärkt. Dies scheint der Fall zu sein, denn »the more politically homogeneous the environment within a high school, the stronger the norm linking voting with being a good citizen« (Campbell 2006: 158). Überprüft wird der vermutete Zusammenhang mit einer linearen Regression mit den prozentualen Anteilen der Wahlnorm in den geographischen Einheiten, im vorliegenden Fall handelt es sich hierbei um Schulen. Von den drei Heterogenitätsvariablen hat nur die politische Heterogenität den erwarteten negativen Effekt auf die Wahlnorm. Die religiöse und die ethnische Heterogenität haben keinen statistisch signifikanten Einfluss. Die Bildung der Eltern hat einen positiven Einfluss auf die Wahlnorm, während die durchschnittliche Anzahl der Jahre, die man in einem gleichbleibenden Umfeld verbracht hat, einen negativen Einfluss hat (Campbell 2006: 158). Die Befunde werden auch durch eine Mehrebenenanalyse bestätigt. Allerdings tritt bei der Mehrebenenanalyse auf der individuellen Ebene der erwartete positive Effekt der Mobilität auf die Wahlnorm auf, während der Effekt auf der kontextuellen Ebene negativ ist (Campbell 2006: 160). Dies wird vom Autor jedoch nicht weiter kommentiert.

> »Voting as a component of good citizenship in adolescence translates into a 9 percentage-point gain in the probability of turning out to vote fifteen years later. … By way of comparison, the impact of having adopted voting as a civic obligation in 1965 is smaller than that of parents' electoral activism, which boosts turnout by about 18 percentage points (Campbell 2006: 165).

Wenn das zivile Klima im Umfeld als weitere unabhängige Variable eingefügt wird, ist der Effekt der Wahlnorm jedoch nicht mehr statistisch signifikant. Das gesellschaftliche Klima, also die Stärke der Normen im persönlichen Umfeld, hat einen stärkeren Einfluss auf die Wahlbeteiligung im Erwachsenenalter als die Wahlnorm. In einer binären logistischen Mehrebenenanalyse kommt Campbell ebenfalls zu dem Ergebnis, »that it is the civic climate that boosts turnout, rather than an individual's own reported sense of civic obligation« (Campbell 2006: 166).

Die Studie von Campbell gibt einen Hinweis darauf, welche Determinanten die Wahlnorm und die Wahlbeteiligung beeinflussen. Mit Hilfe der Youth-Parent-Socialization Study aus den USA wäre es sogar möglich die zeitliche Veränderung von Einstellungen, sowie den Einfluss von Eltern, zu überprüfen. Dies ist jedoch nur ein erster Schritt, denn die Frage woher die Wahlnorm kommt und wie stark sie internalisiert wird oder nur ein Artefakt der Umfrageforschung darstellt, bleibt weiterhin unbeantwortet.

Die Forschergruppe um Gerber untersuchte nicht direkt die Wahlnorm, sondern den sozialen Druck. In einem ihrer Experimente verschickten sie Postkarten mit einem patriotischen Motiv, um die Probanten an ihre Bürgerpflicht zu erinnern (Gerber et al. 2000). In einem anderen waren es Briefe, in denen die Beteiligung oder Abstinenz des Empfängers bei der letzten Wahl aufgeführt wurde (Gerber et al. 2010). Sie führten über mehrere Jahre verschiedene Experimente durch. Davenport et al. (2010) fassten die Ergebnisse zusammen und überprüften, ob es einen Langzeiteffekt gibt und ob die Normen internalisiert wurden.

> »In sum, the six studies demonstrate that social pressure interventions have persistent effects. Just how long these effects last remains an open question, as rates of decay vary markedly from study to study« (Davenport et al. 2010: 429).

Der Zusammenhang zwischen der Wahlnorm und Religiosität ist ebenfalls interessant. Der Unterschied zwischen höchster Wahlnorm und stärkster Religiosität (55 Prozent), und zwischen geringster Religiosität (42,6 Prozent) ist mit einem Gamma von 0,15 nicht so stark, wie man gedacht hätte (Macaluso/Wanat 1979: 167). Religiöse Menschen »are likely to place a high value on order, ritual, duty, legitimacy, and respectability« (Macaluso/Wanat 1979: 160). Gleichzeitig sind es auch die Gläubigen, »who attend church frequently are regularly placing themselves in a milieu that should sustain attitudes of duty through direct personal interactions« (Macaluso/Wanat 1979: 161). Das heißt auch hier ist es unklar, ob die Gläubigen sich oftmals in einem der Wahlnorm positiv gesinnten Umfeld bewegen oder ob die Unterstützung der Wahlnorm durch die Kirche und den Glauben gestärkt wird.

5.4.2 Individuelle Determinanten der Wahlnorm

Auch wenn die Wahlnorm ansonsten widerspruchsfrei akzeptiert und nicht weiter hinterfragt wird, so gibt es doch zumindest einen strittigen Punkt in der empirischen Forschung: Die Frage nach Alters-, Generations- oder Periodeneffekten auf die Wahlnorm.[66] Eilfort (1994: 191) untersucht den Zusammenhang zwischen dem Alter und der Wahlnorm. Er findet es »geradezu verblüffend, wie kontinuierlich das ›staatsbürgerliche Pflichtgefühl‹ mit dem Alter zunimmt« (Eilfort 1994: 191). Es ist dabei jedoch nicht ersichtlich, ob es sich um einen

66 Die Frage bleibt vermutlich ebenfalls unbeantwortet, da es weiterhin an Panel-Daten fehlen wird.

Lebenszyklus- oder einen Generationseffekt handelt. In einer weiteren Tabelle stellt Eilfort wiederum fest, dass die in Stuttgart registrierten Einstellungsunterschiede so groß sind, »dass man sie kaum allein auf Lebenszykluseffekte zurückführen kann« (Eilfort 1994: 323). Auch bei Kleinhenz (1995: 126) ist der Effekt nicht genau erfassbar. Er kommt dennoch zu dem Schluss, dass »Periodeneffekte als Ursache [der] nachlassenden Wahlnorm eine große Rolle spielen« (Kleinhenz 1995: 127). Dies kann aus den Daten und mit Hilfe der präsentierten Alters-Perioden-Kohorten-Tabelle jedoch nicht geschlossen werden, da die Effekte nicht eindeutig auftreten und der Beobachtungszeitraum von sechs Jahren zu kurz ist. Trotzdem wiederholt er seine Aussage (Kleinhenz 1995: 129).

Das Problem der Belegbarkeit ist weiterhin vorhanden und wird durch die schlechte Datenlage verstärkt, denn es stehen meistens nur Querschnittsdaten zur Verfügung.[67] Lediglich für die GLES 2002 bis 2013 und deren Vorgängerstudien stehen fünf Befragungszeitpunkte zur Verfügung, die jedoch keinen einheitlichen Trend erkennen lassen. So ist es nicht verwunderlich, dass Caballero (2005: 345) für den Zeitraum von 1987 bis 2002 berichtet, dass die Wahlnorm sinken würde, während Steinbrecher et al. (2007: 228ff.) im gleichen Zeitraum (1994–2002) eine steigende Wahlnorm vorfinden. Blais und Labbé St-Vincent fassen die bisherigen Befunde sehr treffend zusammen: »We know less about the development and stability of sense of civic duty« (Blais/Labbé St-Vincent 2011: 400). Das heißt eine eindeutige Identifikation eines Alters-, Generations- oder Periodeneffekts der Wahlnorm ist mit der heutigen Datenlage nicht möglich.

In den Vereinigten Staaten verhält es sich ebenso. Eine Umfrage unter 15- bis 25-Jährigen US-Amerikanern ergab, dass nur 9 Prozent der Befragten die Wahl als Pflicht empfinden (Wattenberg 2008: 129). Wattenberg interpretiert dies als Lebenszykluseffekt. Mit Hilfe weiterer Daten versucht Wattenberg diesen Eindruck zu verstärken und berichtet die Ergebnisse mit Hilfe einer Kreuztabelle. Je älter die Befragten, desto eher stimmen sie der Wahlnorm zu (Wattenberg 2008: 131). Paneldaten aus den Jahren zwischen 1965 und 1997 zeigen relativ stabile Einstellungen (Wattenberg 2008: 132). Dies weist

67 Siehe Fußnote 35.

auf einen Generationeneffekt hin. Bei den Daten aus den National Election Studies von 1952–2002 ist aufgrund der Art der Tabellierung kein klarer Effekt sichtbar (Wattenberg 2008: 133). Die Struktur der Zustimmung der Altersklassen verschiebt sich jedoch im Laufe der Jahre, was auf einen generationellen Effekt hinweisen könnte. Die Daten der Civic Culture Studie ermöglichen auch keine eindeutige Interpretation (Wattenberg 2008: 135). Gleiches gilt für den ESS 2002/2003 für die einzelnen Länder und für die Daten der Umfrage »Trends in Political Values and Core Attitudes« (siehe Kapitel 3.2.3).

Auch in Großbritannien gibt es generell eine »strong norm that people have a duty to vote in elections« (Pattie et al. 2004: 49). Fast 75 Prozent der Befragten stimmen der Aussage, »it is every citizen's duty to vote in elections« sehr stark oder stark zu. Nur 10 Prozent stimmen der Aussage nicht zu (Pattie et al. 2004: 50). Pattie et al. (2004) beschränken sich auf eine bivariate Kreuztabellenanalyse. Der Grad der Zustimmung unterscheidet sich besonders zwischen jungen und älteren Befragten und zwischen religiösen und nicht religiösen Befragten. Für unterschiedliche Haushaltseinkommen und Berufsklassen ist der Unterschied, mit bis zu 13 Prozentpunkten zwischen der größten und der kleinsten Kategorie, ebenfalls sehr groß (Pattie et al. 2004: 70). Pattie et al. (2004) finden ähnliche Ergebnisse wie Clarke et al. (2004) und meinen es gäbe Beweise einer Abnahme von zivilen Normen unter jungen Menschen (Pattie et al. 2004: 50). Park et al. (2004) unterstreichen diese Befunde, die auf Daten einer Jugendstudie basieren. Unter jungen Menschen im Alter von 18 bis 24 Jahren ist die Wahlnorm deutlich weniger anerkannt. 1998 und 2003 stimmten nur 36 bzw. 31 Prozent der Befragten zu, dass es jedermanns Pflicht ist, zu wählen (Park et al. 2004: 19). Auch bei den jungen Befragten unterscheidet sich die Zustimmungsrate zu Wahlnorm zwischen 21 und 44 Prozent je nach Einkommensklasse (Park et al. 2004: 19).

Um die Lebenszyklus- von den Generationseffekten zu trennen, müsste eine Alters-, Perioden-, Kohorten-Analyse vorgenommen werden, die jedoch mit den vorliegenden Daten nicht möglich ist. Als mögliche Gründe für den Rückgang der Wahlnorm nennen Sanders et al. (2005), dass die Idee der Wahlnorm in jüngeren Generationen generell weniger verbreitet ist. Es wurde versäumt ihnen näher zu bringen, wie stark um das allgemeine Wahlrecht gekämpft werden musste (Sanders et al. 2005: 28). Dies widerspricht jedoch den Ergebnissen aus Kanada von Chareka und Sears (2006), in denen sich die Jugendlichen darüber einig sind, dass das Wahlrecht ein hart erkämpftes Gut ist.

Campbell (2006) berechnete drei Regressionen mit der Wahlnorm als abhängige Variable. Zunächst untersuchte er die Determinanten der Wahlnorm auf der Aggregatebene. Merkmalsträger sind die Schulen, sodass die abhängige Variable den prozentualen Anteil der Schüler, die das Wählen als wichtigen Bestandteil einer guten Bürgerschaft betrachtet, widerspiegelt. Campbell untersucht den Einfluss der politischen, religiösen und ethnischen Heterogenität des Umfelds der Schule auf die Wahlnorm. Es zeigt sich jedoch nur ein statistisch signifikanter Effekt: Je stärker die politische Heterogenität, desto niedriger ist die prozentuale Zustimmung zu der Wahlnorm (Campbell 2006: 158). Die zwei Kontrollvariablen, die das zivile Klima in der Schule repräsentieren sollen, sind ebenfalls signifikant. Je höher die durchschnittliche Bildung der Eltern, desto stärker die Zustimmung zur Wahlnorm. Unerwarteter Weise sinkt die Zustimmung zur Wahlnorm, je höher die durchschnittliche Anzahl an Jahren ist, die in der Nachbarschaft gelebt wurde (Campbell 2006: 158). Als nächstes wurde eine Mehrebenenanalyse mit der Wahlnorm als abhängige Variable berechnet. Auch für die individuelle Ebene gilt: Je höher die politische Heterogenität, desto schwächer die Wahlnorm. Desweiteren gibt es positive Effekte des angestrebten Bildungsabschlusses der Schüler und der Bildungsabschlüsse der Eltern. Mädchen stimmen der Wahlnorm eher zu als Jungen. Entgegen der Ergebnisse der Aggregatdatenanalyse, findet sich für die Anzahl der Jahre, die der Schüler in einer Nachbarschaft gelebt hat, ein positiver Effekt auf die Zustimmung zur Wahlnorm. Der negative Effekt auf der Aggregatebene bleibt weiterhin bestehen, während der Effekt der durchschnittlichen Bildung nicht mehr signifikant ist (Campbell 2006: 160). Abschließend berechnete Campbell eine ordinale logistische Regression (mit robusten Standardfehlern, um die hierarchische Struktur der Daten zu berücksichtigen) mit der Wahlnorm als abhängige Variable. Es gibt einen negativen quadratischen Alterseffekt und einen positiven Effekt des politischen Interesses. Frauen und Verheiratete stimmen der Wahlnorm eher zu (Campbell 2006: 209). Von den kontextuellen Variablen ist keine statistisch signifikant.

Bowler und Donovan (2013) untersuchen mit Hilfe des »Exeter AV referendum survey« die Determinanten der Wahlnorm für Großbritannien. Als Erste berichten sie die unterschiedliche Ausprägung der Wahlnorm je nach Abstimmungsform. Die stärkste Zustimmung zur Wahlnorm findet sich in Bezug auf die Parlamentswahl mit 44 Prozent. Annähernd 40 Prozent der Befragten stimmen der Wahlnorm in Bezug auf das vorliegende Referendum und lokale Wahlen sehr stark zu. In Bezug auf die Wahl der Regionalparlamente und der Europawahl, stimmen nur 30 Prozent der Befragten der Wahlnorm zu (Bowler/Donovan 2013: 269). Die häufig auftretende niedrigere Wahlbeteiligungsrate bei sogenannten »second-order« Wahlen scheint nicht nur durch deren Hauptmerkmal der geringeren Relevanz im politischen System zustande zukommen, sondern auch durch die Unterschiede der Wahlnorm für verschiedene Wahlen. Theoretisch sollte die Wahrnehmung der Wahlnorm für alle Abstimmungsformen identisch sein. Es sollte immer darum gehen, sich wie ein guter Bürger zu verhalten und einen Beitrag zur Gesellschaft zu leisten. Bei »second-order« Wahlen mag die soziale Erwünschtheit jedoch kleiner sein, da diese Wahlen in der Wahrnehmung der Bürger eine geringere Relevanz aufweisen und es somit weniger verwerflich wäre, nicht zu wählen.

Für die Wahlnorm der verschiedenen Wahlen wurden fünf OLS-Regressionen geschätzt. Für die Parlamentswahl ergibt sich ein positiver Alterseffekt. Frauen haben eine höhere Wahlnorm als Männer. Die Regression zeigt ebenfalls, dass die Wahlnorm umso stärker ist, je größer das Vertrauen in Politiker und je stärker das politische Interesse ausgeprägt ist (Bowler/Donovan 2013: 271). Für die Wahlnorm der anderen Wahlen treten die Effekte ebenfalls auf. Bei ihnen kommt noch ein positiver Effekt der Efficacy auf die Wahlnorm hinzu (Bowler/Donovan 2013: 271).

Auch in Kanada ist die Wahlnorm weit verbreitet. Blais (2000) präsentiert vier verschiedene Indikatoren zur Erfassung der Wahlnorm aus drei Umfragen. Die Zustimmungsraten sind, bis auf eine, mit 71 bis zu 99 Prozent sehr hoch (Blais 2000: 95). Mit fast 100 Prozent ist die Zustimmung zu der Aussage »In order to preserve democracy, it is essential that the great majority of citizens vote« am stärksten (Blais

2000: 95). Anschließend berechnet Blais drei OLS-Regressionen zur Bestimmung der Determinanten der Wahlnorm für die drei Umfragen. In allen drei Regressionen wirken sich das politische Interesse und die Religiosität positiv auf die Wahlnorm aus. In zwei von dreien weisen Frauen eine höhere Wahlnorm auf als Männer und es findet sich ein positiver Alterseffekt (Blais 2000: 97). Blais schlussfolgert aus seinen Daten, dass »for most people, not voting is defined as something that is wrong« (Blais 2000: 97). Dies begründet sich zum einen auf der Feststellung, dass sich die meisten Bürger schuldig fühlen, wenn sie nicht zur Wahl gehen und das Wählen für eine staatsbürgerliche Pflicht halten. Zum anderen wird die Wahlbeteiligung als Schutzmaßnahme zum Erhalt der Demokratie betrachtet. Raney und Berdahl (2009) berechnen ebenfalls eine OLS-Regression mit der Zustimmung zur Wahlnorm als abhängige Variable. Die Regressionskoeffizienten des quadrierten Alters und der territorialen sowie der politischen Identität weisen einen positiven Wert auf (Raney/Berdahl 2009: 198). Unerwarteter Weise haben jüngere und ältere Befragte eine niedrigere Wahlnorm als Befragte mittleren Alters. Je stärker sich die Befragten mit Kanada auf kommunaler, föderaler und nationaler Ebene identifizieren, desto höher ist ihre Wahlnorm. Die Wahlnorm steigt, wenn es im persönlichen Umfeld der Befragten Personen gibt, deren politischen Vorstellungen sie sich nahe fühlen (Raney/Berdahl 2009: 198).

Blais und Labbé St-Vincent (2011) untersuchten als Erste den Einfluss von Persönlichkeitsmerkmalen auf die Wahlnorm. Altruismus und Selbstwirksamkeit beeinflussen die Wahlnorm positiv, während Schüchternheit und Konfliktvermeidung negativ mit der Wahlnorm zusammenhängen (Blais/Labbé St-Vincent 2011: 403). Besonders der positive Effekt des Altruismus ist für die vorliegende Arbeit von Bedeutung, da die Wohltätigkeitsnorm vermutlich mit dem Altruismus korreliert.

Carlsson und Johansson-Stenman (2010) untersuchten die Determinanten der Wahlnorm in Schweden. Generell stuften 60 Prozent der Befragten die Aussage, es sei eine demokratische Verpflichtung zu wählen, als Grund sich an der kommenden Nationalwahl zu beteiligen als sehr wichtig ein (Carlsson/Johansson-Stenman 2010: 502). Frauen und Personen mit einer sozialdemokratischen Parteibindung nehmen die Wahlnorm stärker wahr als Männer und Personen ohne eine Parteibindung. Die Bildung und das Einkommen scheinen keinen Einfluss zu haben. Befragte, die in einer Kleinstadt leben, haben im Vergleich zu Befragten, die in einer mittelgroßen Stadt leben, eine niedrigere Wahlnorm. Bei dem Alter zeigt sich kein eindeutiger Zusammenhang (Carlsson/Johansson-Stenman 2010: 503).

5.5 Das Sozialkapital und die Wahlnorm

Wenn die Wahlnorm als abhängige Variable betrachtet wird, werden im Rahmen der bisherigen Forschung nur soziodemographische Variablen und politische Einstellungen als unabhängige Variablen berücksichtigt (siehe vorheriges Unterkapitel). Die Wahlnorm und das Sozialkapital werden nur parallel zueinander zur Erklärung der Wahlbeteiligung herangezogen (siehe Kapitel 5.7). Goerres (2010) beschäftigte sich bis jetzt als Einziger mit dem Sozialkapital als unabhängiger und der Wahlnorm als abhängiger Variable.

Er untersucht mit dem ESS 2002/2003 den Einfluss der Soziodemographie und einzelner Bestandteile des Sozialkapitals auf die Wahlnorm. Bei der Spezifizierung seines Modells orientiert sich Goerres an vier verschiedenen Theorieperspektiven. Erstens die soziale Integration und zweitens das Vertrauen in andere Individuen (Goerres 2010: 278f.). Beide Perspektiven können mit zwei Komponenten des Sozialkapitals gleichgesetzt werden. Dies sind zum einen soziale Netzwerke und zum anderen das generalisierte Vertrauen. Die dritte Perspektive betrifft die Systemunterstützung, gemessen mit Hilfe des Vertrauens in das politische System (Goerres 2010: 286), während die vierte die Beobachtung der Handlungen anderer umfasst (Goerres 2010: 280f.).

Goerres sieht die vier Perspektiven als komplementär an und berechnet für die verschiedenen Kombinationsmöglichkeiten der Perspektiven fünfzehn OLS-Regressionen (Goerres 2010: 287). Anhand der Werte zweier Güteindizes, dem korrigierten R^2 und dem Akaike Information Criterion (AIC), soll das »relativ beste Modell« (Goerres 2010: 283) ausgewählt und anschließend als Strukturgleichungsmodell geschätzt werden. Dabei würde es sich um das Modell, in dem alle vier Perspektiven enthalten sind, handeln. Da der Regressionskoeffizient für das Vertrauen in andere nicht signifikant ist, entscheidet sich Goerres jedoch dafür das Vertrauen aus dem endgültigen Modell auszuschließen (Goerres 2010: 287).

Von den zwei Sozialkapitalkomponenten verbleiben somit lediglich die informellen Netzwerke im finalen Modell. Diese werden mit zwei Items, der Trefffrequenz[68] und der subjektiven Treffhäufigkeit[69], gemessen. Es findet sich nur ein positiver statistischer Effekt (0,13) der subjektiven Treffhäufigkeit auf die Wahlnorm. Von den übrigen siebzehn Variablen sind, bis auf den Pfadkoeffizienten des Wohnortes, alle Pfadkoeffizienten statistisch signifikant und, bis auf zwei Kontrollvariablen, in der theoretisch erwarteten Richtung (Goerres 2010: 290).

Der Aufsatz von Goerres hat sowohl auf theoretischer als auch auf methodischer Ebene einige Probleme. So gibt es keine systematische, theoretische Herleitung. Vielmehr stellt Goerres eine Vermutung auf, die er dann mit Hilfe von Literatur zu begründen versucht. Besonders kritisch ist dies für das Vertrauen in andere Individuen und bei der Beobachtung der Handlungen anderer. Die Beobachtung wird mit der Beteiligungsrate bei der letzten Nationalwahl und dem Vorhandensein einer gesetzlichen Wahlpflicht operationalisiert (Goerres 2010: 286). Die Verwendung dieser Variablen ist diskutabel, da es sich um die tatsächliche Beobachtung der Ausführung einer bestimmten Handlung, im vorliegenden Fall die Wahlteilnahme, handeln sollte. Die Wahlteilnahme per Briefwahl oder die Wahlteilnahme in Großstädten, erschweren die Beobachtung der individuellen Handlung erheblich, während die Beobachtung der Weigerung der Wahlteilnahme in Ländern mit einer gesetzlichen Wahlpflicht von staatlicher und nicht von individueller Perspektive ausgeht. Die theoretische Herleitung, dass Individuen umso eher kooperieren, »je mehr Kooperation sie in ihrem Kontext und in ihrer Gruppe wahrnehmen« (Goerres 2010: 281) spiegelt sich nicht direkt in der vorliegenden Operationalisierung wider.

68 How often do you meet socially with friends, relatives or work colleagues? Never, less than once a month, once a week, several times a week, every day (Goerres 2010: Anhang, Tabelle 4).

69 Compared to other people of your age, how often would you say you take part in social activities? Much less than most, less than most, about the same, more than most, much more than most (Goerres 2010: Anhang, Tabelle 4).

In Goerres Modell sind neben individuellen Variablen auch »Variablen, die Ländereigenschaften darstellen« (Goerres 2010: 289) enthalten. Es handelt sich um die Wahlpflicht, die Wahlbeteiligung bei der letzten Nationalwahl, die Länge der demokratischen Epoche, das Grundprinzip des politischen Systems und die Proportionalität des Wahlsystems (Goerres 2010: 284). Die Einflüsse der Makroebene werden jedoch nur auf individueller Ebene überprüft und nicht im Rahmen einer Mehrebenenanalyse. Das Ausmaß der Wahlpflicht besteht bspw. aus zwei dichotomen Variablen, spezifiziert nach einer schwach durchgesetzten und einer stark durchgesetzten Wahlpflicht. Die Variable der starken Wahlpflicht umfasst alle Befragten aus Belgien und Luxemburg, während die schwache Wahlpflicht alle Befragten aus Italien beinhaltet. Goerres interpretiert die Pfadkoeffizienten der Wahlpflicht fälschlicherweise als Makrovariablen:

> »Länder, in denen die Verletzung der Wahlpflicht stark geahndet wird, zeigen eine individuelle Wahlnorm, die im Schnitt 1,65 Punkte geringer ist als in Ländern ohne Wahlpflicht« (Goerres 2010: 291).

Korrekterweise müsste es heißen: Individuen, die in Ländern mit einer starken Wahlpflicht leben, zeigen eine individuelle Wahlnorm, die im Schnitt 1,65 Punkte geringer ist, als von Individuen, die in Ländern ohne eine gesetzliche Wahlpflicht leben. Gleiches gilt auch für den Pfadkoeffizienten der schwachen Wahlpflicht:

> »In Ländern, in denen die Wahlpflicht häufiger verletzt wird, reduziert sich die Wahlnorm immerhin noch um 0,37 Punkte im Vergleich zu Ländern ohne irgendeine Wahlpflicht« (Goerres 2010: 291).

Hierbei handelt es sich nicht um mehrere Länder, sondern nur um Italien bzw. italienische Befragte. Für italienische Befragte reduziert sich die Wahlnorm um 0,37 Punkte im Vergleich zu Befragten, die in Ländern ohne eine gesetzliche Wahlpflicht leben. Diese Vermischung von Mikro- und Makroebene und die damit einhergehenden Probleme (siehe Kapitel 8.5.4) hätten mit einer Mehrebenenanalyse umgangen werden können.

Die Mehrebenenanalyse wäre insgesamt das angemessenere statistische Verfahren gewesen, da Goerres den gesamten ESS als Datengrundlage verwendet hat. Der Datensatz ist hierarchisch strukturiert und wie Tabelle 16 zeigt, ist ein Teil der Varianz der Wahlnorm durch die Länderzugehörigkeit erklärbar.

5.6 Die Wahlnorm und die Wahlbeteiligung

Es gibt viele verschiedene Gründe aus denen heraus sich Menschen an politischen Wahlen beteiligen.[70] Wenn in Befragungen verschiedene Gründe zur Auswahl gestellt werden, ist der Glaube, dass die Stimmabgabe eine staatsbürgerliche Pflicht sei, einer der meist genannten.[71] Häufig geht dieser Glaube mit dem Empfinden einher dem politischen System mit der Wahlenthaltung zu schaden (Jones 1954: 35).

> »The most serious grounds of a duty to vote are undoubtedly those which arise from a consideration of the needs of the political community as a whole« (Jones 1954: 34).

Die Wahlnorm verbindet den Schutz des politischen Systems mit dem Eigeninteresse der Bürger (Blais 2000: 14), sodass ein zusätzlicher Anreiz zur Wahlbeteiligung vorliegt. Die Wahlbeteiligung und die Wahlnorm scheinen dadurch in den Köpfen der Wahlberechtigten miteinander verknüpft zu sein.

Die Meta-Analyse von Smets und van Ham (2013) (siehe Kapitel 5.3) enthielt 11 Studien, die dem Rational Choice-Modell zugeordnet wurden. Die Wahlnorm ist in sechs Studien und mit siebzehn Tests untersucht worden (Smets/van Ham 2013: 353). In allen Studien wurde die Wahlnorm erfolgreich getestet. Die Koeffizienten waren statistisch signifikant und wiesen die erwartete Richtung auf. Von 17 Tests waren 16 ebenso erfolgreich. Lediglich in einem Test war der Koeffizient nicht signifikant (Smets/van Ham 2013: 353). Es gab nur wenige Determinanten, die eine höhere Erfolgsrate oder eine höhere durchschnittliche Effektstärke aufwiesen, als die Wahlnorm.

70 Für eine Auflistung siehe bspw. Lomasky und Brennan (2000), Sanders et al. (2005) und Ranney und Epstein (1966) oder Radtke (1972) für Deutschland.

71 Bspw. bei Carlsson und Johansson-Stenman (2010).

Die positiven Beispielindikatoren des BES 2001 aus Kapitel 5.4 sind ebenfalls sehr starke Prädiktoren der Wahlbeteiligung (Clarke et al. 2004: 260). Aufgeteilt in die individuelle Wahlnorm, die wahrgenommene Wahlnorm und die Einstellungen des persönlichen Umfelds gegenüber der Wahlbeteiligung, befinden sie sich unter den fünf stärksten Einflussfaktoren auf die vorhergesagte Wahlwahrscheinlichkeit. Identische Ergebnisse finden sich auch bei Sanders et al. (2005). Bei der Veränderung der vorhergesagten Wahrscheinlichkeit zur Wahl zu gehen, hat die Wahlnorm die stärkste Auswirkung. Eine Person mit einer starken Wahlnorm hat im Vergleich zu einer Person ohne Wahlnorm eine um 72 Prozentpunkte höhere Wahlbeteiligungswahrscheinlichkeit (Sanders et al. 2005: 37).

Steinbrecher et al. (2007) berechnen mehrere lineare und logistische Regressionen mit verschiedenen Datensätzen. In den multivariaten Modellen der Vor- und Nachwahlstudie[72] zu den Bundestagswahlen von 1994, 1998 und 2002 ist die Wahlnorm, auch nach Kontrolle des politischen Interesses, der Bildung und der Stärke der Parteiidentifikation, jeweils der stärkste Erklärungsfaktor (Steinbrecher et al. 2007: 290f.). Im Gegensatz zu den Vor- und Nachwahlstudien wurde die Wahlnorm bei der Personality Study 2003 mit drei Indikatoren gemessen. Erstens mit der Zustimmung zu der Aussage, ob ein guter Bürger verpflichtet ist zur Wahl zu gehen. Damit wird die wahrgenommene Wahlnorm erfasst (siehe Kapitel 3). Zweitens die Zustimmung zur Aussage, dass die eigene Stimme keinen Einfluss auf den Ausgang der Wahl hat. Damit wird eher der instrumentelle Charakter des Wählens erfasst. Der dritte Indikator misst die Zustimmung zu der Aussage, wenn man nicht zur Wahl geht, hat man ein schlechtes Gewissen (Steinbrecher et al. 2007: 236). Mit dem dritten Indikator wird der Grad der Internalisierung der Wahlnorm erfasst. Wenn die Wahlnorm internalisiert wurde, wird deren Nichtbefolgung mit einem schlechten Gewissen sanktioniert. Je stärker die Internalisierung der Wahlnorm, desto stärker sollte das schlechte Gewissen sein. Die internalisierte Wahlnorm sollte sich stärker auf die Wahlintention auswirken als die wahrgenommene Wahlnorm. In den Modellen der Wahlintention für die Europa-, Bundestags- und die Landtagswahl

72 Den Vorgängerstudien der GLES (siehe auch Kapitel 3.2.3).

war der klassische Wahlnormindikator dementsprechend nicht die erklärungskräftigste Variable, sondern das schlechte Gewissen bei der Nichtwahl. Bei der Regression mit der Wahlbeteiligung der letzten Bundestagswahl 2002 war wiederum die klassische Frage die erklärungskräftigste (Steinbrecher et al. 2007: 294).

Kühnel (2001) untersuchte den Zusammenhang zwischen der Wahlnorm und der Beteiligungsabsicht sowie der Beteiligung bei der letzten Bundestagswahl 1998, der Beteiligung bei der letzten jeweiligen Landtagswahl und der letzten Europawahl 1994. Zunächst präsentiert er eine Kreuztabelle für jede der Wahlen getrennt nach Ost- und Westdeutschland. Cramer's V beträgt zwischen 0,23 und 0,41 (Kühnel 2001: 33). Der stärkste Zusammenhang findet sich wie erwartet für die Beteiligungsabsicht und die Wahlnorm sowie für die Beteiligung bei der letzten Bundestagswahl und die Wahlnorm, während der Zusammenhang zwischen der Beteiligung bei der Europawahl und der Wahlnorm am schwächsten ist. Anschließend schätzte Kühnel ein Kausalmodell mit der Wahlnorm und der berichteten Wahlbeteiligung. Der Pfadkoeffizient des westdeutschen Modells betrug 0,48, während er im ostdeutschen Modell 0,51 betrug (Kühnel 2001: 37, 39). Er fand für Westdeutschland keinen statistisch signifikanten Effekt der politischen Aktivität von Freunden auf die Wahlnorm. Für Ostdeutschland fand er hingegen einen negativen Effekt (-0,15) (Kühnel 2001: 39). In den Pfadmodellen wurden die Bildung, das politische Interesse und andere wichtige Einflussfaktoren nicht kontrolliert.

Schoen und Falter (2003) untersuchten ebenfalls den Einfluss der Wahlnorm auf die Wahlbeteiligung bei der Bundestagswahl 2002. Sie führten drei multiple lineare Regressionen durch: Für alle Befragten, für Befragte mit einer schwachen Wahlnorm und für Befragte mit einer starken Wahlnorm. Bei Befragten mit einer schwachen Wahlnorm waren das politische Interesse, die Stärke der Parteibindung und die Kanzler- sowie die Sachfragenpräferenz einflussreiche Prädiktoren für die Wahlbeteiligung (0,16–0,29), während diese Variablen bei den Befragten mit einer starken Wahlnorm einen deutlich geringeren Einfluss haben (0,03–0,06) (Schoen/Falter 2003: 37). »Die Wahlnorm wirkt somit als Moderator- oder Filtervariable« (Schoen/Falter 2003: 38). Dieser Befund wird von Steinbrecher et al. (2007) bestätigt und ist bei second- und third-order-elections sogar noch stärker

(Steinbrecher et al. 2007: 254). Zu einem ähnlichen Befund gelangen auch Blais und Achen (2009). »In the presence of duty, preference matters less« (Blais/Achen 2009: 4). Diesen negativen Interaktionseffekt finden Blais und Achen sowohl für Kanada als auch für die USA (Blais/Achen 2009: 13). Für Föderal-, Provinz- und Gemeindewahlen in Kanada finden Blais und Labbé St-Vincent (2011: 398) den negativen Interaktionsterm ebenfalls. Es zeigt sich auch im Rational Choice Modell, dass die Rational Choice-Variablen bei Befragten mit einer hohen Wahlnorm kaum einen Einfluss auf die Wahlabsicht haben, während sie bei Befragten mit einer geringen Wahlnorm sehr wohl einen Einfluss haben (Blais et al. 2000).

Kleinhenz (1995) untersuchte ebenfalls den Zusammenhang zwischen der Wahlnorm, dem politischen Interesse sowie der Wahlbeteiligung. Befragte, die ein geringes politisches Interesse haben und die Wahlnorm wahrnehmen, gingen 1993 mehr als drei Mal so häufig zur Wahl wie Personen mit einem geringen politischen Interesse ohne Wahlnorm (Kleinhenz 1995: 132). Die Wahlnorm scheint demnach eine wichtige Bindungsfunktion zu besitzen, »indem sie politisch wenig Interessierte zur Stimmabgabe bewegt« (Kleinhenz 1995: 132).

De Nève (2009) untersuchte den Zusammenhang zwischen der Wahlnorm und der Wahlbeteiligung für Deutschland, die Niederlande und Großbritannien. Die Wirkung der Wahlnorm scheint sich auch dann noch zu entfalten, selbst wenn das tatsächliche Partizipationsverhalten der Norm nicht mehr entspricht. »Der Anteil der Personen, die an Wahlen zwar nicht teilnehmen, zugleich jedoch das Wählen als staatsbürgerliche Pflicht bezeichnen« (De Nève 2009: 149), sei relativ groß. Ein beträchtlicher Anteil der Nichtwähler verstößt somit gegen die wahrgenommene und gegebenenfalls sogar gegen die internalisierte Norm. Dies steht im Einklang mit der Vermutung, dass lediglich die wahrgenommene (und nicht die internalisierte) Wahlnorm in den Umfragen erfasst wird. Der Verstoß gegen die wahrgenommene Wahlnorm wird daher als nicht allzu widersprüchliche Handlung empfunden. Zu einem ähnlichen Ergebnis kommt auch Kleinhenz (1995: 128).

Insgesamt betrachtet, hat der Forschungsstand in Bezug auf die Wahlnorm, das Sozialkapital und die Wahlnorm sowie der Wahlnorm und der Wahlbeteiligung drei wichtige Punkte dokumentiert: Erstens, die Wahlnorm ist wichtig zur Erklärung der Wahlbeteiligung. Zweitens stellt sich die Frage, wo die Wahlnorm herkommt und drittens, warum sie sich zwischen den Bürgern unterscheidet. Doch leider sind die letzten zwei Fragen weitestgehend unbeantwortet geblieben, denn »rather than a starting point for further research, however, the early consensus regarding the importance of civic duty seems to have closed it off« (Campbell 2006: 191).

5.7 Das Sozialkapital, die Wahlnorm und die Wahlbeteiligung

Bisher wurde entweder der Einfluss des Sozialkapitals auf die Wahlbeteiligung oder der Einfluss von soziodemographischen Merkmalen auf die Wahlnorm erforscht. Es gibt bislang keine Studie, die die Komponenten des Sozialkapitals mit der Wahlnorm als vermittelnde Variable und der Wahlbeteiligung als abhängige Variable in einen theoretischen Zusammenhang bringt und diesen empirisch überprüft. Im Folgenden werden Studien, die die Determinanten der Wahlbeteiligung untersuchen und sowohl die Wahlnorm als auch das Sozialkapital als unabhängige Variablen enthalten, vorgestellt.

Knack (1992) untersucht den Einfluss sozialer Beziehungen und Normen auf die Wahlbeteiligung. Er berechnet mehrere logistische Regressionen mit unterschiedlichen Datensätzen der National Election Studies und des Social Sanctions Survey. Knack hat dabei insbesondere die Sanktionierungsmöglichkeiten der Beziehungen und die Verbreitung der sozialen Normen durch die Beziehungen im Blick. Besonders verheiratete Personen beteiligen sich in der Regel häufiger als alleinstehende Personen (bspw. Wolfinger/Rosenstone 1980). Dabei ist auch der Bildungsabschluss des Partners relevant. Befragte mit einem Ehepartner mit einem College-Abschluss beteiligen sich eher an der Wahl. Knack vermutet, dass die höher gebildeten Ehepartner die Kosten der Wahlbeteiligung verringern und somit die Wahlbeteiligung erhöhen (Knack 1992: 138). Ein größerer Teil lässt sich jedoch mit dem »high potential among marriage partners for active disapproval of the violation of voting norms« (Knack 1992: 139) erklären. Aber auch die Verbindungen in der Nachbarschaft scheinen sich auf die Wahlbeteiligung auszuwirken. Für Befragte, die wissen, dass ihre Nachbarn planen zur Wahl zu gehen, steigt die Wahrscheinlichkeit sich ebenfalls an der Wahl zu beteiligen (Knack 1992: 140). Gleiches gilt für Befragte, die sich allgemein mit mindestens drei oder mehreren Nachbarn unterhalten und auch für Befragte, in deren persönlichem Umfeld jemand enttäuscht wäre, wenn der Befragte nicht zur Wahl ginge (Knack 1992: 141f.). Personen, die anderen Menschen vertrauen, nehmen im Vergleich zu Personen, die sehr vorsichtig im Umgang mit anderen Menschen sind, mit einer höheren Wahrscheinlichkeit an der Wahl teil (Knack 1992: 145). Dieser Effekt besteht unter anderem unter Kontrolle der Wahlnorm.

Eilfort (1994) untersuchte ebenfalls die Auswirkungen von sozialer Integration auf die Wahlbeteiligung. Er operationalisierte diese mit dem Familienstand und der Haushaltsgröße und schlussfolgert, dass so mancher Wahlberechtigte von seinen Mitmenschen motiviert wird die Stimme abzugeben (Eilfort 1994: 238). Im Anschluss wurde der Zusammenhang zwischen der Integration in formellen Netzwerken, der Wahlnorm und der Wahlbeteiligung mit Hilfe der Kreuztabellenanalyse untersucht. Es findet sich sowohl ein positiver Zusammenhang zwischen der Vereinsmitgliedschaft und der Wahlnorm (Eilfort 1994: 246), als auch zwischen der Vereinsmitgliedschaft und der Wahlbeteiligung (Eilfort 1994: 244f.). Demnach führt soziale Isolation zu einer geringeren Wahlbeteiligung (Eilfort 1994: 247f.) und basierend auf den Ergebnissen der Analysen auch zu einer geringeren Wahrnehmung der Wahlnorm.

Lippl (2007) und Roller und Rudi (2008) untersuchten anhand der Daten des European Social Survey von 2002/2003 den Zusammenhang zwischen dem Sozialkapital und der Wahlbeteiligung. Die Wahlnorm, im Rahmen der politischen Einstellungen bzw. Normen, war ebenfalls eine erklärende Variable in ihren Modellen. Lippl baute sein Modell schrittweise auf. Zunächst wurden nur sozialstrukturelle Merkmale berücksichtigt. Das zweite Modell wurde um politische Einstellungen inklusive der Wahlnorm erweitert und das letzte Modell enthielt zusätzlich das Sozialkapital (Lippl 2007: 443). Lediglich fünf der vierzehn Sozialkapitalvariablen leisteten einen Beitrag zur Erklärung der Wahlbeteiligung. Das Vertrauen in die Menschen, die Geselligkeit der Befragten im Vergleich zu ihren Mitmenschen, intensives Engagement in Hobby- und Freizeitvereinen sowie in Humanitär- und Umweltvereinen und religiösen Gruppen wirkten sich positiv auf die Wahlbeteiligung aus. Die Wahlnorm wirkt sich auch unter Kontrolle der übrigen Variablen positiv auf die Wahlbeteiligung aus.

In dem Modell von Roller und Rudi wirken sich sowohl das Vertrauen als auch die Anzahl der Vereinsmitgliedschaften positiv auf die Wahlbeteiligung aus (Roller/Rudi 2008: 266). Gleiches gilt für die politischen Normen, die unter anderem die Wahlnorm enthalten.

Fieldhouse et al. (2007) schätzten, ebenfalls mit den Daten des ESS 2002/2003, mehrere Modelle, welche die Wahlbeteiligung von jungen Menschen erklären sollten. Die Wahlnorm war Bestandteil eines Normindexes im Rational Choice-Modell. Dieser Normindex hatte auch unter Kontrolle der Parteibindung und der politischen Selbstwirksamkeit einen Einfluss auf die Wahlbeteiligung (Fieldhouse et al. 2007: 811). In einem zweiten Modell wurde die Erklärungskraft des Sozialkapitals auf die Wahlbeteiligung untersucht. Lediglich das Vertrauen in die politischen Institutionen, die Anzahl der Vereinsmitgliedschaften und die Konfessionszugehörigkeit hatten einen positiven Effekt auf die Wahlbeteiligung (Fieldhouse et al. 2007: 813). In einem Gesamtmodell der wichtigsten erklärenden Variablen blieb der positive Effekt der Wahlnorm auf die Wahlbeteiligung, unter Kontrolle der übrigen Variablen, bestehen (Fieldhouse et al. 2007: 817).

Rattinger und Krämer (1995) untersuchten den kausalen Zusammenhang zwischen der Wahlnorm und der Wahlbeteiligung in der BRD. Datengrundlage war eine Wiederholungsbefragung mit drei Wellen (Juni/Juli 1992, Februar/März 1993, September bis November 1993). In Westdeutschland hatte unter anderem die Vereinsmitgliedschaft einen Einfluss auf die Wahlnorm, während in Ostdeutschland das Alter und die Bildung die Ausprägung der Wahlnorm beeinflusst haben (Rattinger/Krämer 1995: 279). Im bivariaten Modell zeigten sich bereits starke Zusammenhänge zwischen der Wahlnorm und der Wahlbeteiligung, die auch im multivariaten Modell bestätigt wurden. Die Wahlnorm war in beiden Landesteilen der stärkste Einflussfaktor, dicht gefolgt von der Stärke der Parteibindung (Rattinger/Krämer 1995: 283). In Westdeutschland hatten unter anderem auch die Vereinsmitgliedschaft und die Kirchenverbundenheit einen Einfluss auf die Wahlbeteiligung (Rattinger/Krämer 1995: 279). Im Längsschnitt verschwindet der Einfluss der Vereinsmitgliedschaft auf die Wahlnorm (Rattinger/Krämer 1995: 281). Die Zusammenhänge zwischen der Wahlnorm, der Stärke der Parteibindung sowie der Kirchenverbundenheit und der Wahlbeteiligung bleiben hingegen bestehen (Rattinger/Krämer 1995: 281). So kommen Rattinger und Krämer zu dem Schluss, dass »vor allem auch die Internalisierung einer demokratischen Wahlnorm für die Wahlteilnahme ausschlaggebend ist. [...] Ist sie rückläufig, sinkt auch die Wahlbeteiligung« (Rattinger/Krämer 1995: 284).

Zusammenfassend betrachtet stellt die Wahlnorm, basierend auf der Zugehörigkeit zu der Gesellschaft im Ganzen, vermittelt über die Integration in informelle und formelle Netzwerke, eine ausschlaggebende Variable zur Erklärung der Wahlbeteiligung dar. Die vorliegende Arbeit geht deshalb davon aus, dass die Wahlnorm von dem Sozialkapital beeinflusst wird. Es wird einen Schritt vor den bisher berichteten Untersuchungen angesetzt, denn es gibt bislang keine Studie, die den Einfluss des Sozialkapitals auf die Wahlnorm sowie den Einfluss der Wahlnorm auf die Wahlbeteiligung systematisch integriert und untersucht hat. Die Wahlnorm müsste dabei als Mediatorvariable in das Modell eingefügt werden. Es würde sich demnach um ein Pfadmodell bzw. ein lineares Strukturgleichungsmodell handeln. Solche Modelle zu schätzen ist anspruchsvoll und in einigen Fällen werden spezielle Programme (bspw. Lisrel oder Mplus) zur Datenanalyse benötigt. Aus diesen Gründen ist es, wie eben berichtet, üblich sowohl das Sozialkapital als auch die Wahlnorm als unabhängige Variablen in ein multivariates Modell einzufügen, sodass zumindest für Drittvariableneffekte kontrolliert wird. Der Effekt des Sozialkapitals auf die Wahlnorm und der Effekt der Wahlnorm auf die Wahlbeteiligung sind dabei jedoch, anders als bei dem Strukturgleichungsmodell, nicht quantifizierbar. Dies soll in den nachfolgenden Kapiteln erfolgen.

6 Hypothesen

Im Folgenden werden die zu überprüfenden Hypothesen formuliert. Diese werden aus der theoretischen Grundlage des Sozialkapitals nach Putnam und dem bisherigen Forschungsstand abgeleitet. Dabei sind die Hypothesen thematisch in Unterkapitel eingeteilt. Zunächst werden die Hypothesen zum Overreporting und der Overrepresentation vorgestellt, gefolgt von den Hypothesen zum Kausalmodell für Deutschland. Abschließend werden die Hypothesen zum Kausalmodell auf europäischer Ebene erläutert.

6.1 Hypothesen zum Overreporting und der Overrepresentation

Mit den vorliegenden Daten ist es nicht möglich zwischen dem Overreporting und der Overrepresentation zu unterscheiden, deshalb soll die Overrepresentation mit Hilfe zweier Proxys kontrolliert werden. Die ersten vier Hypothesen beziehen sich auf das Overreporting, während sich die letzten zwei Hypothesen auf die Overrepresentation beziehen.

Die Höhe der amtlichen Wahlbeteiligung beeinflusst die Overreporting-Werte der einzelnen Länder. Zum einen ist das Overreporting rein rechnerisch durch den Prozentsatz der Nichtbeteiligung an der Wahl, das sog. Overreportingpotenzial, begrenzt. Zum anderen sollte eine höhere Wahlbeteiligung zu einem geringeren Overreporting führen, da Menschen mit unsteter Wahlvergangenheit, die zu den potentiellen Overreportern gehören, mit höherer Wahrscheinlichkeit tatsächlich gewählt haben.

> H1.1: Je höher die amtliche Wahlbeteiligung ausfällt, desto geringer sollte das Overreporting auftreten.

Befragte in Ländern mit einer gesetzlichen Wahlpflicht sollten weniger zu Overreporting neigen als Befragte in Ländern ohne Wahlpflicht. Die Wahlbeteiligungsrate in Ländern mit einer gesetzlichen Wahlpflicht ist üblicherweise sehr hoch, sodass das Overreportingpotential sehr klein ist und für die Befragten kaum eine Notwendigkeit besteht die Wahlteilnahme vorzutäuschen.

> H1.2: Das Overreporting sollte in Ländern mit einer gesetzlichen Wahlpflicht geringer ausfallen, als das Overreporting in Ländern ohne Wahlpflicht.

In Ländern, in denen die Wahlnorm stark wahrgenommen wird, werden die Befragten aufgrund des sozialen Drucks eher behaupten, sie hätten gewählt, obwohl sie Nichtwähler sind. Hierbei handelt es sich um bewusstes Overreporting.

> H1.3: Je höher die aggregierte Wahlnorm, desto höher ist das Overreporting.

Die Befragten können sich möglicherweise nicht mehr genau erinnern, ob sie gewählt haben oder nicht. Je länger die letzte Wahl zurückliegt, desto schwieriger fällt es den Befragten sich zu erinnern. Besonders die Wähler mit einer unsteten Wahlvergangenheit könnten davon betroffen sein, aber auch politisch weniger Interessierte.[73] Das Overreporting erfolgt in diesem Fall eher unbewusst.

> H1.4: Je größer der zeitliche Abstand zwischen der Befragung und der letzten nationalen Wahl, desto höher ist das Overreporting.

In Befragungen mit einer niedrigen Responserate ist die Stichprobe durch die Selbstselektion der Befragten verzerrt. Politisch Interessierte und Wähler sind überrepräsentiert, sodass die Differenz zwischen der amtlichen und der berichteten Wahlbeteiligungsrate durch die

73 In dieser Arbeit können die genauen Gründe des Vergessens aufgrund der vorliegenden Daten nicht erforscht werden. Es kann lediglich der Effekt des zeitlichen Abstands modelliert werden.

Overrepresentation größer sein sollte, als in Befragungen mit einer hohen Responserate.

> H1.5: Je niedriger die Responserate der Befragung ist, desto höher fällt das Overreporting inklusive der -representation aus.

Befinden sich viele Befragten mit einem Hochschulabschluss in der Stichprobe, ist mit einer erhöhten selbstberichteten Wahlbeteiligungsrate zu rechnen. Dies liegt erstens daran, dass in dieser Bevölkerungsgruppe überproportional viele wahre Wähler enthalten sind und zweitens neigen sie eher dazu ihre Wahlbeteiligung vorzutäuschen. Der prozentuale Anteil der Befragten mit tertiärer Bildung dient als Kontrollvariable für die Verzerrung der Responserate.

> H1.6: Je höher der prozentuale Anteil der Befragten mit tertiärer Bildung, desto höher fällt das Overreporting inklusive der -representation aus.

Die Überprüfung dieser Hypothesen wird in Kapitel 8.1 berichtet.

6.2 Hypothesen zum deutschen Kausalmodell

Wie in Kapitel 2.1 beschrieben, wird in der vorliegenden Arbeit von Putnams Verständnis des Sozialkapitals im demokratischen Sinne ausgegangen. Das Sozialkapital wird im metaphorischen Sinn als Integration innerhalb der Gesellschaft verstanden und wird durch drei Komponenten repräsentiert.

> H2.1: Das Sozialkapital besteht aus drei Komponenten: Den Netzwerken des zivilgesellschaftlichen Engagements, dem Vertrauen und der Wohltätigkeitsnorm.

Putnams Beschreibung der Zusammenhänge der einzelnen Komponenten legt einen reziproken Zusammenhang nahe (Putnam 1993a: 170). Die Auswahl der jeweiligen Variablen zur Abbildung des Vertrauens, der Netzwerke und der Wohltätigkeitsnorm sollten ebenfalls in einem engen Zusammenhang stehen.

> H2.2: Das Zusammenspiel dieser drei Komponenten bildet ein latentes Konstrukt: Das Sozialkapital.

Das Sozialkapital sollte sich positiv auf die Wahlnorm auswirken. Personen, die in der Gesellschaft integriert sind und hohe Werte für die Sozialkapitalindikatoren aufweisen, sollten am Gemeinwohl der Gesellschaft interessiert sein (Putnam 1993a: 88). Dementsprechend sollten sie die Wahlnorm stärker wahrnehmen als Personen, die weniger integriert sind und geringere Werte für die Sozialkapitalindikatoren aufweisen. Je höher das Sozialkapital bzw. je stärker die Einbindung in die Gesellschaft, desto eher wird die Wahlbeteiligung als staatsbürgerliche Pflicht[74] wahrgenommen. Für die einzelnen Komponenten gilt:

> H2.3.1: Je stärker die Menschen in Vereine integriert sind, desto stärker nehmen sie eine moralische Pflicht zu wählen wahr.

> H2.3.2: Je stärker die Befragten ihren Mitmenschen vertrauen, desto stärker nehmen sie eine moralische Pflicht zu wählen wahr.

> H2.3.3: Je stärker die Menschen die moralische Verpflichtung, Menschen zu helfen, denen es schlecht geht, wahrgenommen wird, desto stärker nehmen sie eine moralische Pflicht zu wählen wahr.

Zusätzlich zu den Vermutungen über die Richtung der Effekte, gibt es Vermutungen über ihre Effektstärke. Das strukturelle Sozialkapital wirkt direkt auf die Wahlnorm und sollte daher den stärksten Effekt haben. Das kulturelle Sozialkapital wirkt hingegen weniger direkt[75], weshalb die Koeffizienten etwas weniger stark sein sollten. Bei dem Vertrauen wird vermutet, dass der »belief in the benignity of one's fellow citizen is directly related to one's propensity to join with others in political activity« (Almond/Verba 1963: 285). Bei der Wohltätigkeitsnorm wird vermutet, dass Personen, die diese akzeptieren auch die Wahlnorm für wichtig halten.

Campbell et al. (1960) fassen den Zusammenhang zwischen der Wahlnorm und der Wahlbeteiligung sehr treffend zusammen. Es werden zwei Wirkungsweisen der Wahlnorm dargestellt:

74 Zustimmung, ob die Wahlteilnahme ein Merkmal eines guten Bürgers ist.

75 Die Komponenten wirken hier in erster Linie als Bestandteil des »unsichtbaren« latenten Konnstrukts und erst an zweiter Stelle als Komponenten an sich.

»Wide currency in American society is given the idea that the individual has a civic responsibility to vote. When this norm becomes a part of the value system of the individual, as it has for most of our citizens, it may be regarded as a force acting directly on the turnout decision« (Campbell et al. 1960: 105).

Zum einen wird die Wahlnorm innerhalb der Gesellschaft anerkannt und darüber hinaus kann sie im individuellen Wertesystem der Bürger internalisiert werden. Bei ersterem würde man von der wahrgenommenen Wahlnorm sprechen und bei letzterem von der internalisierten. Auf Grund des vorliegenden Indikators ist lediglich die Überprüfung der wahrgenommenen Wahlnorm möglich.

H2.4: Je stärker die moralische Pflicht zu wählen wahrgenommen wird, desto eher beteiligen sich die Befragten an der Wahl.

Die Überprüfung der Hypothesen 2.1 bis 2.4 findet sich in Kapitel 8.4.1 und 8.4.2.

Den Abschluss der empirischen Analysen bildet ein Modell mit Kontrollvariablen, denn Sozialkapital-Faktoren sind

»für die Erklärung politischer Partizipation wichtig, sie bedürfen aber der Ergänzung durch die traditionellen Ansätze der Partizipationsforschung« (Kunz/Gabriel 2000: 71).

Zu diesem Zweck werden im letzten Modell einige Einflussfaktoren aus der Partizipationsforschung eingefügt. Es handelt sich hierbei um die Bildungsjahre und das Einkommen, die sich sowohl auf die Wahrnehmung der Wahlnorm als auch auf die Wahlbeteiligung auswirken sollten. Die Religionszugehörigkeit, die Mobilität, das Alter und das Geschlecht sollten sich hauptsächlich auf die Wahrnehmung der Wahlnorm auswirken.

6.3 Hypothesen zum europäischen Kausalmodell

Die Annahmen bezüglich des Sozialkapitals, der Wahlnorm und der Wahlbeteiligung gelten nicht nur für Deutschland. Die Hypothesen werden deshalb auch für Europa überprüft.[76]

> H3.1: Die drei Komponenten des Sozialkapitals finden sich auch in Europa wieder.

Die Struktur des Sozialkapitals sollte für alle Länder gelten, denn die einzelnen Komponenten sollten unabhängig von kulturellen und nationalen Grenzen das latente Konstrukt des Sozialkapitals abbilden.

> H3.2: Die Komponenten stehen europaweit in einem positiven, reziproken Verhältnis zueinander.

In Kapitel 5.5 wurden die Effekte einiger Sozialkapitalindikatoren auf die Wahlnorm für Europa berichtet, daher sollten sich dieselben Effekte im Gesamtmodell zeigen.

> H3.3.1: Je stärker die Europäer in Vereine integriert sind, desto stärker nehmen sie die moralische Pflicht zu wählen wahr.

> H3.3.2: Je stärker die Europäer ihren Mitmenschen vertrauen, desto stärker nehmen sie die moralische Pflicht zu wählen wahr.

> H3.3.3: Je stärker die Europäer die moralische Verpflichtung wahrnehmen, Menschen zu helfen, denen es schlecht geht, desto stärker nehmen sie die moralische Pflicht zu wählen wahr.

Der Effekt der Wahlnorm auf die Wahlbeteiligung wurde bereits in vielen Ländern überprüft (siehe Kapitel 5.6), sodass vermutet werden kann ihn auch im Gesamtmodell anzutreffen.

> H3.4: Je stärker die europäischen Befragten die moralische Pflicht zu wählen wahrnehmen, desto eher beteiligen sie sich an der Wahl.

Die Struktur des Sozialkapitals sollte in allen europäischen Ländern identisch sein, dennoch sollte sich die Stärke des Sozialkapitals bzw.

76 Siehe Kapitel 5.1. Es gab in so vielen europäischen Ländern Untersuchungen, die das Sozialkapital nach Putnam modelliert haben, daher sollte das Modell europaweit gelten und auch die Messung im ESS impliziert die Annahme, dass das Sozialkapital europaweit auf gleiche Art und Weise gemessen werden kann.

das Klima der jeweiligen Gesellschaft von anderen unterscheiden. Diese Unterschiede beruhen auf kulturellen, historischen und ökonomischen Differenzen.

> H3.5: Die Stärke des Sozialkapitals unterscheidet sich zwischen den europäischen Ländern.

Die Wahlnorm ist ein Teil der politischen Kultur und wird deshalb in jedem Land unterschiedlich stark wahrgenommen.

> H3.6: Die Wahlnorm wird europaweit unterschiedlich stark wahrgenommen.

Die Hypothesen für Europa werden in Kapitel 8.5 überprüft.

Tabelle 7: Zusammenfassung der Hypothesen

Themengebiet	Hypothese		Erwartete Wirkung/Zusammenhang	Kapitel
Overreporting	H1.1	Je höher die amtliche Wahlbeteiligung ausfällt, desto geringer das Overreporting.	Negativer Zusammenhang	8.1
	H1.2	Das Overreporting sollte in Ländern mit einer gesetzlichen Wahlpflicht geringer ausfallen, als das Overreporting in Ländern ohne Wahlpflicht.		8.1
	H1.3	Je höher die aggregierte Wahlnorm, desto höher ist das Overreporting.	Positiver Zusammenhang	8.1
	H1.4	Je größer der zeitliche Abstand zwischen der Befragung und der letzten nationalen Wahl, desto höher ist das Overreporting.	Positiver Zusammenhang	8.1
	H1.5	Je niedriger die Responserate der Befragung ist, desto höher fällt das Overreporting inklusive der -representation aus.	Negativer Zusammenhang	8.1
	H1.6	Je höher der prozentuale Anteil der Befragten mit tertiärem Bildungsabschluss, desto höher fällt das Overreporting inklusive der -representation aus.	Positiver Zusammenhang	8.1
Kausalmodell für Deutschland	H2.1	Das Sozialkapital besteht aus drei Komponenten: Den Netzwerken des zivilgesellschaftlichen Engagements, dem Vertrauen und der Wohltätigkeitsnorm.		8.4.1
	H2.2	Das Zusammenspiel dieser drei Komponenten bildet ein latentes Konstrukt: Das Sozialkapital.	Positiver, reziproker Zusammenhang	8.4.1
	H2.3.1	Je stärker die Befragten in Vereine integriert sind, desto stärker nehmen sie eine moralische Pflicht zu wählen wahr.	Positiver Zusammenhang	8.4.2

	H2.3.2	Je stärker die Befragten ihren Mitmenschen vertrauen, desto stärker nehmen sie eine moralische Pflicht zu wählen wahr.	Positiver Zusammenhang	8.4.2
	H2.3.3	Je stärker die moralische Verpflichtung, Menschen zu helfen, denen es schlecht geht, wahrgenommen wird, desto stärker nehmen sie eine moralische Pflicht zu wählen wahr.	Positiver Zusammenhang	8.4.2
	H2.4	Je stärker die moralische Pflicht zu wählen wahrgenommen wird, desto eher beteiligen sich die Befragten an der Wahl.	Positiver Zusammenhang	8.4.2
Kausalmodell für Europa	**H3.1**	Die drei Komponenten des Sozialkapitals finden sich auch in Europa wieder.		8.5.1
	H3.2	Die Komponenten stehen europaweit in einem positiven, reziproken Verhältnis zueinander.	Positiver, reziproker Zusammenhang	8.5.1
	H3.3.1	Je stärker die Europäer in Vereine integriert sind, desto stärker nehmen sie die moralische Pflicht zu wählen wahr.	Positiver Zusammenhang	8.5.1
	H3.3.2	Je stärker die Europäer ihren Mitmenschen vertrauen, desto stärker nehmen sie die moralische Pflicht zu wählen wahr.	Positiver Zusammenhang	8.5.1
	H3.3.3	Je stärker die Europäer die moralische Verpflichtung wahrnehmen, Menschen zu helfen, denen es schlecht geht, desto stärker nehmen sie die moralische Pflicht zu wählen wahr.	Positiver Zusammenhang	8.5.1
	H3.4	Je stärker die moralische Pflicht zu wählen wahrgenommen wird, desto eher beteiligen sich die europäischen Befragten an der Wahl.	Positiver Zusammenhang	8.5.2
	H3.5	Die Stärke des Sozialkapitals unterscheidet sich zwischen den europäischen Ländern.	$ICC \neq 0$	8.5.4
	H3.6	Die Wahlnorm wird europaweit unterschiedlich stark wahrgenommen.	$ICC \neq 0$	8.5.4

7 Daten und Operationalisierung

Aufgrund der Kombination der Themenkomplexe gestaltete sich die Auswahl eines geeigneten Datensatzes schwierig, da es nur wenige Datensätze gibt, die sowohl die Komponenten des Sozialkapitals als auch die Wahlnorm und die Wahlbeteiligung erfasst haben. Auf nationaler Ebene stehen der ALLBUS aus dem Jahr 2008 und die Vor- und Nachwahlbefragung der GLES von 2009 zur Verfügung. Des Weiteren gibt es zwei länderübergreifende Befragungen, die die Kernvariablen erhoben haben. Zum einen das ISSP von 2004 und zum anderen den ESS von 2002/2003.

Im Folgenden wird die Datengrundlage, der ESS, genauer beschrieben. Im Anschluss wird die Operationalisierung des Struktur- und des Messmodells erläutert.

7.1 Der European Social Survey 2002/2003

Aus der Auswahl der eben erwähnten Umfragen entschied sich die Autorin aus mehreren Gründen für den ESS. Erstens ist die Datenqualität dieser Befragung sehr gut (Kohler 2008) und zweitens ist sie frei im Internet verfügbar.[77] Drittens enthält der ESS Daten aus 22 europäischen Ländern. Somit ist es möglich nicht nur Effekte auf na-

77 ESS Round 1: European Social Survey Round 1 Data (2002). Data file edition 6.3. Norwegian Social Science Data Services, Norway – Data Archive and distributor of ESS data for ESS ERIC.

tionaler Ebene zu schätzen, sondern auch auf internationaler Ebene. Zusätzlich wäre eine Untersuchung des Einflusses von kontextuellen Merkmalen auf individuelle Merkmale prinzipiell möglich. Viertens ist bei der Wahlnorm genügend Varianz vorhanden, um Unterschiede in den verschiedenen Ländern zu untersuchen und fünftens wurden die einzelnen Komponenten des Sozialkapitals in diesem Datensatz ausführlich erhoben. Die ersten vier Gründe würden ebenso für die Verwendung des ISSP 2004 sprechen. Ausschlaggebend ist somit die Messung der Sozialkapitalindikatoren, die gegen diesen Datensatz spricht. Im ISSP wurde das generelle Vertrauen mit nur einem Indikator gemessen und die Items zu den Vereinsmitgliedschaften sowie das generelle Vertrauen sind lediglich ordinalskaliert. Sowohl die Anzahl als auch das Skalenniveau der Sozialkapitalindikatoren sprechen somit für den ESS.

Der Qualitätsanspruch der Verantwortlichen macht sich bei den zwei Zielen des ESS bemerkbar. Ziel ist es

> »firstly—to monitor and interpret changing public attitudes and values within Europe and to investigate how they interact with Europe's changing institutions, and—secondly—to advance and consolidate improved methods of cross-national survey measurement in Europe and beyond« (ESS1 Data Documentation Report 2002: 5)[78].

Um das erste Ziel zu erreichen gibt es bei dem ESS, wie auch bspw. bei dem ALLBUS, gleichbleibende Kernfragen und wechselnde Themenkomplexe. In der ersten Befragungswelle 2002/2003 wurde unter anderem die Einstellung der Befragten zu Themen wie Staatsbürgerlichkeit und Engagement, moralischen, politischen und sozialen Werten oder auch dem politischen Interesse und der Beteiligung erhoben. Die Grundgesamtheit bzw. die Zielpopulation beinhaltet alle Personen, die 15 Jahre und älter sind und in einem Privathaushalt leben (ESS1 Data Documentation Report 2002: 5). Neben der Bevölkerung der 15 EU-Mitgliedsstaaten[79] wurde zusätzlich die Bevölkerung von

78 Edition 6.2, http://www.europeansocialsurvey.org/data/download.html?r=1 (abgerufen am 7.11.2011)

79 Österreich, Belgien, Dänemark, Finnland, Frankreich, Deutschland, Griechenland, Irland, Italien, Luxemburg, Niederlande, Portugal, Spanien, Schweden und Großbritannien

vier (damaligen) EU-Beitrittskandidaten (Tschechische Republik, Ungarn, Polen und Slowenien), sowie drei europanahen Ländern (Israel, Norwegen und die Schweiz) befragt. Insgesamt wurden Personen aus 22 Ländern befragt.

Um das zweite Ziel zu erreichen setzten die Verantwortlichen strikte Regeln bei der Vorbereitung der Erhebung durch. Für alle teilnehmenden Länder sollte es »workable and equivalent sampling strategies« (ESS1 Sampling Plans o. J.: 1)[80] geben, um eine bessere Vergleichbarkeit der Daten zu schaffen. Es gab eine Verpflichtung zur strikten Zufallsstichprobenziehung, d. h. die ausgewählten Personen durften nicht einfach durch anderweitig von dem Interviewer ausgewählte Personen ersetzt werden. In allen Ländern wurden Responserates von mindestens 70 Prozent angestrebt, die Grundgesamtheit sollte so gut wie möglich abgebildet werden. Es sollte eine minimale Effektivstichprobe von 1500 bzw. 800 Fällen[81] geben (ESS1 Sampling Plans o. J.: 2) und die Fragebögen wurden genauestens übersetzt. Um die unterschiedlichen Auswahlmechanismen der einzelnen Stichproben zu berücksichtigen, ist es zu empfehlen bei statistischen Analysen das Design-Gewicht zu verwenden. Deshalb werden die Modelle für Deutschland immer mit dem im ESS vorhandenen Design-Gewicht gewichtet. Die Gesamtmodelle für Europa mit allen Befragten werden mit dem Produkt aus Design- und Populationsgewicht[82] gewichtet.

In Deutschland wurde die Stichprobe, für West- und Ostdeutschland getrennt, mit Hilfe einer zweistufigen Ziehung gewonnen. Die erste Stufe bestand aus der Auswahl von 100 Clustern für West- und 50 Clustern für Ostdeutschland. Aus diesen Clustern oder auch Sample Points (Neller 2004: 378) wurden anhand lokaler Melderegister die zu befragenden Individuen per Zufall ausgewählt. Die Bruttostichprobe umfasste 5796 Individuen, davon konnten 2919 Interviews realisiert werden. Somit betrug die Befragungsrate 55,7 Prozent. Die Be-

80 http://www.europeansocialsurvey.org/docs/round1/methods/ESS1_sampling _rep-ort.pdf (abgerufen am 21.3.2012)

81 In Ländern mit weniger als zwei Millionen Einwohnern sollte die minimale Effektivstichprobe 800 Fälle enthalten. Für Länder mit einer größeren Einwohnerzahl steigt das Minimum auf 1500 Fälle (ESS1 Sampling Plans o. J.: 2).

82 »So that the size of each national sample does not affect the results« (Armingeon 2007: 369).

fragungen wurden von geschulten Interviewern computerunterstützt durchgeführt (ESS1 Data Documentation Report 2002: 60ff.).

Der ESS wurde seit 2002 bereits zum sechsten Mal erhoben, allerdings wurde nur in der ersten Runde die Wahlnorm erfasst. Deshalb bildet auch nur die erste Welle des ESS von 2002/2003 die Datengrundlage dieses Promotionsvorhabens.

7.2 Die Operationalisierung des Sozialkapitals

Für die Operationalisierung des Sozialkapitals werden im Folgenden die Messmodelle der latenten Variablen spezifiziert. Die Messmodelle beschreiben den Zusammenhang der manifesten bzw. messbaren Variablen mit dem latenten bzw. nicht direkt messbaren Konstrukt.

Die Zusammenhänge der einzelnen Indikatoren zu den Komponenten des Sozialkapitals sind reflektiv, denn sie erfüllen alle Kriterien eines reflektiven Modells (siehe Abbildung 19). Eine wichtige Voraussetzung für die Berechnung einer Faktorenanalyse oder eines linearen Strukturgleichungsmodells ist die Identifizierbarkeit der Modellstruktur. Wenn die Zahl der zu lösenden Gleichungen und die Zahl der unbekannten Parameter des Modells gleich sind, ist das Gleichungssystem lösbar (Backhaus et al. 2011: 83). Dies entspräche einem identifizierten Modell. Ein überspezifiziertes Modell mit mindestens einem Freiheitsgrad wäre dem jedoch vorzuziehen. Für ein einzelnes latentes Konstrukt würden mindestens drei Indikatoren für ein identifiziertes Modell und mindestens vier für ein überspezifiziertes Modell benötigt. Die Anzahl der zur Verfügung stehenden Indikatoren bzw. Variablen hängt dabei stark von der Datengrundlage ab. Im ESS 2002/2003 ist es möglich das Vertrauen und die Netzwerke mit drei Indikatoren zu operationalisieren und die Wohltätigkeitsnorm mit einem Indikator. Somit gibt es bei der Faktorenanalyse, die miteinander kovariierende latente Konstrukte enthält, fünf Freiheitsgrade. Werden die Konstanten, wie in Mplus üblich, mitgezählt, erhöht sich die Anzahl auf zwölf Freiheitsgrade. Da die Modelle in Kapitel 8 mit Hilfe von Mplus 6.12 geschätzt werden, werden die Freiheitsgrade inklusive der Konstanten angegeben.

Das Vertrauen in die Menschen wird mit drei intervallskalierten Indikatoren gemessen. Der erste Indikator misst das generelle Ver-

Abbildung 8: Das Messmodell des Sozialkapitals

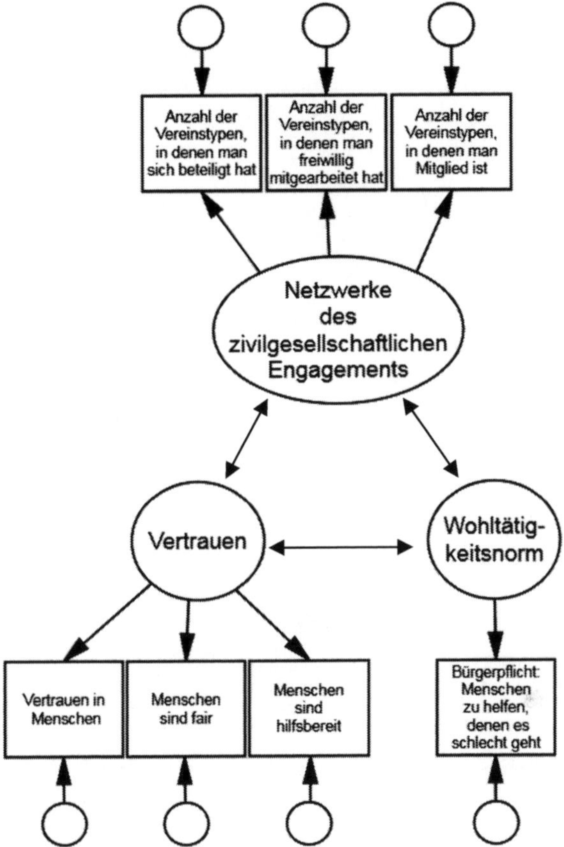

Quelle: Eigene Darstellung.

trauen in andere Menschen. »Generally speaking, would you say that most people can be trusted, or that you can't be too careful in dealing with people?« Die Befragten konnten ihr Vertrauen mit Hilfe einer Skala von 0 »You can't be too careful« bis 10 »Most people can be trusted« einschätzen.

Wegen der häufig kritisierten Reliabilität und Validität[83] dieser Art der Messung des Vertrauens wurden im ESS 2002/2003 zusätzlich zwei weitere Indikatoren erhoben (Kunz 2004: 223). Die Indikatoren orientieren sich an Rosenberg (1956) und sollen ein theoretisches Konstrukt abbilden: Das generalisierte Vertrauen in die Menschen. Das zweite Item erhebt die Einschätzung der Fairness anderer Menschen mit der Frage: »Do you think that most people would try to take advantage of you if they got the chance, or would they try to be fair?« Auch hier reichte die Skala von 0 »Most people would try to take advantage of me« bis 10 »Most people would try to be fair«. Als drittes wurde die Hilfsbereitschaft anderer Menschen eingeschätzt. »Would you say that most of the time people try to be helpful or that they are mostly looking out for themselves?« und ebenfalls von 0 »People mostly look out for themselves« bis 10 »People mostly try to be helpful« bewertet. Die Verwendung von drei Indikatoren für die Messung des Vertrauens hat den Vorteil, dass die Messung reliabler (Reeskens/Hooghe 2008: 530) ist, als mit der Standardfrage allein.

Die Netzwerke werden im ESS sowohl auf formeller als auch auf informeller Ebene erhoben. Wie bereits im theoretischen Teil dieser Arbeit beschrieben, lag der Fokus von Putnams Arbeit besonders auf den Netzwerken des zivilgesellschaftlichen Engagements. Deshalb werden im folgenden Messmodell nur formelle Netzwerke berücksichtigt. Die Netzwerke des zivilgesellschaftlichen Engagements werden mit drei Indikatoren gemessen. Der erste wurde aus den Angaben der Befragten zur formalen Mitgliedschaft in verschiedenen Vereinstypen erstellt. »For each of the voluntary organisations I will now mention, please use this card to tell me whether any of these things apply to you now or in the last 12 months, and, if so, which.« Es wurden zwölf Vereinstypen zur Auswahl gestellt. Die Befragten wurden nach einer Mitgliedschaft gefragt und anschließend als Mitglied (1) oder Nichtmitglied (0) kategorisiert. Die Vereinstypen beinhalten

83 »Responses to the standard question on trust […] tell us less about personality of individuals, than about how they estimate the trustworthiness of the society around them« (Delhey/Newton 2003: 97ff.). Nach Putnam (2004) ist das genau das, was man messen möchte: Vertrauenswürdigkeit anstatt Vertrauen. Dies unterstützen auch die Ergebnisse des Experiments von Glaeser et al. (2000: 833): »These findings suggest that the standard trust questions may be picking up trustworthiness rather than trust«.

Sportvereine, kulturelle Organisationen, Gewerkschaften, Berufsverbände, Verbraucherorganisationen, Menschenrechtsorganisationen, Umweltorganisationen, religiöse Vereinigungen, politische Parteien, Wissenschaftsorganisationen, soziale Clubs und andere freiwillige Organisationen.[84] Aus den Antworten der Befragten wurde eine Summenskala[85] aus den Mitgliedschaften in den verschiedenen Vereinstypen gebildet. Als zweites Item wurde die Anzahl der Beteiligungen innerhalb der 11 möglichen Vereinstypen ausgewählt. Die Befragten, die angegeben haben sich in den jeweiligen Vereinen der verschiedenen Typen in irgendeiner Form beteiligt zu haben, erhielten den Wert 1. Dabei mussten sie nicht zwangsläufig Mitglied des Vereins sein. Bei Nichtbeteiligung erhielten sie den Wert 0. Das dritte Item wurde auf die gleiche Art und Weise gebildet und entspricht einer Summenskala der Anzahl der freiwilligen Arbeit. Befragte mit einem hohen Wert haben in mehreren Vereinstypen freiwillig mitgearbeitet. Wie genau sich die Beteiligung von der freiwilligen Arbeit abgrenzt ist unklar. In den Unterlagen zum ESS gibt es dazu keine genauen Anweisungen. Auf der Karte, die den Befragten vorgelegt wurde, wurde lediglich zwischen »Participated in an activity arranged by such an organisation« und »Done voluntary (unpaid) work for such an organisation« (ESS1 Source Showcards: Card 43)[86] unterschieden. Je nach Verein kann die Trennschärfe dieser Unterscheidung problematisch sein.

Ursprünglich war ein viertes Item zur Messung der Netzwerke des zivilgesellschaftlichen Engagements vorgesehen. Es wurde mit der Frage operationalisiert, ob die Befragten in dem jeweiligen Vereinstyp

84 In Anlehnung an Jungbauer-Gans und Gross (2007: 223f.) wurden Verbraucherorganisationen herausgenommen (v. a. wegen Vereinen wie dem ADAC).

85 Die Bildung eines kumulativen Index entspricht der in der Forschungspraxis üblichen Vorgehensweise (bspw. bei Steinbrecher 2009: 70). Eine Differenzierung der Vereine in Vereinstypen, bspw. in politische und unpolitische Vereine, wäre wünschenswert, ist aufgrund geringer Fallzahlen von Mehrfachmitgliedschaften jedoch nicht umsetzbar (wie auch bei Dekker und van den Broek (1996: 147, Fn. 10)). Ein weiteres Problem ist die Mehrebenenstruktur des vorliegenden Datensatzes. Es gibt in den europäischen Ländern keine einheitliche Struktur der Vereinsmitgliedschaften, sodass eine thematische Differenzierung und damit eine Indexbildung nicht möglich ist (für den World Values Survey vgl. Gabriel et al. 2002: 45).

86 http://www.europeansocialsurvey.org/docs/round1/fieldwork/source/ESS1_source_showcards.pdf (abgerufen am 14.9.2015)

Freunde haben. »Do you have personal friends within this organisation?« Auch hier wurden die Befragten in zwei Gruppen »Freund in Organisation« (1) und »kein Freund innerhalb der Organisation« (0) kategorisiert. Daraus wurde ebenfalls eine Summenskala gebildet, die die Vernetzung innerhalb der Organisationen abbildet. Die Angabe der Freunde innerhalb der Vereine erfolgte nicht unabhängig von den übrigen drei Variablen, sodass insbesondere die Variable zur Anzahl der Vereinstypen, in denen man Mitglied ist, sehr stark mit der Anzahl der Freunde korreliert. Als Folge der Multikollinearität treten sehr hohe Standardfehler und standardisierte Werte größer als Eins auf. Aufgrund dieser starken Korrelation, die die Schätzung der Modelle stark erschweren würde, wurde die Variable in der Operationalisierung nicht weiter beachtet und das Konstrukt der Netzwerke des zivilgesellschaftlichen Engagements nur mit drei Indikatoren operationalisiert.

Es ist sehr wichtig hierbei zu beachten, dass nicht die reine Mitgliedschafts- oder Beteiligungsanzahl dokumentiert wurde. Die Befragten sollten lediglich angeben, ob sie in einem Verein eines bestimmten Typs (bspw. im Bereich des Umweltschutzes oder der Menschenrechte) Mitglied sind. Somit wird nur die Mindestanzahl an Vereinsmitgliedschaften notiert.[87] Sollte ein Befragter Mitglied von zwei Umweltorganisationen sein (bspw. Greenpeace und dem NABU), erhält der Befragte dennoch den Wert »1« zugeteilt. Gleiches gilt für die Beteiligungen und die freiwillig geleistete Arbeit. Wenn der eben beispielhaft angeführte Befragte sich in beiden Umweltorganisationen beteiligt hat, so erhält er dennoch den Wert »1«. Den Wert »2« wird er nur erhalten, wenn er sich bspw. zusätzlich in einer Menschenrechtsorganisation beteiligt hat. Es ist somit in keinerlei Weise möglich zwischen der Quantität und der Diversität des Engagements zu unterscheiden. Daher kann lediglich die Hypothese aufgestellt werden, je höher der Wert der Netzwerkvariablen, desto diverser sind die Mitgliedschaften (weil derjenige in mehreren verschiedenen Vereinstypen und Themenfeldern aktiv ist) und desto diverser ist sein Engagement (im Hinblick auf Beteiligungen und freiwillige Arbeit). Es

87 Diese Art der Befragung ist nicht unproblematisch und das wurde bereits im Pretest zum ESS aufgedeckt. Die einzige Veränderung war das Hinzufügen der Formulierung »in den letzten 12 Monaten« (Ongena 2003).

handelt sich um eine indirekte Messung der brückenbildenden Effekte der Vereine, denn je mehr Vereinsmitgliedschaften vorliegen, desto größer ist die Wahrscheinlichkeit Menschen mit unterschiedlichen Hintergründen zu treffen (Wollebaek/Selle 2003: 70). Grundsätzlich gilt für die drei Indikatoren: Je höher der Wert für die Netzwerkindikatoren ausfällt, desto häufiger haben sich die Befragten engagiert.[88] Alle drei Netzwerkindikatoren sind intervallskaliert.

Wie in Kapitel 2.3 beschrieben, versteht Putnam unter der Reziprozitätsnorm das, was eigentlich die Wohltätigkeitsnorm beschreibt. Deshalb wird im vorliegenden Modell nicht die Reziprozitätsnorm sondern die Wohltätigkeitsnorm operationalisiert. Im ESS gibt es bedauerlicherweise nur ein passendes Item, das die Wohltätigkeitsnorm misst. Es handelt sich hierbei um die Zustimmung zu der Frage »To be a good citizen, how important would you say it is for a person to support people who are worse off than themselves?«. Die Befragten konnten sich auf einer Skala von 0 »Extremely unimportant« bis 10 »Extremely important« einordnen. Bei der Wohltätigkeitsnorm handelt es sich ebenfalls um eine intervallskalierte Variable.

88 Es ist zwar unwahrscheinlich, dass jemand in fünf Umweltvereinen tätig ist und sich in allen fünf Vereinen engagiert, dennoch würde er jeweils den Wert »1« erhalten, da es sich um fünf Vereine desselben Vereinstyps handelt. Daher können die Netzwerkvariablen keinerlei Aussage über die Quantität der Involvierung treffen.

8 Empirische Analysen

Mit Hilfe einer konfirmatorischen Faktorenanalyse und eines Strukturgleichungsmodells sollen die theoretisch unterstellten Effekte zwischen den einzelnen Einflussgrößen und der Wahlnorm sowie der Wahlbeteiligung untersucht werden. Bevor die Zusammenhänge betrachtet werden, müssen zunächst die Annahmen der Verfahren überprüft werden (Kapitel 8.2). Im Anschluss wird das Struktur- sowie das Kausalmodell spezifiziert (Kapitel 8.3). Im Anschluss wird das Pfadmodell auf nationaler Ebene für die deutschen Befragten geschätzt (Kapitel 8.4). Zum Schluss wird das Modell auf internationaler Ebene untersucht und überprüft, ob die im nationalen Modell gefundenen Zusammenhänge auch europaweit auftreten (Kapitel 8.5). Nachdem die theoretisch vermuteten Beziehungen empirisch überprüft worden sind, werden Kontrollvariablen in die jeweiligen Strukturgleichungsmodelle eingefügt, um die Befunde zu festigen und unter verschärften Bedingungen zu testen.

8.1 Analysen des Mis- bzw. Overreporting

Wie in Kapitel 5.1 dargelegt wurde, ist das Mis- bzw. Overreporting nicht zu unterschätzen. Um das Ausmaß der möglichen Verzerrungen in den späteren Analysen abzuschätzen, soll das Mis- bzw. Overreporting daher im Voraus untersucht werden. Ohne validierte Daten ist es jedoch unmöglich, einzuschätzen, ob eine erhöhte Wahlbeteiligung in der Stichprobe durch eine Überrepräsentation von Wählern in der Stichprobe oder durch Overreporting zustande kommt. Wie in der

Literatur üblich, wird deshalb nur allgemein von Mis- bzw. Overreporting gesprochen.

Ein großer Anteil des Misreportings ist der Überrepräsentation von Wählern in der Stichprobe und dem Vortäuschen der Wahlteilnahme der Befragten geschuldet. Befragte können, wie in Kapitel 5.1.1 beschrieben, aus vielerlei Gründen bei einer Befragung nicht den Tatsachen entsprechend antworten. Für die vorliegende Untersuchung ist vor allem der Zusammenhang zwischen der Wahlnorm und dem Misreporting interessant.

Im Fragebogen des ESS geht der Frage zur Wahlbeteiligung ein einleitender Satz voran. »Some people don't vote nowadays for one reason or another. Did you vote in the last [country] national election in [month/year]?« Hierbei gab es die Antwortmöglichkeit »Yes« und »No«.[89] Damit soll den Befragten vermittelt werden, dass es auch in Ordnung ist, nicht zu wählen. Es soll verdeutlicht werden, dass nicht alle Menschen zur Wahl gehen und dies in einer anonymen Befragung zugegeben werden darf. Wichtig ist auch die Nennung des Wahldatums. Damit wird den Befragten die Beantwortung der Frage erleichtert, da sie nicht erst überlegen müssen, wann die letzte Wahl stattgefunden hat.

Mit Hilfe dieser Formulierungen vor und in der Fragestellung soll versucht werden das Overreporting und die Erinnerungsfehler zu minimieren. Die Überrepräsentation der Wähler bleibt davon unberührt, weshalb die Differenz zwischen der amtlichen und der berichteten Wahlbeteiligungsrate dennoch beträchtliche Ausmaße annimmt. Besonders häufig ist das Overreporting in Finnland, Frankreich, Großbritannien, Griechenland, Irland und Polen zu beobachten. In diesen Ländern beträgt es mehr als 10 Prozentpunkte. Die Werte von Belgien und Luxemburg sind hervorzuheben. Nach Hypothese H1.2 sollte das Overreporting bei diesen beiden Ländern, aufgrund der gesetzlichen Wahlpflicht, am geringsten sein. Dies bestätigt sich in deutlichem Maß, denn es kommt dort zum Underreporting. 85,3 Prozent der bel-

89 Es mussten insgesamt 1431 Befragte ausgeschlossen werden, da sie keine Staatsbürgerschaft in dem Land, in dem sie befragt wurden, besitzen. Besonders in Luxemburg betraf dies mit 30 Prozent (473) viele Befragte. Zusätzlich gab es insgesamt 1834 Befragte (5,2 Prozent), die nicht wahlberechtigt waren oder einen anderen fehlenden Wert aufweisen. In Belgien und Luxemburg waren dies 6,4 bzw. 8,8 Prozent der Befragten.

gischen Befragten geben an, gewählt zu haben, obwohl es laut amtlicher Statistik 90,6 Prozent hätten sein müssen. In Luxemburg ist das Underreporting mit einer Differenz von -21,8 Prozentpunkten sogar noch größer.[90] Nach Ausschluss der Befragten, die keine Staatsbürger des Landes sind, in dem sie befragt wurden, ist das Underreporting deutlich größer geworden (siehe Fußnote 89). Die Nicht-Staatsbürger mussten aus den Analysen ausgeschlossen werden, weil nicht dokumentiert wurde, wie diese Befragten kategorisiert wurden. Unklar ist, ob bspw. ein deutscher Befragter, der in Belgien wohnt, nach der Bundestagswahl gefragt worden ist und für diese als Nichtwähler vermerkt wurde. Im Datensatz wäre er weiterhin den belgischen Befragten zugeordnet und würde somit die Wahlbeteiligungsrate der belgischen Befragten verringern. Es ist ebenso möglich, dass der Befragte nach der belgischen Nationalwahl gefragt worden ist, bei der er nicht stimmberechtigt war und möglicherweise dennoch als Nichtwähler vermerkt wurde. Die Zuordnungsregeln des ESS werden nicht eindeutig formuliert und so ist es nicht möglich die Kategorisierung der Befragten zu rekonstruieren oder nachzuvollziehen.

Ein weiterer Grund für das Auftreten des Underreportings ist ebenfalls durch die Kodierung des ESS verstärkt worden. In Ländern mit einer Wahlpflicht sind die Wahlberechtigten gesetzlich dazu gezwungen sich an der Wahl zu beteiligen und so ist es dort üblich, als Ausdruck von Unzufriedenheit oder Protest, den Stimmzettel ungültig zu machen oder den Wahlzettel ohne Stimme abzugeben (Hill 2002). Bei der Befragung des ESS konnte jedoch nur angegeben werden, ob die Befragten an der Wahl teilgenommen haben oder nicht. Befragte, die den Stimmzettel ungültig gemacht haben oder ohne Stimme abgegeben haben und dies selbstständig geäußert haben, wurden als Nichtwähler eingeordnet (ESS 2002 Project Instructions 2002: 19)[91]. Somit ist es unmöglich zwischen den verschiedenen Wählern und Nichtwählern zu unterscheiden. Es gibt

90 Bei Quintelier et al. (2011: 410f.) tritt beim ISSP 2004 in Belgien ebenfalls Underreporting (1,7 Prozentpunkte) auf. Bei zwei Drittel der dort enthaltenen Länder mit einer gesetzlichen Wahlpflicht (6 von 9) tritt Underreporting auf. Luxemburg ist im ISSP 2004 leider nicht vorhanden.

91 http://www.europeansocialsurvey.org/docs/round1/fieldwork/source/ESS1_source_project_instructions.pdf (abgerufen am 22.10.2015)

- Wähler, die eine gültige Stimme abgegeben haben,
- Wähler, die absichtlich keine gültige Stimme abgegeben haben, dies erwähnt haben und als Wähler vermerkt wurden oder
- Wähler, die absichtlich keine gültige Stimme abgegeben haben, dies nicht erwähnt haben und als Nichtwähler vermerkt wurden und
- Nichtwähler.

Bei der European Election Study 2009 wurde für die beiden Länder mit Wahlpflicht, Belgien und Luxemburg, unterschieden, ob eine Partei gewählt wurde, ob der Wahlzettel leer blieb (blank vote) oder ungültig gemacht (spoiled vote) wurde. In Belgien blieben 2,3 Prozent (N= 23) der Wahlzettel leer (blank vote) und 0,9 Prozent (N=9) der Wahlzettel wurden ungültig gemacht (spoiled vote). In Luxemburg wählten 0,3 Prozent (N=3) der Befragten ungültig (spoiled vote) und 1,1 Prozent (N=10) der Befragten gaben keine Stimme ab (blank vote). Dennoch scheint das Underreporting mit fast 22 Prozentpunkten in Luxemburg sehr stark ausgeprägt zu sein und wurde vermutlich hauptsächlich durch die Nicht-Staatsbürger in der Stichprobe verursacht. Die Stichprobe ist nach deren Ausschluss verzerrt, sodass wahre Wähler deutlich unterrepräsentiert sind.

Für das Overreporting sind, wie im vorangegangenen Unterkapitel dokumentiert wurde, vermutlich die Selbstselektion sowie die internalisierte und die externe Wahlnorm verantwortlich. Die Wahlnorm bildet in der vorliegenden Arbeit einen Schwerpunkt und deshalb soll im Folgenden der Einfluss der wahrgenommenen Wahlnorm auf das Overreporting untersucht werden. Dabei wird in den kommenden Analysen zwischen dem Overreporting und dem Misreporting unterschieden. Das Misreporting beinhaltet alle 19 Länder und variiert zwischen -21,8 und +20 Prozentpunkten (siehe Tabelle 8), während das Overreporting nur 17 Fälle[92] berücksichtigt und zwischen 4,2 und

92 Belgien und Luxemburg werden bei diesen Analysen ausgeschlossen. Bei den 17 Fällen handelt es sich nicht um eine Zufallsauswahl, daher sind Aussagen über die statistische Signifikanz der folgenden Korrelations- und Regressionsanalysen höchst umstritten (Broscheid/Gschwend 2003). »Man kann bei Nichtzufallsstichproben aber argumentieren, dass die Teststatistik eines Signifikanztests zumindest einen *Referenzpunkt* darstellt« (Diekmann 2008: 721, Kursivstellung

Tabelle 8: Misreporting im ESS 2002/2003

	Luxemburg	Belgien	Österreich	Deutschland	Dänemark	Schweden	Nieder lande	Ungarn	Italien	Spanien
selbstberichtete Wahlbeteiligung	64,7 %	85,2 %	88,5 %	85,3 %	93,7 %	87,0 %	86,3 %	80,9 %	89,5 %	77,7 %
amtliche Wahlbeteiligung	86,5 %	90,6 %	84,3 %	79,1 %	87,1 %	80,1 %	79,1 %	73,5 %	81,4 %	68,7 %
Differenz in %-Punkten	-21,8	-5,4	4,2	6,2	6,6	6,9	7,2	7,4	8,1	9,0

	Norwegen	Portugal	Slowenien	Großbritannien	Irland	Frankreich	Griechenland	Finnland	Polen
selbstberichtete Wahlbeteiligung	84,8 %	72,5 %	80,2 %	72,4 %	75,9 %	74,9 %	90,6 %	81,7 %	66,2 %
amtliche Wahlbeteiligung	75,5 %	62,8 %	70,4 %	59,4 %	62,6 %	60,3 %	75,0 %	65,3 %	46,2 %
Differenz in %-Punkten	9,3	9,7	9,8	13,0	13,3	14,6	15,6	16,4	20,0

20 Prozentpunkten variiert. Da das Misreporting mit der Höhe der Wahlbeteiligung zusammenhängt und sehr stark korreliert ist (r_S= -0,85)[93], wurde zusätzlich das Overreportingpotenzial berechnet. Wie in Hypothese H1.1 erwartet, fällt das Overreporting in einem Land mit einer sehr hohen Wahlbeteiligung deutlich geringer aus und ist unwahrscheinlicher, als in einem Land mit einer geringeren Wahlbeteiligung. Mit dem Overreportingpotenzial als abhängiger Variable soll untersucht werden, warum das Overreporting bspw. bei den griechischen Befragten bei einer amtlichen Wahlbeteiligungsrate von 75 Prozent einen Wert von 15,6 Prozentpunkten aufweist, während das Overreporting der ungarischen Befragten bei einer fast gleich hohen Wahlbeteiligungsrate nur 7,4 Prozentpunkte beträgt.

Zunächst werden nun die bivariaten Zusammenhänge zwischen dem Overreporting und dessen mutmaßlichen Determinanten betrachtet.[94] Zwischen dem Overreporting und der wahrgenommenen Wahlnorm besteht ein mittelstarker negativer Zusammenhang (r_S=-0,19). Da die beiden Variablen nicht normalverteilt sind wurde Spearman's Rho verwendet. Wenn Luxemburg und Belgien, die beiden Fälle des Underreportings, berücksichtigt werden, verringert sich Spearman's Rho geringfügig (r_S=-0,15). Je stärker die Wahlnorm in einem Land wahrgenommen wird, desto geringer fällt das Misreporting aus. Dieser Befund entspricht nicht dem erwarteten positiven Zusammenhang aus H1.3, denn in einem Land, in dem die Wahlnorm stark wahrgenommen wird, sollten die Befragten häufiger zu Misreporting tendieren. Andernfalls müssten sie zugeben gegen die Konventionen und das sozial erwünschte Verhalten der Gesellschaft verstoßen zu haben. Der Zusammenhang zwischen dem Over- bzw. Underreporting und dem zeitlichen Abstand zur Wahl in Tagen ist, wie in H1.4 vermutet, mittelstark positiv (r_S=0,17). Werden Luxemburg und Belgien wieder aus der Analyse herausgenommen, ist die Korrelation sehr stark positiv (r_S=0,6). Je größer der zeitliche Abstand zwischen der letzten Nationalwahl und dem Zeitpunkt der Befragung, desto schwieriger fällt es den Befragten sich an ihre Wahlteilnahme

im Original). Daher werden die Signifikanzen der Korrelations- und Regressionsparameter dennoch berichtet.

93 Scatterplot des Zusammenhangs siehe Abbildung A1.

94 Siehe Tabelle A3.

zu erinnern, sodass der Anteil an falschen Wählern zunimmt. Damit vergrößert sich zunehmend die Differenz zwischen der berichteten und der amtlichen Wahlbeteiligungsrate.

Die Responserates und der prozentuale Anteil an Befragten mit einem tertiären Bildungsabschluss sollen für die Überproportionalität von wahren Wählern in der Stichprobe kontrollieren. Entgegen Hypothese H1.5 ist die Höhe der Responserates positiv mit der Höhe des Misreportings korreliert (r_S=0,36). Je höher die Responserates, desto größer ist die Differenz zwischen der amtlichen und der berichteten Wahlbeteiligungsrate. Nach Ausschluss von Belgien und Luxemburg beträgt der Korrelationskoeffizient immerhin noch 0,27. Je höher die Responserates, desto mehr falsche Wähler und überproportional häufig auftretende Wähler befinden sich in der Stichprobe, sodass das Overreporting zunimmt. Wie erwartet, ist der prozentuale Anteil der Befragten mit einem tertiären Bildungsabschluss bei niedrigen Responserates höher (r_S=-0,25). Zwischen dem prozentualen Anteil der Befragten mit einem tertiären Bildungsabschluss und dem Misreporting scheint kein Zusammenhang vorzuliegen (r_S=-0,03) und auch wenn Belgien und Luxemburg aus der Analyse ausgeschlossen werden, verändert sich der Korrelationskoeffizient kaum (r_S=0,04). Der Effekt der Overrepresentation scheint durch die falschen Wähler überdeckt zu werden, sodass H1.6 mit den vorliegenden Daten nicht be- oder widerlegt werden kann.

In einer linearen Regression[95] mit dem Misreporting (Under- und Overreporting mit allen Ländern) als abhängige Variable wird deutlich, dass das Misreporting und die Wahlbeteiligungsrate nicht unabhängig voneinander sind.[96] Die amtliche Wahlbeteiligungsrate hat in der linearen Regression folgerichtig den stärksten Effekt auf das Misreporting. Steigt die amtliche Wahlbeteiligung um einen Prozentpunkt, dann sinkt unter Konstanthaltung der übrigen unabhängigen Variablen das Misreporting um 0,4 Prozentpunkte. Von den eben

95 Auf eine WLS-Regression wird verzichtet, da die Verzerrung durch die Nichtnormalverteilung bei der niedrigen Fallzahl bei einer WLS keinen großen Unterschied macht.

96 »Mit steigenden Nichtwählerzahlen nimmt das Overreporting zu« (Kleinhenz 1995: 77, siehe auch Anderson/Silver 1986: 778). Je höher die Wahlbeteiligung, desto genauer sind die Auskünfte der Beteiligten. Das zeigt sich auch schon bei den Korrelationen in Tabelle A2 mit Korrelationskoeffizienten ≥ 0,8.

genannten Zusammenhängen bleiben unter Kontrolle der Wahlbeteiligungsrate nur die Effekte der Wahlnorm und der Responserates übrig. Sowohl der zeitliche Abstand zur Wahl als auch der Anteil der Befragten mit tertiärem Bildungsabschluss haben keinen Einfluss auf das Misreporting. Betrachtet man zusätzlich die partiellen Regressionsdiagramme[97], so lässt sich Luxemburg als einflussreicher Ausreißer identifizieren. Ohne Luxemburg würden die Koeffizienten höher ausfallen.

Tabelle 9: Determinanten des Misreportings

	Regressions-koeffizient	Standard-fehler	standardisierter Regressions-koeffizient.	p-Value
Konstante	20,4	12,4		0,123
Abstand zur letzten Wahl	0,0	0,0	0,0	0,986
Wahlnorm	1,4	1,4	0,2	0,322
Amtliche Wahlbeteiligung	-0,4	0,1	-0,8	0,000
Responserate	0,2	0,1	0,3	0,082
%-Anteil der Befragten mit tertiärem Bildungsabschluss	0,0	0,1	0,0	0,908

Korr. $R^2 = 0,67$; N = 19.

Auch wenn die Wahlnorm nur einen geringen Einfluss auf das Misreporting ausübt, so ist der Regressionskoeffizient, im Gegensatz zu dem Korrelationskoeffizienten, erwartungsgemäß positiv. Es handelt sich somit um einen Drittvariableneffekt. Die Länder, die eine starke Wahlnorm aufweisen, haben auch eine hohe Wahlbeteiligungsrate, sodass kein hoher Misreportingwert vorliegen kann und die Korrelation negativ erscheint. Wird die Wahlbeteiligungsrate kontrolliert, kommt der vorher unterdrückte positive Effekt zum Vorschein. Das partielle Regressionsdiagramm, das den Zusammenhang zwischen der Res-

97 Siehe Abbildung A2 bis Abbildung A6.

ponserate und dem Misreporting darstellt (siehe Abbildung A5), weist auf einen kurvlinearen Zusammenhang hin.

Wie bereits oben angesprochen, wurden die Wahlbeteiligungsrate und das Overreporting in Zusammenhang gesetzt und das Overreportingpotenzial berechnet. Das Potenzial berechnet sich aus der maximal möglichen Wahlbeteiligungsrate, also 100 Prozent, abzüglich der amtlichen Wahlbeteiligung. Deutschland hat bspw. eine Wahlbeteiligung von 79,1 Prozent und somit ein Overreportingpotenzial von (100 %-79,1 %) 20,9 Prozentpunkten. Das bedeutet, dass 20,9 Prozent der Wahlberechtigten angeben könnten, an der Wahl teilgenommen zu haben, obwohl sie nicht wählen gegangen sind. Aus dem Overreportingpotenzial lässt sich wiederum das relative Overreporting berechnen ((Overreporting/Overreportingpotenzial)*100). Das relative Overreporting drückt aus, wieviel Prozent des Overreportingpotenzials ausgeschöpft worden sind. Für Griechenland bedeutet das beispielsweise, dass sich 25 Prozent aller Wahlberechtigten als falsche Wähler bezeichnen könnten. Das Overreporting beträgt 15,6 Prozentpunkte, d. h. 70,2 Prozent des Overreportingpotenzials wird ausgeschöpft. Ungarn weist ebenfalls ein Overreportingpotenzial von 25 Prozentpunkten auf, allerdings gibt es im Datensatz weniger falsche Wähler, sodass das Overreportingpotenzial nur zu 27,9 Prozent ausgeschöpft wird. Das relative Overreporting variiert zwischen 27,9 und 70,2 Prozent. Die Berechnung macht nur für Länder mit Overreporting Sinn, sodass Belgien und Luxemburg aus den folgenden Analysen ausgeschlossen werden mussten.

Da das relative Overreporting ebenfalls nicht normalverteilt ist, wird wiederum Spearman's Rho verwendet. Der Zusammenhang zwischen dem relativen Overreporting und der Wahlnorm ist, wie erwartet, stark positiv (r_S=0,39). Dies trifft auch auf den Zusammenhang zwischen dem relativen Overreporting und dem zeitlichen Abstand zur Wahl zu (r_S=0,41). Die Korrelationen zwischen dem relativen Overreporting und den Responserates sowie den Bildungsabschlüssen bleiben schwach bis mittelstark mit Korrelationskoeffizienten von 0,12 und 0,21.

Tabelle 10: Determinanten des relativen Overreportings

	Regressions-koeffizient	Standard-fehler	standardisierter Regressions-koeffizient.	p-Value
Konstante	-66,3	23,0		0,014
Abstand zur letzten Wahl	2,2	0,5	0,7	0,001
Wahlnorm	10,8	3,0	0,7	0,003
Responserate	0,2	0,2	0,2	0,318
%-Anteil der Befragten mit tertiärem Bildungsabschluss	0,0	0,2	0,0	0,950

Korr. $R^2 = 0{,}61$; N = 17.

Anders als in der eben berichteten linearen Regression zeigen sich bei der Regression mit dem relativen Overreporting die erwarteten Effekte. Wenn die Wahlnorm um eine Einheit steigt, so steigt unter Konstanthaltung der übrigen unabhängigen Variablen die Ausschöpfung des Overreportingpotenzials um 10,8 Prozentpunkte. Steigt der zeitliche Abstand zwischen der letzten nationalen Wahl und dem Erhebungszeitpunkt um 100 Tage, steigt das relative Overreporting um 2,2 Prozentpunkte. H1.3 und H1.4 werden damit vorläufig bestätigt. Die partiellen Regressionsdiagramme[98] zeigen bei beiden unabhängigen Variablen relativ klare positive lineare Effekte. Bei den übrigen beiden Variablen, den Responsetrates und dem prozentualen Anteil der Befragten mit tertiärem Bildungsabschluss, zeigen sich keine eindeutigen linearen Effekte. Dies hatte sich bereits bei den Korrelationen und der vorangegangenen Regression angekündigt.

98 Siehe Abbildung A7 bis Abbildung A10.

8.2 Die Überprüfung der Annahmen des linearen Strukturgleichungsmodells

Wie vor jeder komplexeren statistischen Analyse müssen zuerst die Modellannahmen überprüft werden. Dabei entscheidet sich bspw. welches Schätzverfahren zu verwenden ist und ob die vorliegenden Daten überhaupt die Anwendung einer Faktorenanalyse oder eines Strukturgleichungsmodells erlauben. Die Indikatoren des Messmodells bilden das Fundament der Analysen, deshalb müssen ihre Eigenschaften vor jeder Faktorenanalyse bzw. vor jedem Strukturgleichungsmodell gründlich überprüft werden. Dazu gehören die Reliabilität, die Normalverteilung und das Auftreten von fehlenden Werten, aber auch deren Zusammenspiel in Form von Korrelationen und das Auftreten von Ausreißern. Im Vordergrund stehen dabei die Eigenschaften der Indikatoren für die deutschen Befragten. Im Anhang (siehe Tabelle A4-Tabelle A12) befinden sich die ausführlichen Tabellen für Deutschland und für die einzelnen europäischen Länder.

8.2.1 Univariate Verteilung des Sozialkapitals

Zunächst werden die univariaten Verteilungen der einzelnen Sozialkapitalindikatoren betrachtet. Die Verteilung einer Variablen gibt über deren Schiefe und Steilheit und somit über die Normalverteilung Auskunft. Diese Informationen sind für die Auswahl des richtigen Schätzverfahrens grundlegend.

Als erstes werden die drei Indikatoren des Vertrauens betrachtet. Die Mehrheit der Deutschen (42,3 Prozent) vertraut den Mitmenschen unter Vorbehalt. Sieben Prozent der Befragten sind ihren Mitmenschen gegenüber sehr misstrauisch und bringen ihnen gar kein Vertrauen entgegen. 34,4 Prozent der Befragten schätzen ihre Mitmenschen als vertrauenswürdig ein. Ausgehend von den einzelnen Kategorien wurde von den deutschen Befragten am häufigsten die mittlere Kategorie genannt (23,4 Prozent). Dies spiegelt die Unterschiede wieder, an welche Personengruppen die Befragten bei diesem Indikator denken (Freunde, Familie, Nachbarn, Kollegen, Fremde, etc.).[99] Familienmitgliedern und Freunden dürfte deutlich stärker

99 Siehe Kapitel 5.2.3.

vertraut werden als fremden Personen. Aus diesen unterschiedlichen Einschätzungen resultiert am Ende im Idealfall ein Globalindikator des generellen Vertrauens. Dieser Globalindikator soll das durchschnittliche Vertrauen der Befragten in die Menschen allgemein dokumentieren. Die Wölbungs- und Schiefekoeffizienten weisen darauf hin, dass die Verteilung leicht rechtssteil (-0,18) und flach (-0,4) ist.

Abbildung 9: Verteilung des generellen Vertrauens in Deutschland

Vertrauen	Prozent
Gar kein Vertrauen	7
1	3
2	7
3	13
4	12
5	23
6	10
7	14
8	7
9	2
Sehr viel Vertrauen	2

»Generally speaking, would you say that most people can be trusted, or that you can't be too careful in dealing with people?«, 0 »You can't be too careful«, 10 »Most people can be trusted«, N= 2769, gewichtet mit dem Design-Gewicht.

Die Verteilungen des generellen Vertrauens unterscheiden sich in den einzelnen Ländern sehr stark. In den nordeuropäischen Ländern Dänemark, Norwegen, Finnland und Schweden, sowie in den Niederlanden ist die Variable rechtssteil verteilt. In den ehemaligen Ostblockstaaten Polen und Slowenien sowie Griechenland ist die Verteilung hingegen linkssteil. In Ungarn, Großbritannien, Frankreich, Portugal, Spanien, Österreich, Italien, Luxemburg und Deutschland ist die Verteilung eher symmetrisch. Dies spiegelt sich auch in den Mittelwerten wider, die zwischen 3,6 (Griechenland) und 7 (Dänemark) variieren. Deutschland befindet sich mit einem Wert von 4,7 im europäischen Durchschnitt.

Entgegen der Unentschlossenheit der Befragten bei dem generellen Vertrauen hält die Mehrheit der Deutschen ihre Mitmenschen für fair (53,9 Prozent). Auch hier wurde die mittlere Kategorie mit 21,9 Prozent am häufigsten genannt. Die deutschen Befragten scheinen ihre Mitmenschen eher als fair wahrzunehmen als dass sie sich einen Vorteil auf Kosten anderer Menschen verschaffen wollen. Nur 24,4 Prozent der Befragten meinen, dass sich die meisten Menschen auf Kosten des Befragten einen Vorteil verschaffen würden. Die Verteilung ist leicht linksschief (-0,37).

Abbildung 10: Verteilung der vermuteten Fairness in Deutschland

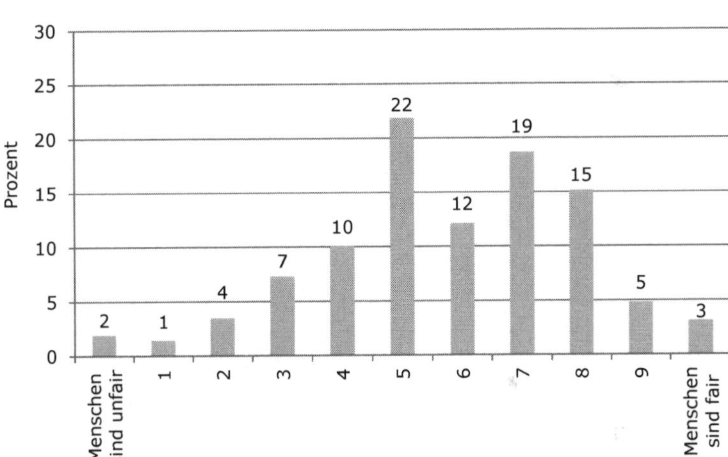

»Do you think that most people would try to take advantage of you if they got the chance, or would they try to be fair?«, 0 »Most people would try to take advantage of me«, 10 »Most people would try to be fair N= 2768, gewichtet mit dem Design-Gewicht.

In den nordeuropäischen Staaten ist diese Variable ebenfalls rechtssteil verteilt. Die Mehrheit der Nordeuropäer schätzt ihre Mitmenschen als fair ein. In Griechenland ist sie linkssteil. Die Griechen vermuten, dass sich ihre Mitmenschen auf ihre Kosten einen Vorteil verschaffen. Diese Einstellung könnte mit der hohen Korruption zusammenhängen. In den übrigen Ländern ist die Verteilung ebenfalls eher symmetrisch. Wie auch bei dem generellen Vertrauen gibt es bei der Frage, ob die Menschen eher fair sind, zwischen den Ländern eine relativ große Varianz. Griechenland weist wieder den kleinsten (3,7) und Dänemark den größten Mittelwert (7,4) auf. Bei dieser Frage befindet sich Deutschland mit einem Mittelwert von 5,8 etwas oberhalb des europäischen Gesamtdurchschnitts von 5,4.

Für die vermutete Hilfsbereitschaft ergeben sich ähnliche Werte, wie bei dem generellen Vertrauen. Die Mehrheit der deutschen Befragten (40 Prozent) meint, ihre Mitmenschen achten eher auf sich selbst als darauf anderen zu helfen. 34,6 Prozent der Deutschen schätzt die meisten Menschen als hilfsbereit ein. Die annähernd symmetrische Verteilung weist auf eine ambivalente Haltung der Befragten gegenüber ihrer Mitmenschen hin (-0,06). Bei der Einschätzung der Hilfsbereitschaft anderer Menschen scheinen die Befragten ihre Vermutungen in Bezug auf das Verhalten verschiedener Personengruppen soweit zu generalisieren, dass sie Menschen generell als weder hilfsbereit noch als selbstsüchtig einschätzen.

Abbildung 11: Verteilung der vermuteten Hilfsbereitschaft in Deutschland

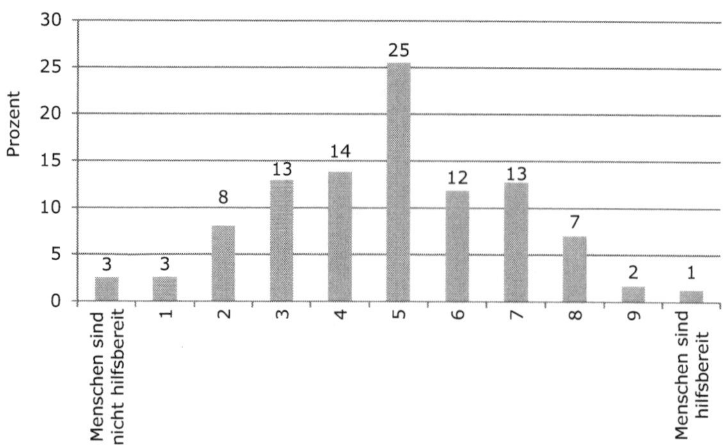

»Would you say that most of the time people try to be helpful or that they are mostly looking out for themselves?«, 0 »People mostly look out for themselves«, 10 »People mostly try to be helpful«, N= 2765, gewichtet mit dem Design-Gewicht.

Auch für diese Variable zeigen sich für die nordeuropäischen Staaten sowie die Niederlande, Irland und Großbritannien rechtssteile Verteilungen. In Polen, Portugal und Griechenland sind sie linkssteil und für die übrigen Länder wiederum symmetrisch. Auch bei der Frage, ob Menschen eher hilfsbereit sind, weist Dänemark den höchsten Mittelwert (6,1) und Griechenland den kleinsten Mittelwert (3) auf. Deutschland rangiert wiederum mit einem Wert von 4,8 knapp über dem europäischen Mittelwert von 4,6.

Zusätzlich zu den eben beschriebenen Abbildungen kann man sich auch Schiefe- und Wölbungskoeffizienten ausgeben lassen. Für die Schiefe weisen Werte von Null auf symmetrische Verteilungen hin. Bei rechtssteilen Verteilungen nimmt der Schiefekoeffizient Werte kleiner als Null an. Werte größer als Null bedeuten, dass die Verteilung linkssteil ist (Fahrmeir et al. 2011: 75). In Deutschland und auch in Europa (-0,32 bis -0,04) sind die drei Vertrauensvariablen fast symmetrisch verteilt und weisen eine leichte Tendenz ins rechtssteile auf (siehe Tabelle 11).

Weist der Wölbungskoeffizient, auch Kurtosis genannt, einen Wert größer als Null auf, so handelt es sich um eine spitze Verteilung. Werte kleiner als Null deuten auf flachere Verteilungen hin. Auch die Kurtosis nimmt bei einer normalverteilten Variablen den Wert Null an (Fahrmeir et al. 2011: 76). Die Vertrauensvariablen sind in Deutschland (-0,4 bis -0,09) und in Europa (-0,49 bis -0,33) sehr breit und flach.

Wie bereits in Kapitel 7.2 berichtet, wird die Summenskala der Organisationsmitgliedschaften aus 11 verschiedenen Vereinstypen gebildet. Die Variable ist linkssteil (1,16) mit einer leichten Wölbung (1,4). Am häufigsten (34 Prozent) haben die Befragten keinerlei Vereinsmitgliedschaft vorzuweisen. Fast ebenso viele Befragte (29 Prozent) sind Mitglied eines Vereins und somit eines Vereinstyps. 19 Prozent der Befragten sind Mitglied in zwei verschiedenen Vereinstypen. Die übrigen 18 Prozent besitzen mindestens eine Mitgliedschaft in 3 bis 8 verschiedenen Vereinstypen. Durchschnittlich beträgt die Anzahl der Vereinsmitgliedschaften 1,3, damit liegt Deutschland mit Rang 10 von 19 im europäischen Durchschnitt.[100]

In einigen Ländern (Italien, Polen, Portugal, Spanien, Griechenland und Ungarn) sind mindestens 64 und bis zu 79 Prozent der Be-

100 Siehe Tabelle A13.

Tabelle 11: Schiefe- und Wölbungskoeffizienten

	Schiefe	Standardfehler der Schiefe	Critical Ratio	Kurtosis	Standardfehler der Kurtosis	Critical Ratio
Generelles Vertrauen	-0,18	0,05	-3,79	-0,4	0,09	-4,29
Vermutete Fairness	-0,37	0,05	-7,94	-0,09	0,09	-0,96
Vermutete Hilfsbereitschaft	-0,06	0,05	-1,27	-0,21	0,09	-2,29
Wohltätigkeitsnorm	-0,72	0,05	-15,34	0,82	0,09	8,8
Anzahl der Vereinstypen, in denen man Mitglied ist	1,16	0,05	24,92	1,39	0,09	15,05
Anzahl der Vereinstypen, in denen man sich beteiligt hat	1,76	0,05	37,93	3,61	0,09	38,88
Anzahl der Vereinstypen, in denen man freiwillig mitgearbeitet hat	2,65	0,05	56,92	8,86	0,09	95,35

Gewichtet mit dem Design-Gewicht, Schiefekoeffizient nach Bliss, Kurtosis nach Fisher.

Abbildung 12: Verteilung der Anzahl der Vereinstypen in Deutschland, in denen die Befragten Mitglieder sind

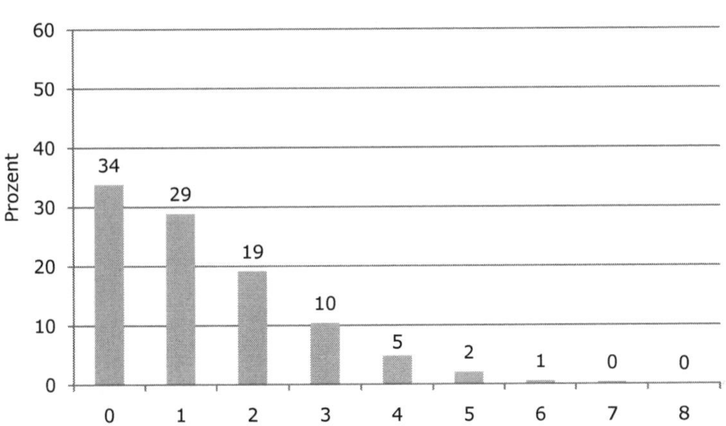

Summenskala aus der Anzahl der Mitgliedschaften in den verschiedenen Vereinstypen, N= 2776, gewichtet mit dem Design-Gewicht.

fragten in keinem Verein Mitglied. Die nordeuropäischen Länder wie bspw. Dänemark und Schweden schneiden auch hier am besten ab. Dort sind die meisten Befragten Mitglied in einem oder zwei Vereinstypen.

Wie bereits in Kapitel 7.2 erläutert wurde, ist die Messung nicht optimal. Es kann keinerlei Aussage über die tatsächliche Anzahl an Mitgliedschaften gemacht werden und auch eine Unterscheidung zwischen brückenbildenden oder bindenden Beziehungen ist nicht möglich. Es gilt höchstens: Je diverser die Mitgliedschaften in verschiedenen Vereinstypen, desto eher besteht die Möglichkeit unterschiedliche Menschen kennenzulernen, sodass es sich um brückenbildende Netzwerke handeln könnte. Dieselben Einschränkungen gelten auch für die beiden übrigen Netzwerkindikatoren.

Bei der Summenskala zur Beteiligung in den verschiedenen Vereinstypen ist die Verteilung linkssteiler (1,76) und auch stärker gewölbt (3,61), da aktive Beteiligungen noch seltener sind als reine Mitgliedschaften. Da die meisten Befragten in keinem Verein Mitglied sind und sich auch nicht alle Mitglieder der Vereine beteiligen, fällt die Anzahl der Beteiligungen insgesamt deutlich geringer aus, als die

Abbildung 13: Verteilung der Anzahl der Vereinstypen in Deutschland, in denen sich die Befragten beteiligt haben

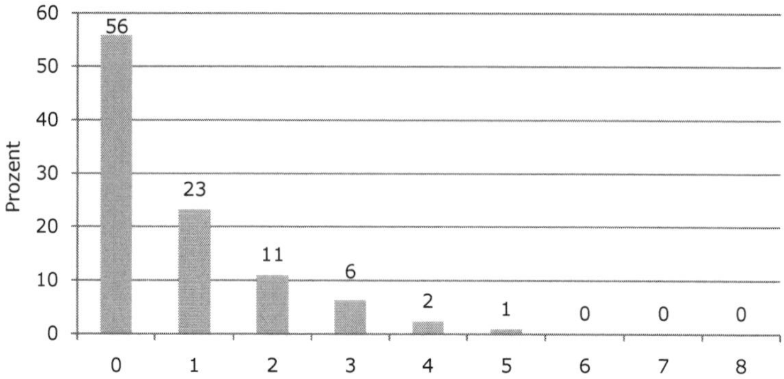

Summenskala aus der Anzahl der Beteiligungen in den verschiedenen Vereinstypen, N= 2775, gewichtet mit dem Design-Gewicht.

der Mitgliedschaften verschiedenen Typs. In allen Ländern hat sich mindestens die Hälfte der Befragten gar nicht beteiligt. In Deutschland liegt der Wert mit 56 Prozent leicht darüber, d. h. 56 Prozent der Befragten beteiligten sich an keiner Aktivität, die von Vereinen des genannten Vereinstyps organisiert wurde. 23 Prozent beteiligen sich an einer und 11 Prozent beteiligten sich an zwei Aktivitäten, die von den Vereinen organisiert wurden. Wie bereits in Kapitel 7.2 erwähnt wurde, ist unklar, welche Aktivitäten damit im Einzelnen gemeint sind.

Damit ähnelt Deutschland in Bezug auf die Beteiligungen in den Vereinstypen den Spitzenreitern Belgien, Großbritannien, Norwegen, Schweden und Dänemark. In diesen Ländern beteiligen sich die Menschen durchschnittlich an einer Aktivität, die von einem Verein des jeweiligen Vereinstyps organisiert wurde. Deutschland rangiert mit einem Durchschnitt von 0,8 auf Rang 6 von 19. Die Verteilung ist besonders extrem für die bereits eben genannten Länder Italien, Polen, Portugal, Griechenland und Ungarn. Hier beteiligten sich teilweise über 80 Prozent der Befragten in keinem der Vereinstypen.

Die Verteilung der freiwillig geleisteten Arbeit ist sehr schief (2,65) und extrem steil (8,86). Der Anteil derjenigen, die keinerlei freiwillige Arbeit in einem Verein geleistet haben beträgt in Deutschland 74 Prozent. Nur 16 Prozent der Befragten arbeiteten in einem Verein ehrenamtlich mit, während 10 Prozent in zwei bis hin zu sieben verschiedenen Vereinstypen arbeiteten.

Am wenigsten häufig, mit bis zu 6 Prozent, arbeiten Menschen in Italien, Polen und Portugal freiwillig in Vereinen mit. Im Gegensatz dazu beteiligen sich die Menschen in Norwegen und Schweden deutlich häufiger: Jeweils ein Drittel der Befragten haben in mindestens einem Vereinstyp freiwillig gearbeitet. Auch hier befindet sich Deutschland mit Rang 5 von 19 und einem Durchschnittswert von 0,4 oberhalb des europäischen Durchschnitts.

Abbildung 14: Verteilung der Anzahl der Vereinstypen in Deutschland, in denen die Befragten freiwillig mitgearbeitet haben

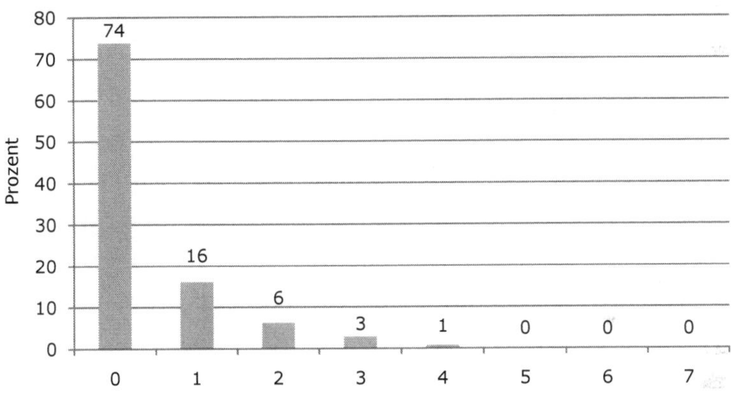

Summenskala aus der Anzahl der freiwillig geleisteten Arbeit in den verschiedenen Vereinstypen, N= 2775, gewichtet mit dem Design-Gewicht.

In Bezug auf die Auswahl eines angemessenen Schätzers und die Auswahl eines passenden Modelfit-Maßes im Rahmen eines SEM, gibt es keinen Konsens über die Frage »how far a kurtosis value must deviate from zero before it can be regarded as problematic« (Byrne 2012: 99). Byrne (2012: 99) listet verschiedene Quellen auf, die Werte zwischen ±2, ±7 und sogar noch größere Abweichungen von 0 akzeptieren. Bei den Schiefekoeffizienten setzen Weiber und Mühlhaus (2010: 146) die Grenzwerte bei ±2 fest. Die deutschen Netzwerkvariablen sind mit Werten zwischen 1,16 und 2,65 zwar sehr linkssteil und mit Werten zwischen 1,4 und 8,86 teilweise sehr stark gewölbt, aber sie befinden sich größtenteils (außer der Anzahl der Vereinstypen, in denen freiwillige Arbeit geleistet wurde) knapp in den akzeptablen Bereichen. Dies sieht für die europäischen Werte ähnlich aus. Die Schiefekoeffizienten sind mit Werten zwischen 1,66 und 3,76 ebenfalls mehrheitlich knapp im akzeptablen Bereich. Bei den Wölbungskoeffizienten weisen die Gesamtwerte jedoch Werte zwischen 3,34 bis 19,69 auf. Die Indikatoren sind teilweise extrem spitz verteilt. Es obliegt somit dem jeweiligen Anwender zu entscheiden, wie stark die Verteilung von der Normalverteilungsannahme abweicht und ob die Verwendung eines herkömmlichen Schätzers zu rechtfertigen ist oder ein alternativer Schätzer verwendet werden sollte. Dementsprechend gilt es auch zu entscheiden, welcher der vielen Modelfit-Maße betrachtet werden soll.

Die Wohltätigkeitsnorm ist ähnlich verteilt wie die Wahlnorm. Die Schiefekoeffizienten sind fast identisch, denn auch bei der Wohltätigkeitsnorm beträgt die Schiefe -0,72. Der Wölbungskoeffizient beträgt 0,82. Beide Koeffizienten befinden sich unterhalb der geforderten Grenze. In Deutschland hält die Mehrheit der Befragten (82,3 Prozent) es für ein Merkmal eines guten Bürgers, Menschen zu helfen, denen es schlechter geht als ihnen selbst. Nur 5,9 Prozent der Befragten halten es für unwichtig, dass ein guter Bürger anderen Menschen

Abbildung 15: Verteilung der Wohltätigkeitsnorm in Deutschland

Wert	Extrem unwichtig	1	2	3	4	5	6	7	8	9	Extrem wichtig
Prozent	1	0	1	2	2	12	12	20	26	9	16

»To be a good citizen, how important would you say it is for a person to support people who are worse off than themselves?«, N= 2758, gewichtet mit dem Design-Gewicht.

hilft, denen es schlechter geht als ihm selbst. Deutschland liegt knapp unterhalb des europäischen Durchschnitts und belegt Rang 15 von 19.

In Europa ist die Wohltätigkeitsnorm ebenfalls linksschief (-0,77) und leicht gewölbt (0,78). Durchschnittlich antworteten 20 Prozent der Befragten, dass es sehr wichtig ist Menschen zu helfen, denen es schlechter geht als der eigenen Person. In den einzelnen Ländern schwankte die Zustimmung zwischen 10,4 Prozent in den Niederlanden und 36,2 Prozent in Griechenland. Die kleinsten Mittelwerte werden in Ungarn, Belgien und Großbritannien beobachtet, während die größten in Finnland, Portugal und Griechenland zu finden sind. Ein klares Muster bzw. Gemeinsamkeiten sind hier nicht wirklich zu erkennen.[101] Auch ist unklar, ob die positiven Ausreißer durch eine tatsächlich stärkere Wahrnehmung einer Bürgerpflicht des Helfens auftreten oder durch eine stärker wahrgenommene soziale Erwünschtheit. Es bleibt auch noch die Frage, ob die Befragten das Item richtig verstanden haben oder ob es Probleme mit der Validität und der Reliabilität gibt.

Insgesamt lässt sich anhand der Schiefe- und Wölbungskoeffizienten feststellen, dass keine Normalverteilung vorliegt. Der Verdacht erhärtet sich zusätzlich, sobald für die Schiefe und die Wölbung die jeweiligen Standardfehler ausgegeben werden und daraus die »Critical Ratios« (Weiber/Mühlhaus 2010: 147) berechnet werden (siehe Tabelle 11). Die Critical Ratios sollten nicht größer als 1,96 (für $p \leq 0{,}05$) bzw. 2,57 (für $p \leq 0{,}01$) sein (Weiber/Mühlhaus 2010: 147f.).[102] Die Ratios der Schiefe liegen, außer bei der vermuteten Hilfsbereitschaft, alle über dem moderaten Wert von 2,57. Bei den Ratios der Kurtosis liegen nur zwei Werte (die vermutete Fairness und die Hilfsbereitschaft) unter dem geforderten Wert. Somit sprechen fast alle Critical Ratios gegen eine Normalverteilung der Daten.[103] Für die kommende Faktorenanalyse und das Strukturgleichungsmodell bedeutet das, dass der Maximum Likelihood Robust (MLR)-Schätzer verwendet werden sollte. Der MLR-Schätzer kann mit nicht normalverteilten Daten um-

101 Weder die typische südländische Gastfreundschaft, noch Ähnlichkeiten aufgrund gleicher Sozialsysteme (Dank an Jan Ballowitz für diese Vermutung).

102 Es ließe sich zusätzlich der Shapiro-Wilk-Test machen. Allerdings ist es so eindeutig, dass ein zweiter Test unnötig ist.

103 Generell gilt, dass die Wölbung häufiger für verzerrte Schätzer verantwortlich ist als die Schiefe (Weiber/Mühlhaus 2010: 148).

gehen und liefert weniger verzerrte und gleichzeitig effizientere Parameterschätzungen als andere Techniken (Urban/Mayerl 2014: 150).

8.2.2 Korrelationen zwischen den einzelnen Indikatoren

Die drei Indikatoren zum Vertrauen und die drei Netzwerkvariablen sollten stark miteinander korreliert sein, da sie jeweils ein latentes Konstrukt widerspiegeln. Theoretisch sollten alle Sozialkapitalindikatoren positiv miteinander korreliert sein, da deren latente Konstrukte miteinander korrelieren. Sie sollten allerdings kleiner ausfallen als die Korrelationen innerhalb der latenten Konstrukte, da sie unterschiedliche Dimensionen widerspiegeln.

Die drei Vertrauensvariablen korrelieren wie erwartet stark positiv miteinander. Dies liegt zum einen daran, dass sie zu ein und demselben theoretischen Konstrukt gehören, dem Vertrauen, und zum anderen, dass sie aus einer Itembatterie stammen. Die Korrelation zwischen den Vertrauensvariablen und den Netzwerkvariablen ist hingegen sehr schwach ausgeprägt. Der Theorie nach sollte das Vertrauen in die Menschen mit der Stärke des Engagements in den Netzwerken bzw. Vereinen zunehmen und umgekehrt. Dies scheint hier weniger zuzutreffen. Die Korrelationen zwischen der Fairness und der Hilfsbereitschaft sowie den Netzwerkindikatoren sind zwar bis auf eine Korrelation (der vermuteten Hilfsbereitschaft und der Anzahl der Beteiligungen) statistisch signifikant, das liegt jedoch an der hohen Fallzahl. Der Zusammenhang zwischen den Variablen ist sehr schwach. Am stärksten ist noch die Korrelation zwischen dem generellen Vertrauen in die Menschen und den Netzwerkvariablen.

Die Wohltätigkeitsnorm und die Vertrauensvariablen sind unterschiedlich stark miteinander korreliert. Wider Erwarten gibt es keinen Zusammenhang zwischen der Wohltätigkeitsnorm und dem generellen Vertrauen ($r_S = 0{,}02$)[104], wohl aber zwischen der Wohltätigkeitsnorm und den Einschätzungen, dass Menschen fair und hilfsbereit sind. Wenn man Menschen generell vertraut und glaubt sie seien fair und hilfsbereit, sollte man sich eher moralisch verpflichtet fühlen Menschen zu helfen, denen es schlecht geht. Hier scheint sich eine

104 Das liegt vermutlich daran, dass die Deutschen nicht so stark vertrauen.

Tabelle 12: Nichtparametrische Korrelationen der Sozialkapitalitems für Deutschland

		Anzahl der Vereinstypen, in denen man sich beteiligt hat	Anzahl der Vereinstypen, in denen man Mitglied ist	Anzahl der Vereinstypen, in denen man freiwillig mitgearbeitet hat	Generelles Vertrauen	Vermutete Fairness	Vermutete Hilfsbereitschaft
Anzahl der Vereinstypen, in denen man Mitglied ist	R_S	,479					
	p-Value	,000					
	N	2799					
Anzahl der Vereinstypen, in denen man freiwillig mitgearbeitet hat	R_S	,575	,425				
	p-Value	,000	,000				
	N	2799	2799				
Generelles Vertrauen	R_S	,147	,156	,125			
	p-Value	,000	,000	,000			
	N	2794	2794	2794			
Vermutete Fairness	R_S	,058	,080	,057	,417		
	p-Value	,002	,000	,002	,000		
	N	2793	2793	2793	2791		
Vermutete Hilfsbereitschaft	R_S	,028	,048	,040	,368	,417	
	p-Value	,143	,011	,035	,000	,000	
	N	2791	2791	2791	2788	2787	
Wohltätigkeitsnorm	R_S	,035	,077	,074	,021	,094	,113
	p-Value	,062	,000	,000	,273	,000	,000
	N	2784	2784	2784	2780	2778	2776

Gewichtet mit dem Design-Gewicht.

Art Reziprozität zu zeigen: Wer seine Mitmenschen als tendenziell hilfsbereit und nicht nur auf ihren eigenen Vorteil bedacht einschätzt, stimmt auch eher der Wohltätigkeitsnorm zu.

Zwischen den drei Netzwerkvariablen gibt es die erwarteten positiven starken Zusammenhänge. Die Korrelationen zwischen den Netzwerkvariablen und der Wohltätigkeitsnorm hingegen sind sehr schwach. Die Anzahl der Mitgliedschaftstypen und der freiwilligen Mitarbeit in verschiedenen Organisationstypen scheinen nur einen sehr kleinen Einfluss auf die Wohltätigkeitsnorm und umgekehrt zu haben (r_S= 0,07). Der Zusammenhang zwischen der Wohltätigkeitsnorm und der Beteiligung in verschiedenen Organisationstypen ist statistisch nicht signifikant (r_S= 0,04). Die Korrelationen zwischen den Netzwerkitems und der Wohltätigkeitsnorm sind sogar noch geringer als die zwischen der Wohltätigkeitsnorm und den Vertrauensitems. Der Korrelationskoeffizient zwischen der Wohltätigkeitsnorm und dem generellen Vertrauen stellt hierbei eine Ausnahme dar.

In der Korrelationstabelle fallen besonders die schwachen Korrelationen im Zusammenhang mit der Wohltätigkeitsnorm auf. Möglicherweise hat dieser eine Indikator die Wohltätigkeitsnorm nur unzuverlässig gemessen. Da es hierfür jedoch keine Alternative gibt, muss es bei diesem Indikator bleiben.

Die Korrelationen in Gesamteuropa sind alle positiv und statistisch signifikant (siehe Tabelle A14). Auch hier fallen die geringen Korrelationen zwischen der Wohltätigkeitsnorm und den übrigen Sozialkapitalindikatoren auf. Die Korrelationen schwanken zwischen 0,01 und 0,06 und sind nur aufgrund der hohen Fallzahl signifikant. Die drei Vertrauensvariablen sind wie erwartet stark positiv korreliert, gleiches gilt auch für die drei Netzwerkindikatoren. Die Korrelationen zwischen den Vertrauens- und den Netzwerkvariablen sind schwach bis mittelstark (r_S= 0,09 bis 0,18).

Für die einzelnen Länder sind die Korrelationen in Tabelle A15 bis Tabelle A32 dokumentiert. Die drei Netzwerkvariablen korrelieren in fast allen Ländern mittelstark bis stark miteinander. Die meisten Korrelationskoeffizienten schwanken zwischen Werten von 0,3 bis 0,5. Die kleinste Korrelation zwischen den Netzwerkindikatoren findet sich in Finnland (r_S= 0,04) und die größte in Norwegen (r_S= 0,68). In Italien und in Finnland sind die Korrelationen sehr klein (r_S= 0,04 bis 0,09) und es gibt jeweils eine statistisch nicht signifikante Korrelation. Laut Adam (2008: 176) gab es in Finnland bei der Messung der Netzwerkvariablen systematische Messfehler, welche die geringe Korrelation erklären könnten. Die geringen Korrelationen für Italien deuten auf ein ähnliches Problem hin. Die Korrelationen zwischen den drei Vertrauensvariablen schwanken zwischen 0,27 in Luxemburg und 0,59 in den Niederlanden. In allen Ländern sind die Korrelationen positiv, mittelstark bis stark (r_S= 0,3 bis 0,6) und auch statistisch signifikant.

Die Korrelationen zwischen den Netzwerk- und den Vertrauensindikatoren, sowie der Wohltätigkeitsnorm sind teilweise negativ und statistisch nicht signifikant. Dies betrifft vor allem Portugal, Irland, Griechenland, Polen und Slowenien. In Portugal sind die Netzwerk- und die Vertrauensindikatoren sehr schwach miteinander korreliert und es treten drei negative Korrelationen auf (r_S= -0,04 bis 0,08). Ähnliches gilt für Dänemark, Irland, Polen. In Slowenien und Spanien gibt es sogar negative signifikante Korrelationen zwischen einzelnen Netzwerk- und Vertrauensindikatoren und der Wohltätigkeitsnorm. In Griechenland sind die Vertrauensindikatoren und die Wohltätigkeitsnorm negativ signifikant korreliert.

Die Korrelationen weisen darauf hin, dass das Messmodell (siehe Abbildung 8) möglicherweise nicht für alle Länder zutrifft. Dies kann für die nachfolgenden Analysen problematisch werden.

8.2.3 Reliabilität der einzelnen Indikatoren

Die Reliabilität, gemessen mit Cronbachs Alpha, für die drei Vertrauensitems beträgt für Deutschland 0,67 und für die drei Netzwerkvariablen 0,75. Als Daumenregel wären Werte von mindestens 0,7 wünschenswert (Weiber/Mühlhaus 2010: 110). Somit liegen die Werte für Deutschland fast im akzeptablen Bereich und einer CFA bzw. einem SEM steht in dieser Hinsicht nichts im Wege.

Für Gesamteuropa liegen die Werte für das Vertrauen bei 0,73 und für die Netzwerke bei 0,69. In den meisten Ländern beträgt Cronbachs Alpha zwischen 0,52 und 0,8. Die Reliabilität ist in den meisten Ländern somit ebenfalls akzeptabel. Lediglich in Finnland und Italien weichen die Reliabilitäten deutlich von der Daumenregel ab. Dort

Tabelle 13: Reliabilitätskoeffizienten nach Ländern

	Vertrauen	Netzwerke		Vertrauen	Netzwerke
Gesamt	0,73	0,69	Polen	0,66	0,67
Österreich	0,79	0,55	Portugal	0,73	0,65
Belgien	0,69	0,63	Schweden	0,69	0,75
Deutschland	0,67	0,75	Slowenien	0,73	0,69
Dänemark	0,71	0,68	Spanien	0,75	0,52
Irland	0,73	0,63	Finnland	0,72	0,08
Italien	0,74	0,11	Frankreich	0,63	0,71
Luxemburg	0,60	0,52	Großbritannien	0,74	0,75
Niederlande	0,73	0,65	Griechenland	0,76	0,80
Norwegen	0,65	0,76	Ungarn	0,76	0,71

Gewichtet mit dem Design-Gewicht, Cronbachs Alpha.

beträgt Cronbachs Alpha für die Netzwerkitems nur 0,11 bzw. 0,08. Dies deutete sich bereits bei den Korrelationen an (siehe Tabelle A14).

8.2.4 Analyse der fehlenden Werte

Für die Schätzmethode der CFA bzw. des SEM ist es auch wichtig die fehlenden Werte zu kontrollieren, denn die verschiedenen Schätzmethoden treffen unterschiedliche Annahmen bezüglich des Auftretens von fehlenden Werten. Es gibt drei Annahmen: Erstens »Missing completely at random« (MCAR), zweitens »Missing at random« (MAR) und drittens »Missing not at random« (MNAR) (Weiber/Mühlhaus 2010: 142f.).[105]

Für MCAR gelten zwei Bedingungen. Erstens darf der »Wert einer Variablen X nicht in Verbindung mit der tatsächlichen (und fehlenden) Ausprägung X« (Urban/Mayerl 2014: 146) stehen und zweitens darf »der fehlende Wert auch nicht in systematischer Verbindung mit

105 Siehe auch Spieß (2010).

Werten von anderen Variablen steh[en], die ebenfalls im Datensatz vorhanden sind« (Urban/Mayerl 2014: 146). Für MCAR müssen die fehlenden Werte »absolut zufällig und unsystematisch entstehen« (Urban/Mayerl 2014: 146). Die Erfüllung dieser zwei Bedingungen dürfte in der Realität eher weniger häufig auftreten.

Sehr viel öfter sollten die fehlenden Werte als MAR auftreten. Die fehlenden Werte gelten als MAR, wenn sie die eben genannte erste Bedingung erfüllen. Im Gegensatz zu MCAR dürfen die fehlenden Werte bei MAR jedoch mit anderen im Datensatz befindlichen Variablen in Verbindung stehen (Urban/Mayerl 2014: 146). Dies ist wahrscheinlich bei den meisten Datensätzen der Fall.

Wenn weder die erste, noch die zweite Bedingung eintritt, sind die fehlenden Werte MNAR. Wenn sich Befragte mit einem gültigen Wert von Befragten mit fehlendem Wert hinsichtlich einer betrachteten Variable unterscheiden, ist die erste Bedingung verletzt. Werden weitere Variablen betrachtet, bei denen die Befragten mit gültigen Werten und die Befragten mit ungültigen Werten identische Werte aufweisen, ist die zweite Bedingung verletzt.

Überprüft wird die Annahme des MCAR mithilfe des MCAR-Test nach Little (Enders 2010: 21) im Rahmen der Analyse fehlender Werte in SPSS (Weiber/Mühlhaus 2010: 142). Die Nullhypothese postuliert das Vorliegen von MCAR. Für die sieben Sozialkapital-Indikatoren und die Wahlnorm beträgt Chi^2 61,4 mit 57 Freiheitsgraden und einem p-Value von 0,323. Die Teststatistik weist auf zufällig auftretende Werte (MCAR) hin. Auf europäischer Ebene beträgt Chi^2 458,77 mit 181 Freiheitsgraden und einem p-Value von $\leq$ 0,001. Hier treten die fehlenden Werte nicht völlig zufällig auf, sondern höchstens zufallig (MAR).

Eine Möglichkeit die Annahme für das zufällige Auftreten der fehlenden Werte (MAR) zu testen ist die tabellarische Aufstellung ihrer Muster (Tabelle 14). Von insgesamt 2799 Befragten aus Deutschland weisen 2623 Befragte (93,7 Prozent) ausschließlich gültige Werte auf. Am häufigsten treten fehlende Werte bei der Wahlbeteiligung auf (131 Fälle). Die Muster sollten vor allem innerhalb der Itembatterien auftreten. Wenn ein Item nicht beantwortet wurde, wurden die übrigen Items teilweise ebenfalls nicht beantwortet. Aufgrund der wenigen fehlenden Werte der deutschen Befragten zeigt sich bei den Vertrau-

Tabelle 14: Muster der fehlenden Werte

Anzahl der Fälle	Anzahl der freiwilligen Arbeit	Anzahl der Beteiligungen	Anzahl der Mitgliedschaften	Generelles Vertrauen	Vermutete Hilfsbereitschaft	Vermutete Fairness	Wahlnorm	Wohltätigkeitsnorm	Wahlbeteiligung
2623									
131									X
12								X	
10							X		
6						X			
5								X	X
3							X	X	
3					X				
2				X	X	X			
1							X		X
1				X	X				
1				X					
1				X			X	X	

N = 2799; wenn alle Fälle, die Missings beinhalten gelöscht werden, liegt die Fallzahl bei 2623.

ensvariablen nur für insgesamt 3 Befragte das erwartete Muster. Bei der Itembatterie der Normen, die die Wohltätigkeitsnorm und die Wahlnorm enthält, sind es ebenfalls 3 Befragte. In Tabelle A33 der Muster der fehlenden Werte auf europäischer Ebene, treten die Muster deutlicher auf. Im Fall der Vertrauensindikatoren weisen ca. 50 Fälle fehlende Werte auf. Bei den Netzwerk-Variablen sind es 20 und bei der Itembatterie für die Normen sind es 144 Fälle. Darüber hinaus gibt es bei 27 Fällen eine Kombination von fehlenden Werten bei der Wahlbeteiligung und der Wahlnorm. Insgesamt sind die Muster jedoch angesichts der großen Fallzahl von insgesamt knapp 35 000 Fällen nicht sehr bedeutend. Für die deutsche und die europäische Ebene kann also von MAR ausgegangen werden.

Es gibt mehrere Möglichkeiten wie mit den verschiedenen Formen der fehlenden Werte umgegangen werden kann. Eine Möglichkeit ist die Verwendung von Schätzern, die mit MAR umgehen können. In Mplus sind für solche Fälle beispielsweise die Weighted Least Squares with Mean and Variance Adjustment (WLSMV)-Schätzung (Urban/Mayerl 2014: 150, Fn. 33) und der MLR-Schätzer implementiert. Beide sind flexibel im Umgang mit fehlenden Werten (Wang/Wang 2012: 61). Dementsprechend steht der Verwendung dieser beiden Schätzer nichts mehr im Weg.

8.2.5 Ausreißeranalyse

Nach Weiber und Mühlhaus gibt es drei verschiedene Ursachen für das Auftreten von Ausreißern:

- Verfahrenstechnische Fehler, wie bspw. Kodierungsfehler, Fehler bei der Dateneingabe oder bei der Datenspeicherung,
- von den Befragten angegebene ungewöhnliche Werte, die im Nachhinein sachlogisch begründet werden können und
- »echte« Ausreißer, die sachlogisch nicht begründet werden können (Weiber/Mühlhaus 2010: 145).

Mit Hilfe von Cook's D oder auch anderen Maßzahlen zur Identifizierung von einflussreichen Ausreißern ist es möglich deren Grad der Abweichung und des Einflusses zu berechnen, es ist jedoch nicht möglich die Ausreißer den einzelnen Ursachen zuzuordnen. Die Ursachen sind letztendlich für die statistischen Modelle nicht bedeutend, so lange die Ausreißer nicht zufällig auftreten.

Das Vorhandensein von einflussreichen Ausreißern kann in Mplus mit mehreren Maßzahlen überprüft werden. In der vorliegenden Arbeit wird das am häufigsten genutzte Maß Cook's D verwendet.[106] Als Daumenregeln für die Beurteilung von Cook's D werden mehrheitlich zwei Regeln genannt. Fahrmeir et al. bezeichnen Werte ab 0,5 als auffällig und Werte ab 1 als einflussreiche Ausreißer, die in jedem Fall untersucht werden sollten (Fahrmeir et al. 2009: 178).[107] Kohler und Kreuter (2012: 282) beziehen sich auf die zweite Daumenregel, wonach Werte größer als 4/N als einflussreich gelten. Nach der zweiten Regel werden häufig zu viele Fälle als Ausreißer identifiziert. Wie bei allen Daumenregeln gilt es deshalb die Grenzen »mit Augenmaß [zu] behandeln, will man nicht Gefahr laufen, vor allem bei großen Fallzahlen Probleme zu identifizieren, wo tatsächlich keine bestehen« (Ohr 2010: 670). Mit wachsenden Fallzahlen wird der Einfluss einzelner Ausreißer immer geringer bis hin zur Bedeutungslosigkeit (Ohr 2010: 670). In den vorliegenden Analysen lassen sich keine besonders einflussreichen Ausreißer beobachten, denn die Werte von Cook's D liegen allesamt unterhalb der Grenze von Fahrmeir (D_i<0,5). Für die Faktorenanalyse mit kovariierenden latenten Konstrukten für Deutschland beträgt das Maximum 0,34 (siehe Abbildung A11) und für Europa 0,25 (siehe Abbildung A12).

8.3 Die Spezifizierung des Strukturmodells des Sozialkapitals

Im Folgenden wird das Strukturmodell des Sozialkapitals spezifiziert. Es beschreibt die Beziehungen der latenten Variablen untereinander. Dabei werden sowohl gerichtete Beziehungen in Form von einseitigen Pfad- oder Regressionskoeffizienten als auch ungerichtete Beziehungen in Form von Kovarianzen und Korrelationen im Modell spezifiziert.

106 Mahalanobis-D darf bspw. wegen der Nichtnormalverteilung der Daten nicht verwendet werden (Weiber/Mühlhaus 2010: 145).

107 Die gleichen Schwellenwerte berichtet auch Berk (2004: 160).

Die vorliegende Arbeit orientiert sich dabei an Putnams Definition des Sozialkapitals: »Stocks of social capital, such as trust, norms and networks, tend to be self-reinforcing and cumulative« (Putnam 1993a: 177) und auch die Komponenten des Sozialkapitals werden größtenteils direkt von Putnam übernommen. Nach dieser Definition besteht das Strukturmodell aus dem Vertrauen, den Netzwerken des zivilgesellschaftlichen Engagements und der Wohltätigkeitsnorm. Wie in Abbildung 16 an den Ellipsen erkennbar ist, handelt es sich bei den drei Komponenten, ebenso wie bei dem Sozialkapital an sich, um latente Konstrukte. Auch die vermuteten Wirkungsbeziehungen zwischen den drei Komponenten lassen sich direkt aus den theoretischen Überlegungen Putnams auf das Strukturmodell übertragen. »Social trust, norms of reciprocity, networks of civic engagement, and successful cooperation are mutually reinforcing« (Putnam 1993a: 180). Ausgehend von diesem Zusammenhang stellt sich die Frage, wie die drei Komponenten in Beziehung zu dem Sozialkapital stehen. Es gibt drei Möglichkeiten diese Beziehung bzw. das latente Konstrukt des Sozialkapitals zu spezifizieren.

Abbildung 16: Das Strukturmodell des Sozialkapitals (nach Putnam)

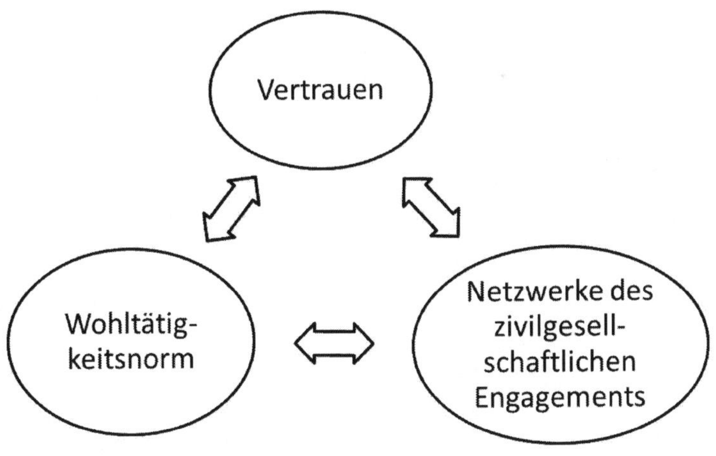

Quelle: Eigene Darstellung.

Die erste Möglichkeit besteht darin das Strukturmodell wie in Abbildung 16 zu spezifizieren. In dem Fall wäre das Sozialkapital unsichtbar im Hintergrund und würde im statistischen Modell nicht berechnet werden. Bei dieser Vorgehensweise liegt der Fokus primär auf den Komponenten und ermöglicht es im später folgenden Kausalmodell die Wirkung der einzelnen Komponenten auf die abhängige Variable zu dokumentieren.

Als zweite Möglichkeit bietet sich ein reflektives Strukturmodell (siehe Abbildung 17) an. Das Sozialkapital ist hier die Ursache des Auftretens der drei Komponenten, das heißt die Komponenten sind Ausprägungen des Sozialkapitals. Das reflektive Modell ist kohärent mit den zuvor getroffenen Annahmen bezüglich der starken Korrelationen. Sollten sich die Werte des Konstrukts verändern, dann verändern sich auch die Werte der Komponenten.

Abbildung 17: Reflektives Strukturmodell

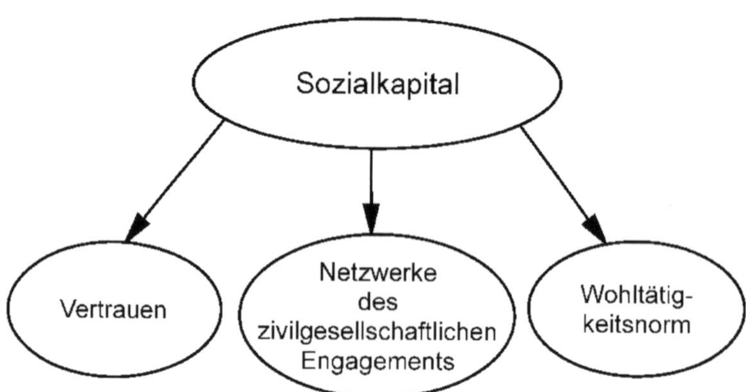

Quelle: Eigene Darstellung.

Die dritte Möglichkeit der Spezifizierung ist ein formatives Strukturmodell (siehe Abbildung 18). In diesem Fall wären die Indikatoren die Ursachen für die Ausprägung des Sozialkapitals. Wenn sich die Werte der Komponenten ändern, verändert sich der Wert des Sozialkapitals.

Da Putnam den Zusammenhang der Komponenten zum latenten Konstrukt des Sozialkapitals nicht beschreibt, muss der jeweilige

Abbildung 18: Formatives Strukturmodell

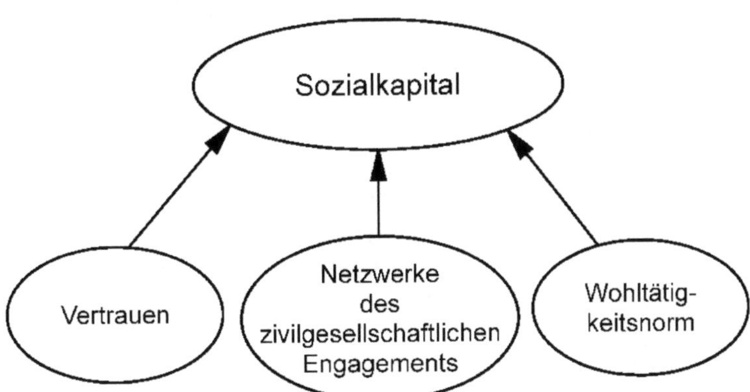

Quelle: Eigene Darstellung.

Anwender des Konzepts des Sozialkapitals selbst entscheiden, ob es sich um ein Modell mit Kovarianzen, ein reflektives oder ein formatives Modell handelt. Die Entscheidung, ob das Modell reflektiv oder formativ operationalisiert wird, ist von großer Bedeutung. Wenn das Modell falsch spezifiziert wird, kann es »erhebliche Verzerrungen der Parameterschätzungen im Strukturmodell« (Fassott/Eggert 2005: 32f.) geben. In der Stichprobe der Meta-Analyse von Fassott und Eggert wurden alle Konstrukte als reflektiv behandelt, tatsächlich wäre aber in vier von fünf Fällen (80,7 Prozent) eine formative Operationalisierung korrekt gewesen (Fassott/Eggert 2005: 45). Zu einem ähnlichen Ergebnis kamen auch Jarvis et al. (2003). 96 Prozent aller Modelle wurden reflektiv spezifiziert, davon hätten 29,3 Prozent formativ spezifiziert werden müssen (Jarvis et al. 2003: 206). In der Sozialkapitalforschung wird die Entscheidung nie aktiv getroffen und so ist es nicht verwunderlich, dass das Sozialkapital immer reflektiv operationalisiert wird (siehe Kapitel 5.2.4). Das liegt zum einen an der Verwendung weit verbreiteter Statistiksoftware wie SPSS/AMOS, LISREL oder EQS (Law/Wong 1999: 156), die nur reflektive Modelle berechnen können, zum anderen liegt es auch an der häufig schwierig zu treffenden Entscheidung, ob es sich um ein reflektives oder formatives Modell handelt.

Abbildung 19: Entscheidungsregeln für formative und reflektive Modelle

DECISION RULES FOR DETERMINING WHETHER A CONSTRUCT IS FORMATIVE OR REFLECTIVE

	Formative model	Reflective model
1. Direction of causality from construct to measure implied by the conceptual definition	Direction of causality is from items to construct	Direction of causality is from construct to items
Are the indicators (items) (*a*) defining characteristics or (*b*) manifestations of the construct?	Indicators are defining characteristics of the construct	Indicators are manifestations of the construct
Would changes in the indicators/items cause changes in the construct or not?	Changes in the indicators should cause changes in the construct	Changes in the indicator should not cause changes in the construct
Would changes in the construct cause changes in the indicators?	Changes in the construct do not cause changes in the indicators	Changes in the construct do cause changes in the indicators
2. Interchangeability of the indicators/items	Indicators need not be interchangeable	Indicators should be interchangeable
Should the indicators have the same or similar content? Do the indicators share a common theme?	Indicators need not have the same or similar content/indicators need not share a common theme	Indicators should have the same or similar content/indicators should share a common theme
Would dropping one of the indicators alter the conceptual domain of the construct?	Dropping an indicator may alter the conceptual domain of the construct	Dropping an indicator should not alter the conceptual domain of the construct
3. Covariation among the indicators	Not necessary for indicators to covary with each other	Indicators are expected to covary with each other
Should a change in one of the indicators be associated with changes in the other indicators?	Not necessarily	Yes
4. Nomological net of the construct indicators	Nomological net for the indicators may differ	Nomological net for the indicators should not differ
Are the indicators/items expected to have the same antecedents and consequences?	Indicators are not required to have the same antecedents and consequences	Indicators are required to have the same antecedents and consequences

Quelle: Abbildung entnommen aus Jarvis et al. (2003: 203).

Um sich zwischen reflektiven und formativen Strukturmodellen zu entscheiden, kann man sich an den Entscheidungsregeln von Jarvis et al. (2003) in Abbildung 19 orientieren. Doch auch den Experten fällt die Unterscheidung nicht leicht. Fassott und Eggert (2005: 44) haben 18 Fälle aus ihrer Analyse ausgeschlossen, da es nicht möglich war die Modelle eindeutig den Entscheidungsregeln zuzuordnen. Sie kommen zu dem Schluss, dass Konstrukte gelegentlich »sowohl formativ als auch reflektiv operationalisiert werden« (Fassott/Eggert 2005: 47) können. Um welche Fälle es sich handelte oder in welchem Fall dies vorkommen kann, wird von den Autoren nicht erläutert. Und auch Jarvis et al. bestätigen die Schwierigkeiten:

> »Researchers may have difficulty in answering some of the questions, or the answers may be contradictory because the construct has not been adequately defined« (Jarvis et al. 2003: 203).

Dies trifft wohl auch auf das Sozialkapital zu, denn das Konzept weist sowohl Merkmale eines formativen als auch eines reflektiven Modells auf.

Für eine reflektive Operationalisierung würde vor allem der von Putnam vermutete Wirkungszusammenhang der drei Komponenten sprechen, die er als »virtuous and vicious circles« (Putnam 1993a: 170) beschreibt. Kovarianz ist ein Merkmal von reflektiven Modellen, während die Indikatoren von formativen Modellen nicht zwangsläufig miteinander kovariieren müssen. Die Forschungsergebnisse zu dem Vertrauen in andere Menschen und den Vereinsmitgliedschaften zeigen, dass die beiden Komponenten möglicherweise dieselben Ursachen und Konsequenzen aufweisen.[108] Dieses Merkmal würde ebenfalls für eine reflektive Operationalisierung sprechen.

Für eine formative Operationalisierung spricht hingegen die Annahme, dass Veränderungen einer Komponente zu Veränderungen bei dem Sozialkapital führen. Wenn das Vertrauen in die Menschen bspw. nach einem Vertrauensbruch sinkt, sinkt das Sozialkapital insgesamt. Ein weiteres Merkmal formativer Modelle ist die fehlende Austauschbarkeit der Indikatoren. Wenn ein Indikator durch einen anderen ersetzt wird, verändert sich der Charakter des Konstrukts.

108 Siehe auch Kapitel 5.1.

Das Sozialkapital ist durch die drei Komponenten definiert. Würde eine Komponente aus dem Konstrukt entfernt werden, verändert sich der Charakter des Sozialkapitals.

Neben der Frage, ob die drei Komponenten formativ oder reflektiv mit dem Sozialkapital zusammenhängen, stellt sich zusätzlich die Frage, ob sich die drei Komponenten auf derselben Ebene befinden. Wird die Unterscheidung zwischen kulturellem und strukturellem Sozialkapital betrachtet, so sprechen mehrere Indizien (siehe Kapitel 5.2.4) dafür, dass es inhaltlich nicht sinnvoll wäre die drei Komponenten in einem latenten Konstrukt zu vereinen. Hinzu kommt, dass es im Fall des Sozialkapitals nicht möglich erscheint, eindeutig zwischen einem formativen oder einem reflektiven Modell zu unterscheiden. Aus diesen Gründen orientiert sich die Autorin an dem stärksten Argument Putnams, der vermuteten starken Wirkungsbeziehung zwischen den drei Komponenten, und modelliert das Modell als Faktorenanalyse mit miteinander kovariierenden latenten Konstrukten wie in Abbildung 16 dargestellt.

Diese Art der Modellierung hat mehrere Vorteile. Zum einen stellt sie sicher, dass das Sozialkapital nicht falsch spezifiziert wird und zum anderen ist es möglich die Vermutung der starken Wirkungszusammenhänge von Putnam zu überprüfen (siehe H2.2). Zusätzlich kann die Wirkung der einzelnen Komponenten auf die Wahlnorm dargestellt werden, denn laut Hypothese H2.3.1 bis H2.3.3 ist es durchaus zu erwarten, dass sich die Auswirkungen der einzelnen Komponenten auf die Wahlnorm in ihrer Stärke unterscheiden. Dieser Unterschied wäre bspw. mit einer formativen oder reflektiven Operationalisierung nicht überprüfbar.

Nachdem nun das Strukturmodell des Sozialkapitals spezifiziert wurde, werden das Struktur- und das Messmodell zu dem Kausalmodell, das später die Grundlage des Strukturgleichungsmodells bildet, zusammengefasst. Ergänzt wird das Kausalmodell mit den Variablen der Wahlnorm, der Wahlbeteiligung[109] und den Kontrollvariablen. Bei den Kontrollvariablen handelt es sich um soziodemographische Variablen, wie das Alter, das Geschlecht, die Bildung, das Einkommen,

109 Die genaue Frageformulierung der Wahlnorm befindet sich in Kapitel 4, die der Wahlbeteiligung in Kapitel 8.1.

die Mobilität und die Religionszugehörigkeit (siehe Kapitel 8.4.3 und 8.5.3).

Werden das Struktur- und das Messmodell miteinander kombiniert, ergibt sich das Kausalmodell. Dieses ist in Abbildung 20 dargestellt. Die Rechtecke symbolisieren manifeste Variablen, während Ellipsen latente (nicht direkt messbare) Variablen symbolisieren. Die einseitigen schwarzen Pfeile symbolisieren kausale Effekte, deren Stärke in Regressionskoeffizienten (β) und Faktorladungen (λ) quantifiziert werden. Die zweiseitigen Pfeile symbolisieren Kovarianzen (ψ). Die Kreise unterhalb der Indikatoren symbolisieren die Messfehler (θ),

Abbildung 20: Kausalmodell (inkl. Struktur- und Messmodell)

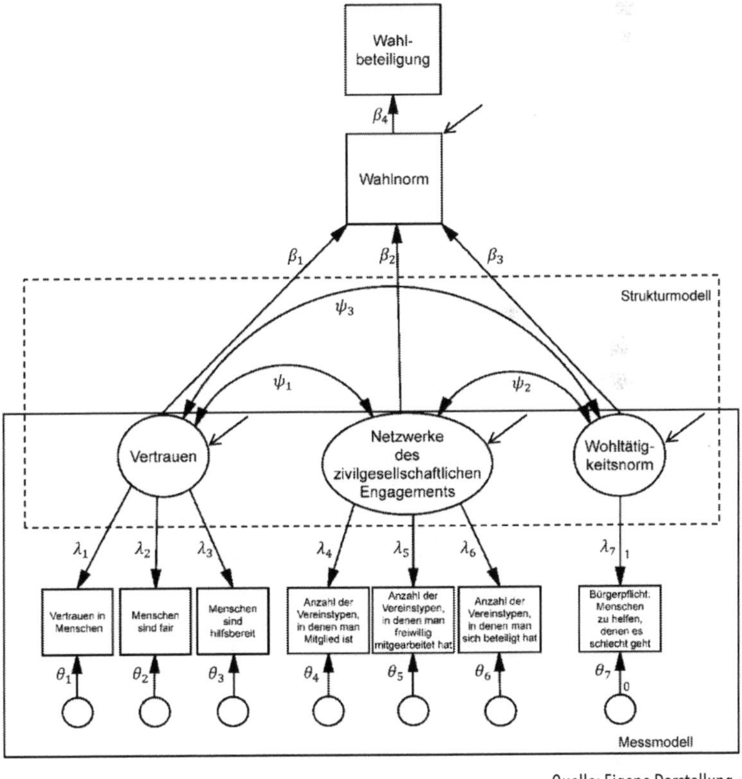

Quelle: Eigene Darstellung.

die in Mplus als Residualvarianz (Geiser 2011: 44) bezeichnet werden und die Pfeile an den latenten Konstrukten und der Wahlnorm symbolisieren Faktorvarianzen. Eine Faktorladung des Messmodells wird immer auf 1 festgesetzt um das Modell zu identifizieren und um die Skalierung der latenten Variablen festzulegen (Byrne 2012: 30). Dabei wird das Item, das dem latenten Konstrukt am ähnlichsten ist bzw. es am besten repräsentiert auf 1 gesetzt. Es handelt sich somit um einen sogenannten restringierten Koeffizienten. In diesem Fall wird Lambda 1 und 4 fixiert. Lambda 7 wird ebenfalls auf 1 gesetzt, da für die Wohltätigkeitsnorm nur der eine Indikator zur Verfügung steht. Damit wird auch indirekt angenommen, dass das Item der Wohltätigkeitsnorm fehlerfrei gemessen worden ist, erkennbar an dessen Messfehler Theta 7, der auf 0 gesetzt wurde. Dies ist eine umstrittene Annahme, allerdings in Anbetracht fehlender Alternativen nicht anders umsetzbar.

8.4 Empirische Analysen für Deutschland

Lineare SEM sind sehr komplexe Modelle. Je nach Schätzstrategie wird deshalb empfohlen sie schrittweise aufzubauen. Die vorliegende Arbeit orientiert sich grob an der »two step«-Strategie nach Herting und Costner (2000). Zunächst wird das Messmodell (siehe Abbildung 8) mit einer konfirmatorischen Faktorenanalyse geschätzt und die Konstruktvalidität überprüft. Konstruktvalidität liegt vor, wenn »die Messung eines Konstruktes nicht durch andere Konstrukte oder systematische Fehler verfälscht ist« (Weiber/Mühlhaus 2010: 131) und wenn nomologische Validität, Konvergenz- und Diskriminanzvalidität gegeben sind. Im Anschluss wird das Strukturgleichungsmodell mit den gerichteten Effekten geschätzt. Diese Schritte erfolgen in diesem Kapitel für Deutschland und in Kapitel 8.5 für Europa.

Die Modellgüte der folgenden Analysen wird mit Hilfe der verschiedenen Modelfit-Maße überprüft. Es gibt auch hier verschiedene Daumenregeln. In Tabelle 15 werden die wichtigsten dokumentiert.

Bei den Fit-Maßen sollte ebenfalls die Verletzung der Normalverteilungsannahme durch die Sozialkapitalindikatoren beachtet werden. Bei hohen Kurtosiswerten kann die Interpretation mit Fitmaßen, wie dem CFI, TLI und dem RMSEA, problematisch sein (Byrne 2012: 99).

Wenn der MLR-Schätzer benutzt wird, sollten die Fit-Indizes ebenfalls robust gegen die Nichtnormalverteilung sein (Urban/Mayerl 2014:68), dennoch empfiehlt es sich in solchen Fällen den SRMR zu betrachten.

Tabelle 15: Daumenregeln der Gütemaße

		Verbalisiert	Quelle	
RMSEA	< 0,1	Inakzeptabel	Backhaus et al. (2011:92)	
	< 0,08	Zufriedenstellend	Christ/Schlüter (2012:39)	Akzeptabel Backhaus et al. (2011:92)
	< 0,06	Akzeptabel	Christ/Schlüter (2012:39)	
	< 0,05	Gut	Christ/Schlüter (2012:39)	
SRMR	< 0,1	Gut bzw. akzeptabel	Backhaus et al. (2011:92)	
	< 0,08	Akzeptabel	Christ/Schlüter (2012:39)	
	< 0,05	Gut	Backhaus et al. (2011:92)	
WRMR	< 1		Yu (2002:38)	
CFI	> 0,97	Besser als 0,95	Geiser (2011:60)	
	> 0,95	Gut	Christ/Schlüter (2012:39)	
	> 0,9	Galt früher als gut	Byrne (2012:70)	
TLI	> 0,95	Gut	Christ/Schlüter (2012:39)	

RMSEA = Root Mean Square Error of Approxiamtion; SRMR = Standardized Root Mean Square Residual; WRMR = Weighted Root-Mean-Square Residual; CFI = Comparative Fit Index; TLI = Tucker-Lewis Index.

8.4.1 Die Ergebnisse der Faktorenanalyse

Da es sich bei allen Sozialkapitalindikatoren um kontinuierliche (intervallskalierte) Variablen handelt, wird zur Modellschätzung standardmäßig eine Kovarianzmatrix verwendet.

Die CFA zeigt einen guten Modelfit. Der RMSEA beträgt 0,046 und liegt damit unter der geforderten Grenze von 0,05. Der CFI 0,975 und der SRMR 0,028 zeigen ebenfalls eine gute Anpassung der Daten an das Modell. Wie erwartet sind die Koeffizienten alle positiv und statistisch signifikant.

Die drei Vertrauensvariablen bilden zusammen das theoretische Konstrukt des Vertrauens. Die standardisierten Pfadkoeffizienten schwanken zwischen 0,6 und 0,71. Damit liegen alle Faktorladungen über der gängigen Anforderung, dass standardisierte Faktorladungen mindestens einen Wert von 0,5 aufweisen sollten (Urban/Mayerl 2014: 23). Die Hälfte aller Pfadkoeffizienten liegt sogar über dem restriktiveren Wert von 0,7 (Urban/Mayerl 2014: 23). Die drei Netzwerkvariablen bilden, wie erwartet, das latente Konstrukt der Netzwerke des zivilgesellschaftlichen Engagements ab. Die Pfadkoeffizienten schwanken zwischen 0,6 und 0,84. Wie bereits in Kapitel 7.2 erwähnt, wurde die Wohltätigkeitsnorm mit nur einem Indikator operationalisiert. Die Residualvarianz wurde daher auf 0 gesetzt und somit beträgt der Pfadkoeffizient 1, d. h. es wird eine fehlerfreie Messung des Items angenommen. Wie in Hypothese H2.1 vermutet, besteht das Sozialkapital aus drei latenten, miteinander kovariierenden Konstrukten: Dem Vertrauen, den Netzwerken und der Wohltätigkeitsnorm. Die Faktorladungen und der Modelfit liegen allesamt über bzw. unter den geforderten Grenzwerten, sodass H2.1 als vorläufig bestätigt angesehen werden kann.

Die Korrelationen[110] sind nicht sehr stark, obwohl aus theoretischer Perspektive stärkere Korrelationen erwartet worden wären. Die bivariaten Korrelationen in Tabelle 12 haben eine geringe Korrelation zwischen den latenten Variablen bereits angedeutet. Zwischen dem Vertrauen und den Netzwerken beträgt die Korrelation lediglich 0,12. Die Korrelation zwischen dem Vertrauen und der Wohl-

110 Da es sich hier um standardisierte Werte handelt, werden Korrelationen berichtet (unstandardisiert wären es Kovarianzen) (Geiser 2011: 68).

Abbildung 21: CFA für Deutschland mit Korrelationen (standardisierte Koeffizienten)

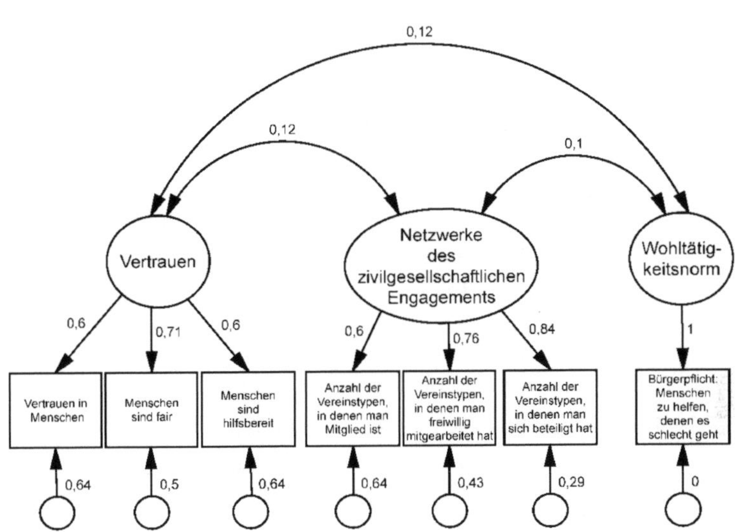

Gewichtet mit dem Design-Gewicht, N= 2799, df = 12 (inkl. der Intercepts nach Mplus df= 5), RMSEA = 0,046 (CI = 0,036; 0,055), CFI = 0,975, TLI = 0,957, SRMR= 0,028.

tätigkeitsnorm beträgt ebenfalls 0,12. Die Korrelation zwischen der Wohltätigkeitsnorm und den Netzwerken ist mit 0,1 am schwächsten. Somit spiegeln die Korrelationen die Zusammenhänge der einzelnen Komponenten des Sozialkapitals nach Putnam wider und bestätigen Hypothese H2.2. Der Zusammenhang ist allerdings nicht so stark wie, aufgrund der theoretischen Herleitung, vermutet wurde. Dennoch lässt sich das Sozialkapital insgesamt hinreichend gut mit den vorhandenen Daten abbilden.

8.4.2 Die Ergebnisse des linearen Strukturgleichungsmodells

Mit der Aufnahme der Wahlnorm und der Wahlbeteiligung wird die Faktorenanalyse zu einem Strukturgleichungsmodell erweitert. Die Aufnahme der Wahlbeteiligung hat die Verwendung des WLSMV-Schätzers erforderlich gemacht, da es sich um eine nominalskalierte[111] Variable handelt. Der Modelfit ist mittelmäßig und liegt knapp außerhalb der akzeptablen Bereiche. Der RMSEA beträgt 0,064. Der CFI liegt mit 0,919 ebenfalls unterhalb der geforderten 0,95 und auch der TLI liegt mit 0,873 unter dem Grenzwert von 0,9. Der WRMR, der ungefähr 1 betragen sollte, befindet sich mit einem Wert von 1,99 ebenfalls nicht im akzeptablen Bereich. Da die herkömmlichen Fit-Maße mit der Nichtnormalverteilung Probleme haben, sollte hier primär der WRMR betrachtet werden, der die schlechte Modellanpassung an die Daten jedoch bestätigt. Das Modell scheint nicht optimal zu den Daten zu passen bzw. die vorliegenden Daten spiegeln das Modell nicht wider. Die Pfadkoeffizienten haben sich aufgrund des WLSMV-Schätzers nur leicht verändert und werden daher nicht noch einmal kommentiert.

Von besonderem Interesse sind in dem SEM die Regressionskoeffizienten zwischen den einzelnen Komponenten des Sozialkapitals und der Wahlnorm sowie der Koeffizient zwischen der Wahlnorm und der Wahlbeteiligung. Zwischen den drei Komponenten und der Wahlnorm gibt es, wie in den Hypothesen H2.3.1 bis H2.3.3 erwartet, positive Zusammenhänge. Je stärker die Menschen anderen vertrauen, je eher sie meinen, man müsse anderen Menschen helfen und je stärker sie in Vereinen involviert sind, desto stärker ist ihre Wahlnorm. Zusammenfassend lässt sich feststellen, je mehr Sozialkapital ein Mensch hat bzw. je besser ein Mensch in eine Gesellschaft integriert ist, desto stärker verspürt er die Wahlnorm und verinnerlicht diese. Der Koeffizient der Wahlnorm auf die Wahlbeteiligung beträgt 0,61. Je stärker die Wahlnorm internalisiert und akzeptiert wurde, desto eher beteiligt man sich an einer Wahl. Auch dieser Koeffizient stimmt mit der Hypothese H2.4 überein.

Mit dem vorliegenden Modell können 10,6 Prozent der Varianz der Wahlnorm erklärt werden. Hier bestätigt sich der Befund der Fit-Maße. Das Sozialkapital ist nicht optimal zur Erklärung der Wahlnorm. Es scheint also noch weitere wichtige Determinanten zu geben, die bislang nicht berücksichtigt wurden.

Anhand des SEM lässt sich nun die Konstruktvalidität überprüfen. Nomologische Validität liegt vor, sobald die Parameterschät-

111 Bei dem dazugehörigen R^2 handelt es sich um McKelvey & Zavoinas Pseudo R^2 (Watermann/Maaz 2010: 318).

Abbildung 22: SEM für Deutschland (standardisierte Koeffizienten)

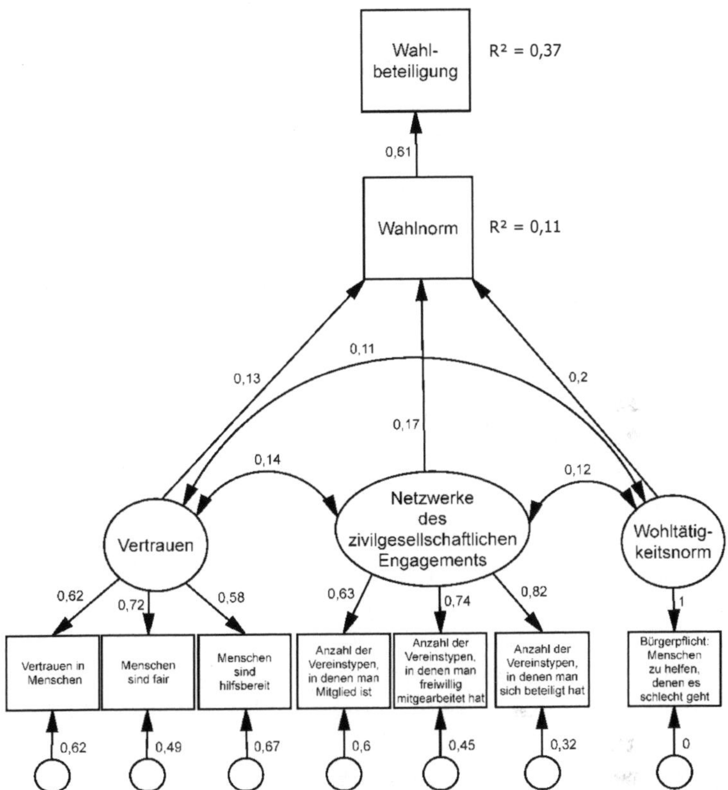

Gewichtet mit dem Design-Gewicht, N= 2799, df = 24 (inkl. der Intercepts nach Mplus df= 15), RMSEA = 0,064 (CI = 0,057; 0,070), CFI = 0,919, TLI = 0,873, WRMR= 1,972.

zungen des Kausalmodells die theoretisch vermuteten Beziehungen bestätigen (Weiber/Mühlhaus 2010: 131f.). Dies trifft auf das oben berichtete Strukturgleichungsmodell zu. Für die Überprüfung der Konvergenzvalidität hätte das Sozialkapital mit zwei verschiedenen Methoden gemessen werden müssen (bspw. mit einer Befragung und durch Beobachtung). Alternativ wird die Faktorreliabilität berechnet und sobald der Schwellenwert von 0,5 überschritten wird, weist dies auf »die Konvergenz des Messverfahrens und die Differenziertheit der Konstrukte« (Weiber/Mühlhaus 2010: 134) hin. Für das Vertrauen liegt die Faktorreliabilität bei 0,68 und für die Netzwerke bei 0,78. Diskriminanzvalidität liegt vor, »wenn sich die Messungen verschiedener Konstrukte signifikant unterscheiden« (Weiber/Mühlhaus 2010: 134). Die Diskriminanzvalidität ist beispielsweise mit Hilfe des Kriteriums nach Fornell und Larcker (1981) überprüfbar. Die durchschnittlich durch einen Faktor erfasste Varianz (DEV) wird mit jeder quadrierten Faktorkorrelation verglichen. Ist die DEV höher als die quadrierten Faktorkorrelationen liegt Diskriminanzvalidität vor (Weiber/Mühlhaus 2010: 135f.). Die DEV-Werte betragen 0,52 und 0,61 und sind deutlich höher als die quadrierten Faktorkorrelationen, die zwischen 0,001 und 0,02 schwanken.

8.4.3 Die Ergebnisse des linearen Strukturgleichungsmodells mit den Kontrollvariablen

Im folgenden Modell wurden die Kontrollvariablen für die Wahlnorm und die Wahlbeteiligung eingefügt. Die Bildungsjahre und das Einkommen sollten einen Beitrag zur Erklärung beider Variablen leisten, während die Religionszugehörigkeit, die Moblilität, das Alter und das Geschlecht primär für die Erklärung der Wahlnorm von Bedeutung sein sollten.

Die Einführung der Kontrollvariablen führt bei dem RMSEA zu einer leichten Verbesserung, während sich alle anderen Fit-Maße verschlechtern.[112] Die Anpassung des Modells scheint weiterhin nicht optimal zu sein. Des Weiteren nimmt die Korrelation zwischen dem Vertrauen und den Netzwerken stark ab. Sie beträgt nunmehr 0,06 und ist im Vergleich zu 0,14 deutlich geringer geworden. Die Korrelation ist nicht mehr statistisch signifikant. Eine der Kontrollvariablen scheint auf das Vertrauen einen größeren Einfluss zu haben, denn auch der Regressionskoeffizient vom Vertrauen zur Wahlnorm ist kleiner geworden. Der Koeffizient ist um 0,06 gesunken.

Die Netzwerke und die Wohltätigkeitsnorm scheinen hingegen von der Hinzunahme der Kontrollvariablen weitestgehend unberührt zu sein. Die Korrelation zwischen der Wohltätigkeitsnorm und den

112 Dies hängt damit zusammen, dass die Fit-Maße unterschiedlich auf die Stichprobengröße, die Verteilung der Variablen, die Komplexität des Modells und verschiedene Schätzmethoden reagieren (Hox 2010: 306f.).

Abbildung 23: SEM für Deutschland mit Kontrollvariablen (standardisierte Koeffizienten)

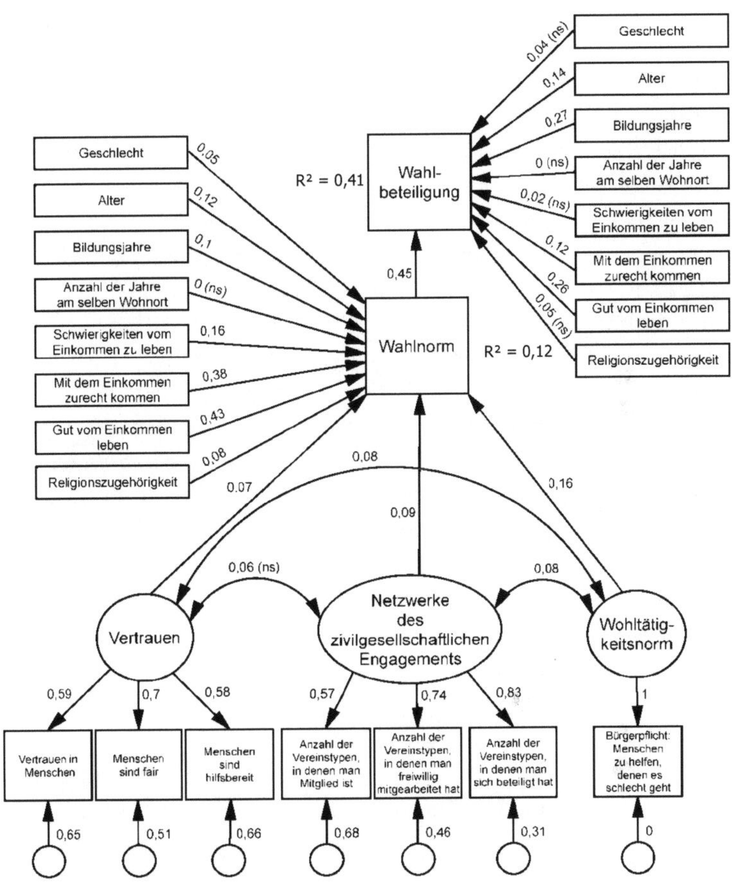

Gewichtet mit dem Design-Gewicht, N = 2744, df = 116 (inkl. der Intercepts nach Mplus df = 107), RMSEA = 0,057 (CI = 0,053; 0,060), CFI = 0,806, TLI = 0,735, WRMR = 2,815, Referenzkategorien: Mann (Geschlecht), große Schwierigkeiten vom Einkommen zu leben (Einkommen) und keine Religionszugehörigkeit (Religionszugehörigkeit).

Netzwerken ist leicht gesunken. Vorher betrug der Korrelationskoeffizient 0,12, nun beträgt er 0,08. Für die Korrelation zwischen der Wohltätigkeitsnorm und dem Vertrauen gilt dasselbe. Der Koeffizient ist um 0,03 gesunken. Der Regressionskoeffizient von der Wohltätigkeitsnorm zur Wahlnorm ist ebenfalls fast identisch mit denen des

Modells ohne Kontrollvariablen und ist zur um 0,04 gesunken. Der Regressionskoeffizient der Netzwerke auf die Wahlnorm hat sich fast halbiert (-0,08). Der Koeffizient von der Wahlnorm zur Wahlbeteiligung ist auf 0,45 gesunken (-0,16).

Das Geschlecht zeigt nur teilweise die erwarteten Effekte. Frauen scheinen die Wahlnorm eher wahrzunehmen als Männer. Auf die Wahlbeteiligung scheint das Geschlecht hingegen keinen Einfluss zu haben. Bei dem Alter gibt es jeweils einen positiven Effekt. Je älter die Befragten, desto eher nehmen sie die Wahlnorm wahr und desto eher beteiligen sie sich an der Wahl. Gleiches gilt für die Anzahl der Bildungsjahre. Je mehr Jahre man in seine Bildung investiert hat, desto eher nimmt man die Wahlnorm wahr und desto eher beteiligt man sich an der Wahl. Je besser man von seinem Einkommen leben kann, desto stärker nimmt man die Wahlnorm wahr. Personen, die sehr gut oder gut von ihrem Einkommen leben können, nehmen eher an der Wahl teil als Personen, die sehr schlecht von ihrem Einkommen leben können. Personen, die einer Religion angehören, nehmen die Wahlnorm ebenfalls stärker wahr. Die Mobilität hat hingegen keinerlei Einfluss auf die Wahlnorm und die Wahlbeteiligung. 12,3 Prozent der Varianz der Wahlnorm werden durch die Sozialkapitalkomponenten und durch die Kontrollvariablen erklärt.

8.5 Empirische Analysen für Europa

In diesem Kapitel werden die eben für Deutschland berichteten Analysen für Europa durchgeführt. Die Kausalmodelle sind identisch mit denen im vorangegangenen Unterkapitel. Die Daten werden mit dem Design-Gewicht und dem Populationsgewicht gewichtet, sodass die Befragten der einzelnen Länder nach der Bevölkerungsanzahl ihrer Heimatländer gewichtet werden.

8.5.1 Die Ergebnisse der Faktorenanalyse

Bei der Faktorenanalyse auf der Gesamtebene zeigen sich die drei latenten Konstrukte ebenfalls. Die standardisierten Pfadkoeffizienten variieren auch im Gesamtmodell zwischen 0,6 und 0,8. Somit liegen auch in diesem Modell alle Koeffizienten über der Mindestanforde-

Abbildung 24: CFA für Europa (standardisierte Koeffizienten)

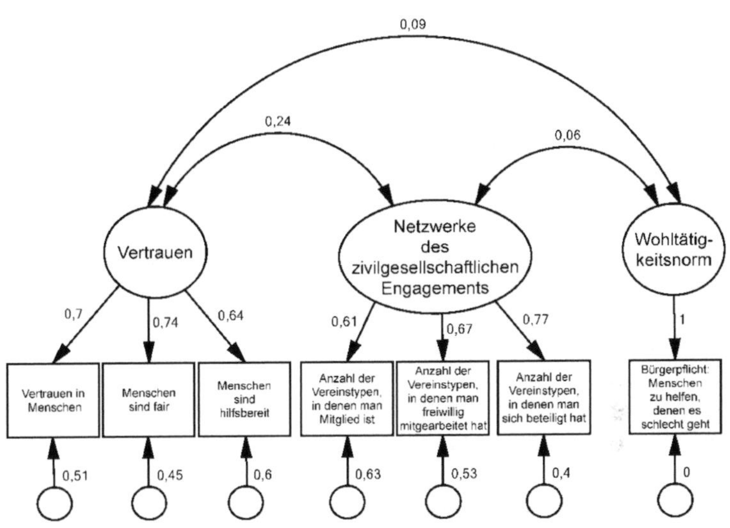

Gewichtet mit dem Design- und dem Populationsgewicht, N= 35026, df = 12 (inkl. der Intercepts nach Mplus df= 5), RMSEA = 0,023 (CI = 0,020; 0,025), CFI = 0,985, TLI = 0,973, SRMR= 0,021.

rung von 0,5. Drei von sechs Pfadkoeffizienten übertreffen die Werte des geforderten Bereichs von 0,7. Wie in Hypothese H3.1 und H3.2 vermutet, bilden die Sozialkapitalindikatoren drei latente Konstrukte, die positiv miteinander korreliert sind.

Die Korrelation zwischen den Netzwerken und dem Vertrauen ist mit 0,24 schwach bis mittelstark. Je stärker das Vertrauen ist, umso stärker sind die Menschen in die Netzwerke des zivilgesellschaftlichen Engagements eingebunden und umgekehrt. Die Korrelationen zwischen den Netzwerken und der Wohltätigkeitsnorm sowie der Wohltätigkeitsnorm und dem Vertrauen ist mit 0,06 und 0,09 sehr schwach. Das bedeutet, dass ein starkes Vertrauen nicht unbedingt auch mit einer stark ausgeprägten Wohltätigkeitsnorm zusammenhängt und selbst wer in den Netzwerken stark involviert ist, muss nicht unbedingt der Meinung sein, man müsse Menschen helfen, denen es schlechter als der eigenen Person geht. Belegt wird dies durch einige der Korrelationen der jeweiligen Sozialkapitalindikatoren in den einzelnen Ländern (siehe Tabelle A15 bis Tabelle A32) und unterstreicht wiederum die Problematik, dass die Wohltätigkeitsnorm nur mit einem Indikator gemessen werden konnte und die Korrelationen in den einzelnen Ländern sehr heterogen sind.

Dennoch ist der Model-Fit des Modells für Europa wesentlich besser als der für Deutschland. Der RMSEA und der SRMR liegen deutlich unter der Grenze von 0,05 und auch die übrigen Fit-Maße befinden sich unterhalb der geforderten Grenzen.

8.5.2 Die Ergebnisse des linearen Strukturgleichungsmodells

Wie schon bei dem Modell für Deutschland verschlechtern sich die Fit-Maße mit der Berücksichtigung der Wahlnorm und der Wahlbeteiligung. Das Modell passt weniger gut zu den Daten als das vorherige. Im Vergleich zu dem deutschen Modell sind die Fit-Maße jedoch größtenteils im akzeptablen Bereich. Nur der WRMR liegt mit 3,531 deutlich über der Grenze von ungefähr 1.

Basierend auf der CFA für Gesamteuropa zeigt das SEM ähnliche Pfadkoeffizienten und Korrelationen wie in der eben berichteten CFA. Von besonderer Bedeutung sind auch hier die Regressionskoeffizienten von den einzelnen Sozialkapitalkomponenten auf die Wahlnorm und den Koeffizienten von der Wahlnorm auf die Wahlbeteiligung. Das Vertrauen, die Netzwerke und die Wohltätigkeitsnorm sind, wie in Hypothese H3.3.1 bis H3.3.3 erwartet, positiv mit der Wahlnorm verbunden. Das Vertrauen in die Menschen und die Integration in Netzwerke des zivilgesellschaftlichen Engagements beeinflussen die Wahrnehmung der Wahlnorm positiv. Je stärker die Wohltätigkeitsnorm wahrgenommen wird, desto stärker ist auch die Wahrnehmung der Wahlnorm. Wie erwartet ist hier der stärkste Effekt aufgetreten. Dies liegt zum einen daran, dass es sich um zwei Normen handelt und die Wahrnehmung der einen Norm die Wahrnehmung der anderen Norm begünstigt. Zum anderen stammen beide Indikatoren aus der gleichen Itembatterie, sodass die Indikatoren aufgrund der Messung miteinander kovariieren. Auch die Wahlnorm ist wie in Hypothese H3.4 erwartet positiv mit der Wahlbeteiligung verbunden. Je höher die wahrgenommene Wahlnorm, desto eher beteiligen sich die Befragten an der jeweiligen Nationalwahl.

Abbildung 25: SEM für Europa (standardisierte Koeffizienten)

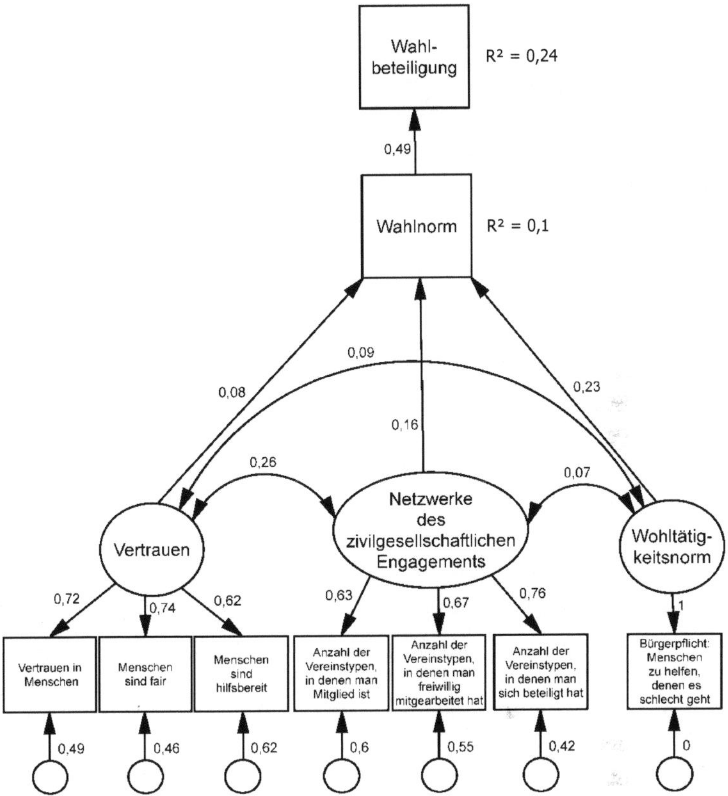

Gewichtet mit dem Design- und dem Populationsgewicht, N= 35029, df = 24 (inkl. der Intercepts nach Mplus df = 15), RMSEA = 0,033 (CI = 0,032; 0,035), CFI = 0,963, TLI = 0,941, WRMR= 3,531.

Die Sozialkapitalkomponenten erklären 9,9 Prozent der Varianz der Wahlnorm. Dieser relativ geringe Wert ließ sich bereits aufgrund der geringen Regressionskoeffizienten erahnen. Wie bereits im Modell für Deutschland, ist dies ein Hinweis darauf, dass wichtige Determinanten der Wahlnorm unberücksichtigt blieben.

Anhand dieses SEM wird nun ebenfalls die Konstruktvalidität für das Gesamtmodell überprüft. Die Parameterschätzungen des Kausalmodells bestätigen die theoretisch vermuteten Beziehungen, sodass nomologische Validität vorliegt. Die Faktorreliabilität beträgt für das

Vertrauen 0,74 und für die Netzwerke 0,73. Beide Werte liegen über dem Schwellenwert von 0,5, und weisen auf Konvergenzvalidität hin. Die Diskriminanzvalidität liegt ebenfalls vor. Die DEV-Werte betragen jeweils 0,57 und sind deutlich höher als die quadrierten Faktorkorrelationen, die zwischen 0,005 und 0,07 schwanken.

8.5.3 Die Ergebnisse des linearen Strukturgleichungsmodells mit den Kontrollvariablen

Durch das Hinzufügen der Kontrollvariablen verschlechtern sich der CFI, der TLI und der WRMR deutlich. Hier scheint es nicht nur ein Messproblem, sondern auch ein Anpassungsproblem zwischen dem Modell und den Daten zu geben. Wie sich bereits in Kapitel 8.2.2 zeigte, sind die Zusammenhänge nicht in allen Ländern eindeutig. Dies zeichnet sich an dieser Stelle in den Fit-Maßen ab.

Bei den Korrelationen der drei Komponenten des Sozialkapitals hat die Hinzunahme der Kontrollvariablen kaum zu Veränderungen geführt. Die Regressionskoeffizienten der Netzwerke, des Vertrauens und der Wohltätigkeitsnorm sind weitestgehend stabil geblieben. Nur der Effekt der Netzwerke des zivilgesellschaftlichen Engagements auf die Wahlnorm hat sich leicht verringert. Der Regressionskoeffizient der Wahlnorm hat sich ebenfalls nur geringfügig verändert.

Das Geschlecht und die Mobilität scheinen keinerlei Einfluss auf die Wahrnehmung der Wahlnorm und die Beteiligung an Wahlen zu haben. Das Alter hat, wie erwartet, einen positiven Einfluss, sowohl auf die Wahlnorm als auch auf die Wahlbeteiligung. Je älter die Befragten, desto eher nehmen sie die Wahlnorm wahr und beteiligen sich an der jeweiligen nationalen Wahl. Gleiches gilt für die Bildungsjahre. Personen, die einer Religion angehören, nehmen die Wahlnorm stärker wahr und nehmen auch eher an einer Wahl teil als Personen ohne Religionszugehörigkeit. Für das Einkommen zeigen sich überraschenderweise unterschiedliche Effekte. Je besser die Befragten mit ihrem Einkommen zurechtkommen, desto eher beteiligen sie sich an der Wahl. Währenddessen wird die Wahlnorm von Befragten, die große Schwierigkeiten haben mit ihrem Einkommen zurechtzukommen, im Vergleich zu den übrigen Einkommensgruppen, am stärksten wahrgenommen. In Deutschland zeigte sich hingegen der erwartete

Abbildung 26: SEM für Europa mit Kontrollvariablen (standardisierte Koeffizienten)

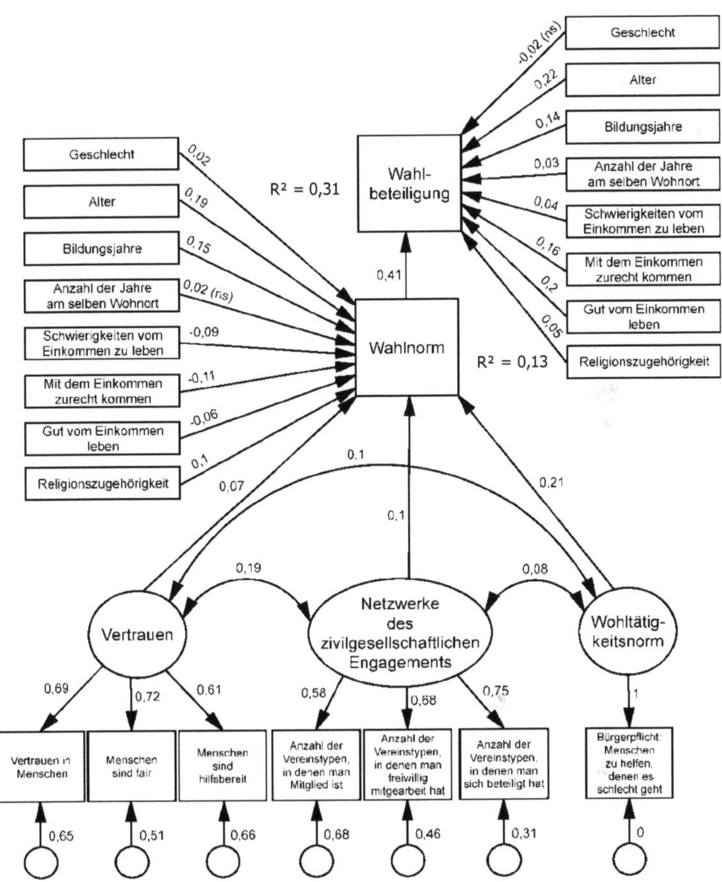

Gewichtet mit dem Design- und dem Populationsgewicht, N = 33918, df= 116 (inkl. der Intercepts nach Mplus df = 107), RMSEA = 0,037 (CI = 0,036; 0,038), CFI = 0,856, TLI = 0,803, WRMR = 6,114, Referenzkategorien: Mann (Geschlecht), große Schwierigkeiten vom Einkommen zu leben (Einkommen) und keine Religionszugehörigkeit (Religionszugehörigkeit).

positive Effekt der Einkommenszufriedenheit auf die Wahrnehmung der Wahlnorm. Trotz der speziellen Variable der Einkommenszufriedenheit, die gegenüber den großen Unterschieden der Einkommensverhältnissen verschiedener Länder resistent sein sollte, sind vermutlich dennoch in einigen Ländern deutlich mehr Menschen mit ihrem

Einkommen unzufrieden, obwohl sie die Wahlnorm stark wahrnehmen. Das vorliegende Modell erklärt 12,8 Prozent der Varianz der Wahlnorm.

8.5.4 Die Überprüfung der Annahmen der Mehrebenenanalyse

Problematisch an den Modellen für Gesamteuropa ist die Annahme, dass die Beobachtungen unabhängig voneinander sind. Da die Daten des ESS in verschiedenen Ländern erhoben worden sind, ist diese Annahme nur unter Vorbehalt zu treffen. Sie kann mit Hilfe der Intra Class Correlation (ICC) überprüft werden (Tabelle 16). Die ICCs schwanken zwischen 0,044 und 0,134, womit sich die Vermutung bestätigt, dass die Beobachtungen nicht unabhängig voneinander sind. So lassen sich bspw. 4,9 Prozent der Varianz der Wahlnorm durch die Länderzugehörigkeit erklären. Wesentlich höher ist der Anteil bei der Anzahl der Vereinstypen, in denen man Mitglied ist. 13,4 Prozent ihrer Varianz werden durch die Länderzugehörigkeit erklärt. Da die Beobachtungen nicht unabhängig voneinander sind, ist die Mehrebenenanalyse die angemessene Analysemethode.

Tabelle 16: ICCs der Sozialkapitalvariablen und der Wahlnorm

	ICC		ICC
Generelles Vertrauen	0,067	Anzahl der Vereinstypen, in denen man Mitglied ist	0,134
Vermutete Fairness	0,083	Anzahl der Vereinstypen, in denen man sich beteiligt hat	0,052
Vermutete Hilfsbereitschaft	0,095	Anzahl der Vereinstypen, in denen man freiwillig mitgearbeitet hat	0,046
Wohltätigkeitsnorm	0,044	Wahlnorm	0,049

Gewichtet mit dem Design- und dem Populationsgewicht, N = 19.

Eine Voraussetzung für die Schätzung einer Mehrebenenanalyse ist eine hinreichende Anzahl an Aggregateinheiten. Hox (2010: 235) empfiehlt je nach Komplexität des Modells und der Anzahl freivariierender Parameter zwischen 30 und 100 Fälle auf der Aggregatebene.

Handelt es sich bei ihnen beispielsweise um die Mitgliedsstaaten der Europäischen Union, ist dies unmöglich zu erfüllen. Im vorliegenden Fall stehen lediglich 19 Länder zur Verfügung. Basierend auf Simulationsstudien führt eine Schätzung einer Mehrebenenanalyse mit weniger als Fünfzig Aggregateinheiten zu verzerrten Parametern und Standardfehlern (Hox 2010: 233ff.). Durch die nicht normalverteilten Indikatoren und die kleinen ICCs wird die Verzerrung verstärkt (Hox/Maas 2001: 167ff.). Ein weiteres Problem ist die Komplexität eines Mehrebenenmodells. Wenn die Faktorenanalyse aus Kapitel 8.5.1 als Mehrebenenfaktorenanalyse spezifiziert wird, kann das Modell nicht identifiziert werden, da die Anzahl der zu schätzenden Parameter größer ist als die Anzahl der Cluster. Das Vorhaben, eine Mehrebenenfaktorenanalyse zu schätzen, muss daher an dieser Stelle abgebrochen werden und somit ist auch die Berechnung eines Mehrebenenstrukturgleichungsmodells ausgeschlossen.

9 Schlussfolgerungen

Das Erkenntnisinteresse der vorliegenden Dissertation war es, die Rolle der Wahlnorm zwischen dem Sozialkapital und der Wahlbeteiligung zu untersuchen. Die Berührungspunkte dieser drei Variablen wurden schrittweise betrachtet. Die Wahlnorm wird im wissenschaftlichen Diskurs oftmals als Erklärungsfaktor der Wahlbeteiligung herangezogen. Ihre Wirkung ist dabei unumstritten. Eine zufriedenstellende theoretische Einbindung der Wahlnorm als erklärender Faktor für die Wahlbeteiligung wurde jedoch bislang nicht ausgearbeitet, da sie mit den gängigen Ansätzen zur Erklärung der Wahlbeteiligung nicht konsistent ist. Die vorliegende Arbeit schließt diese Lücke, indem sie die theoretische Verknüpfung des Sozialkapitals mit der Wahlnorm herleitet. Das Sozialkapital hilft dabei die Wahlnorm durchzusetzen und zu sanktionieren, was zu einer erhöhten Wahrnehmung und Internalisierung derselben führt. Die Stärke des Sozialkapitals liegt für dieses Dissertationsvorhaben somit darin, die Wahlnorm zur Erklärung der Wahlbeteiligung einbinden zu können. So ergibt sich eine schlüssige Argumentationslinie, die sich in ein statistisches Modell überführen lässt.

Dieses Modell wurde, basierend auf dem ESS 2002/2003, mit den angemessenen statistischen Verfahren untersucht. Die Ergebnisse des linearen Strukturgleichungsmodells weisen darauf hin, dass das Sozialkapital einen positiven Einfluss auf die Wahrnehmung der Wahlnorm hat. Die Wahlnorm wirkt sich wiederum positiv auf die Wahlbeteiligung aus. Somit nimmt die Wahlnorm eine vermittelnde Rolle zwischen dem Sozialkapital und der Wahlbeteiligung ein.

Bevor detailliert auf die Ergebnisse der empirischen Analysen eingegangen wird, sollen zunächst die wichtigsten Erkenntnisse aus dem theoretischen Teil der Arbeit skizziert werden. Abschließend folgt eine Betrachtung der Lehren und der Chancen für die Wahl- und Sozialkapitalforschung.

9.1 Erkenntnisse auf der theoretischen Ebene

Während die theoretischen Schwächen des Sozialkapitals eher als unproblematisch eingeschätzt werden, sieht die Autorin die größte Schwäche darin, wie mit dem Konzept umgegangen und für welche Zwecke es verwendet wird.

Wie in Kapitel 2.1 erläutert wurde, gibt es zwei Sichtweisen auf das Sozialkapital: Das ökonomische bzw. rationalistische und das soziale bzw. demokratische Weltbild. Beide Sichtweisen sind durchaus gerechtfertigt, allerdings sollten sie voneinander getrennt werden. Im rationalistischen Sinne, nach Coleman (1988, 1990), Lin (2001) und Bourdieu (1983), besteht die Möglichkeit das soziale Kapital zum persönlichen Vorteil einzusetzen. Dieser Sichtweise folgend, würden primär informelle Kontakte und das spezifische Vertrauen sowie die spezifische Reziprozität betrachtet werden. Nur diese lassen sich für rationale Zielsetzungen instrumentalisieren. Ein klassisches Beispiel hierfür ist ein Umzug. Bei einem Umzug werden in der Regel unentgeltliche Helfer benötigt. Dabei ist es von Vorteil, wenn man seinen Helfern bereits bei einer früheren Gelegenheit behilflich war. Das generalisierte Vertrauen oder die Wohltätigkeitsnorm wären hingegen für den rationalen Menschen unbrauchbar. Für ihn wäre es lediglich von Vorteil, dass andere Menschen diese Art des Vertrauens haben und ihm helfen ohne eine direkte Gegenleistung zu fordern. Bei einer Handlung, die auf der Wohltätigkeitsnorm basiert, entstehen in der Regel nur Kosten und kein direkter Nutzen. Deshalb würde ein rationaler Mensch Handlungen solcher Art nicht ausführen. Nimmt man Coleman oder Lin als theoretische Grundlage einer Untersuchung, wäre es somit hinfällig die Reziprozitäts- und die Wohltätigkeitsnorm sowie das generalisierte Vertrauen als Bestandteile des sozialen Kapitals zu betrachten.

Die Diskussion, ob es sich beim Sozialkapital, analog zum physischen Kapital, um eine Kapitalart handelt (Franzen/Pointner 2007: 69ff.), ist aus der sozialen Perspektive zwecklos, da das Sozialkapital nach Putnam mit dieser Interpretationsart nicht vereinbar ist. Denn Putnams Sozialkapital betrachtet gemeinwohlorientiertes Sozialkapital, das die Kooperation auf gesellschaftlicher Ebene fördert. Dieses ist vom sozialen Kapital nach Coleman, Lin und Bourdieu abzugrenzen, welches ausschließlich für die individuelle Kooperation nutzbar ist. In Untersuchungen ist es daher wichtig zu verdeutlichen, ob die rationalistische oder die soziale Sichtweise vertreten wird. Nur so wird es verständlich, welche Komponenten des Sozialkapitals verwendet werden.

Diese Notwendigkeit verstärkt sich dadurch, dass die verschiedenen Komponenten jeweils entlang eines Kontinuums verlaufen (aus Kapitel 2.5). So wird aus der zunächst einfach anmutenden Definition des Sozialkapitals, bestehend aus drei Komponenten, ein komplexes Gebilde (Abbildung 4). Wird zusätzlich die Mikro- und die Makroebene betrachtet, erhöht sich die Komplexität abermals. Daher sollte sowohl beim sozialen bzw. demokratischen Sozialkapital als auch beim rationalistischen bzw. ökonomischen sozialen Kapital grundsätzlich dokumentiert werden, welches Kontinuum auf welcher Ebene betrachtet wird.

Eine Stärke des Konzepts nach Putnam ist die Verwendung des Sozialkapitals sowohl auf der Individual- als auch auf der Makroebene. Das Sozialkapital der Mikroebene beschreibt die Integration des Einzelnen innerhalb der Gesellschaft, während das Sozialkapital der Makroebene das Klima der Gesellschaft und die Verflechtung ihrer Mitglieder misst. Aufgrund dieser Vielfalt sollte daher immer spezifiziert und begründet werden, auf welchem theoretischen Konzept die Analyse basiert, sodass deutlich wird welchen Zweck das Sozialkapital oder das soziale Kapital erfüllen soll.

Nachdem herausgestellt wurde, weshalb das Konzept des Sozialkapitals nach Putnam als theoretische Grundlage zur Beantwortung der Forschungsfrage geeignet ist, wurden die einzelnen Komponenten genauer betrachtet. Die Sozialkapitalforschung konzentriert sich in der Regel auf das Vertrauen und die Netzwerke. Die Reziprozitätsnorm erscheint hingegen als große Unbekannte. In Kapitel 2.3 zeigt sich, dass die Reziprozität einen wichtigen Beitrag für das Zustandekommen von Kooperation leistet. Ohne die Reziprozitätsnorm hätte niemand etwas davon zu kooperieren, weil jeder der Gefahr ausgesetzt wäre, dass der Kooperationspartner das Vertrauen ausnutzt und keine Gegenleistung erbringt. Es wurde in dieser Arbeit gezeigt, dass das Vertrauen und die Reziprozitätsnorm eng miteinander verbunden sind (Abbildung 2). Deshalb sollten die Reziprozitäts- und die Wohltätigkeitsnorm im Rahmen des Sozialkapitals nach Putnam unbedingt erhoben werden.

In einem nächsten Schritt wurden das Sozialkapital, die Wahlnorm und die Wahlbeteiligung auf der theoretischen Ebene zusammengeführt. Die Herleitung des theoretischen Zusammenhangs zwischen dem Sozialkapital und der Wahlnorm stellt ein Alleinstellungsmerkmal der vorliegenden Dissertation dar. Bislang wurde die Wahlnorm ohne theoretische Herleitung zur Erklärung der Wahlbeteiligung eingesetzt. Doch niemand untersuchte die Frage nach der Wirkungsweise der Wahlnorm. Eine Ausnahme stellt Campbell (2006) dar, der diese Frage in Ansätzen betrachtet. Welche Voraussetzungen werden benötigt, damit die Wahlnorm wirken kann?

Um diese Frage zu beantworten, wird der Blick zunächst auf die Wahrnehmung und die Internalisierung der Wahlnorm gerichtet. Wird die Wahlnorm nur als etwas, was ein guter Bürger tun sollte, wahrgenommen? Oder als etwas, von dem man lediglich glaubt, dass andere Leute glauben, wie sich ein guter Bürger verhalten sollte? Wurde die Wahlnorm auch internalisiert? Für die Internalisierung müssen zwei Bedingungen erfüllt sein: Erstens muss die Norm vom Individuum und der Gruppe als legitim anerkannt werden und Teilkontrollrechte übertragen werden, d. h. man darf bei Nichtbefolgung bestraft werden oder auch andere bestrafen. Zweitens wird ein inneres Sanktionssystem entwickelt, sodass die Nichtbefolgung intern bestraft werden kann, bspw. durch ein schlechtes Gewissen.

Das Sozialkapital ist somit sowohl für die erste als auch für die zweite Bedingung von Bedeutung. Ob die Wahlnorm als legitim anerkannt wird, wird man nur herausfinden, wenn man soziale Kontakte hat. Die persönlichen Kontakte dienen als Rückversicherung für die Existenz der Wahlnorm. Sie sind zusätzlich für die Sanktionierung der Nichtbefolgung der Norm wichtig. Die Berichterstattung der Medien spielt ebenfalls eine wichtige Rolle. Sie verbreiten die Wahlnorm und sanktionieren die Nichtbefolgung, wenn beispielsweise Nichtwähler mit negativen Worten betitelt werden. Die Bestrafung durch einen Bekannten, Freund oder Verwandten wiegt dabei ungleich schwerer als die Bestrafung über die Medien.

Für die Entwicklung des inneren Sanktionssystems ist es wichtig sich mit dem Staat und der Gesellschaft zu identifizieren. Das Sozialkapital als Maß der Integration in die Gesellschaft fördert die Identifikation mit dem Sozialisationsagenten Staat bzw. Demokratie und steigert somit die Wahrscheinlichkeit, dass die Wahlnorm internalisiert wird. Hier zeigt sich zum einen die Wirkung von Putnams Sozialkapital auf die Wahlnorm und zum anderen die Unvereinbarkeit der Internalisierung der Wahlnorm mit der rationalen Sichtweise des sozialen Kapitals. Bezieht man nur die Wahlnorm und die Übertragung der Teilkontrollrechte in die Analyse ein, wäre die Verwendung des Sozialkapitalkonzeptes von Coleman oder Lin ausreichend. Interessiert man sich jedoch zusätzlich für den Aspekt der Internalisierung der Wahlnorm, wird die Konzeptualisierung des Sozialkapitals nach Putnam benötigt.

9.2 Ergebnisse der empirischen Analysen

In der Wahlforschung, die zumeist auf Umfragedaten basiert, stellen die Problematiken des Overreportings und der Overrepresentation wenig beachtete Hindernisse dar. Besonders bei Befragungen mit hohen Overrepresentation- und/oder hohen Overreportingwerten stellt sich die Frage: Wie gut sind die Modelle der Wahlforschung? Da sich beide Werte in den verschiedenen Umfragen stark unterscheiden und schwanken können, wird die Vergleichbarkeit der Ergebnisse der Wahlforschung in Frage gestellt.

Besonders die Overrepresentation bleibt meistens unerwähnt und wird selten untersucht. Bezüglich des Overreportings gibt es hingegen ein Forschungsfeld, das sich mit diesem beschäftigt. Nachdem die Wählervalidierung in den USA im Zusammenhang mit der National Election Studies eingestellt wurde, verlor dieses Forschungsfeld jedoch an Dynamik. Die British Election Studies validieren als letzte verbliebene nationale Wahlstudie die Stimmabgabe der Befragten, allerdings gibt es dazu keine Auswertungen oder Veröffentlichungen. Auf Grund der zahlreichen Replikationen der Analysen ist bekannt, welche Personengruppen die Overreporter darstellen. Es hat aber bisher niemand die Auswirkungen des Overreportings auf die Effekte der linearen Regression überprüft. Was passiert mit den Effekten, wenn man statt selbstberichteter Wahlbeteiligung die validierte Wahlbeteiligung verwendet? Erklären die theoretischen Ansätze die Wahlbeteiligung besser, wenn sie auf validierten oder auf selbstberichteten Angaben zur Wahlteilnahme basieren?

In der vorliegenden Dissertation ist es mit den Daten des ESS lediglich möglich das Misreporting und die Overrepresentation gemeinsam zu untersuchen, da die Wahlteilnahme der Befragten nicht validiert wurde. In einigen hier untersuchten Ländern tritt das Overreporting massiv auf. Es wird daher im Rahmen des Möglichen versucht, den Gründen für diese Beobachtung nachzugehen. In Publikationen, die sich mit diesen Gründen beschäftigen, werden die Overreportingwerte vorwiegend als abhängige Variable betrachtet. Es zeigte sich jedoch im Verlauf der Analysen, dass die Verwendung der Overreportingwerte nicht hinreichend ist (Tabelle 17). Die Regressionskoeffizienten widersprechen teilweise den aus der Theorie abgeleiteten Erwartungen und deuten auf einen Drittvariableneffekt hin. Ursache ist die starke Korrelation zwischen der Wahlbeteiligungsrate und dem Misreporting (H.1.1), die bislang nicht berücksichtigt wurde. Durch die starke Korrelation werden einige Effekte unterdrückt. Daher wird in der vorliegenden Dissertation erstmals das Overreportingpotential verwendet, denn die entscheidende Frage ist: Warum haben einige Länder mit der gleichen Wahlbeteiligungsrate ein unterschiedliches relatives Overreporting? Die Hypothesen werden auf das relative Overreporting als abhängige Variable übertragen. Der zeitliche Abstand und die aggregierte Wahlnorm haben einen Einfluss auf das relative Overreporting (H1.3 und H1.4). Die Hypothesen H.1.5 und H1.6 konnten mit den vorliegenden Daten jedoch nicht abschließend verworfen oder bestätigt werden, d. h. die Einflüsse der Responserates und des prozentualen Anteils an Befragten mit einem tertiärem Bildungsabschluss sollten mit validierten und Daten überprüft werden.

Die Hypothesen bezüglich des Overreportings lassen sich auch aus einem zweiten Grund mit den vorliegenden Daten nur unzureichend testen. Die 17 bzw. 19 Länder, die im ESS enthalten sind, sind nicht ausreichend, um verlässliche Aussagen über die Zusammenhänge zu machen. Die Fallzahlen sind zu klein und sie basieren nicht auf einer Zufallsauswahl. Da es auch nur zwei Länder mit einer gesetzlichen Wahlpflicht gab, konnte zwar bestätigt werden, dass das Overreporting in Ländern mit einer gesetzlichen Wahlpflicht geringer ist, als in Ländern ohne eine Wahlpflicht (H1.2). Allerdings mussten beide Fälle wegen des Underreporting aus der Analyse des Overreportingpotentials ausgeschlossen werden, sodass über die weiteren Gründe keinerlei Aussagen getroffen werden können.

Die Verwendung der selbstberichteten Wahlbeteiligung ist nicht optimal, sodass die Koeffizienten im späteren Strukturgleichungsmodell mit Vorsicht interpretiert werden sollten.

Nachdem die Probleme der abhängigen Variablen erläutert wurden, erfolgten detaillierte Betrachtungen des Sozialkapitals und dessen Indikatoren. Es ist zwar langwierig die Annahmen für ein lineares Strukturgleichungsmodell zu überprüfen und deshalb findet man diese vermutlich auch nur selten. Aufgrund der umfangreichen Optionen der Programme zur Strukturgleichungsmodellierung für die Problemlösung bzw. dem Umgang mit den Verstößen gegen die Annahmen ist es unerlässlich die Annahmen zu überprüfen. Nur wenn die Schwächen der Indikatoren bekannt sind, ist es möglich aus der Vielzahl der Schätzer, Gütemaße und Standardisierungen die optimale Lösung auszuwählen.

Die Abbildungen zu den univariaten Verteilungen der Sozialkapitalindikatoren (Abbildung 9 bis Abbildung 15) unterstreichen nochmals deren problematische Messung. Am deutlichsten zeigt es sich bei den Netzwerken des zivilgesellschaftlichen Engagements. Im ESS wurden diese auf unkonventionellem Wege erhoben. Die meisten Umfragen bieten keine optimale Erfassung. Bei dem ESS ist es vor allem die fehlende Unterscheidung zwischen der Beteiligung und der freiwilligen Mitarbeit. Dies erschwert die Erfassung der Netzwerke und den Umgang mit den Netzwerken in den statistischen Modellen. Die Messung der Wohltätigkeitsnorm mit einem Item ist ebenfalls nicht ideal. Zum einen ist die Verwendung von nur einem Indikator für ein latentes Konstrukt immer problematisch, da die Messung mit mehreren Indikatoren reliabler wäre. Zum anderen gestaltet sich die

Tabelle 17: Zusammenfassung der Hypothesen und der Ergebnisse

Themen-gebiet	**Hypo-these**		**Erwartete Wirkung/ Zusammenhang**	**Ergebnis**
Over-reporting	**H1.1**	Je höher die amtliche Wahlbeteiligung ausfällt, desto geringer das Overreporting.	Negativer Zusammenhang	r = -0,85
	H1.2	Das Overreporting sollte in Ländern mit einer gesetzlichen Wahlpflicht geringer ausfallen, als das Overreporting in Ländern ohne Wahlpflicht.		Ja, indirekt
	H1.3	Je höher die aggregierte Wahlnorm, desto höher ist das Overreporting.	Positiver Zusammenhang	Positiver nicht signifikanter Zusammenhang (1,4)
	H1.4	Je größer der zeitliche Abstand zwischen der Befragung und der letzten nationalen Wahl, desto höher ist das Overreporting.	Positiver Zusammenhang	Kein Zusammenhang
	H1.5	Je niedriger die Responserate der Befragung ist, desto höher fällt das Overreporting inklusive der -representation aus.	Negativer Zusammenhang	Positiver nicht signifikanter Zusammenhang (0,2)
	H1.6	Je höher der prozentuale Anteil der Befragten mit tertiärem Bildungsabschluss, desto höher fällt das Overreporting inklusive der -representation aus.	Positiver Zusammenhang	Kein Zusammenhang
Kausal-modell für Deutschland	**H2.1**	Das Sozialkapital besteht aus drei Komponenten: Den Netzwerken des zivilgesellschaftlichen Engagements, dem Vertrauen und der Wohltätigkeitsnorm.		Ja, es gibt 3 Komponenten
	H2.2	Das Zusammenspiel dieser drei Komponenten bildet ein latentes Konstrukt: Das Sozialkapital.	Positiver, reziproker Zusammenhang	0,12 0,12 0,1
	H2.3.1	Je stärker die Befragten in Vereine integriert sind, desto stärker nehmen sie eine moralische Pflicht zu wählen wahr.	Positiver Zusammenhang	0,13
	H2.3.2	Je stärker die Befragten ihren Mitmenschen vertrauen, desto stärker nehmen sie eine moralische Pflicht zu wählen wahr.	Positiver Zusammenhang	0,17

	H2.3.3	Je stärker die moralische Verpflichtung, Menschen zu helfen, denen es schlecht geht, wahrgenommen wird, desto stärker nehmen sie eine moralische Pflicht zu wählen wahr.	Positiver Zusammenhang	0,2
	H2.4	Je stärker die moralische Pflicht zu wählen wahrgenommen wird, desto eher beteiligen sich die Befragten an der Wahl.	Positiver Zusammenhang	0,61
Kausal-modell für Europa	**H3.1**	Die drei Komponenten des Sozialkapitals finden sich auch in Europa wieder.		Ja, es gibt 3 Komponenten
	H3.2	Die Komponenten stehen europaweit in einem positiven, reziproken Verhältnis zueinander.	Positiver, reziproker Zusammenhang	0,24 0,060,09
	H3.3.1	Je stärker die Europäer in Vereine integriert sind, desto stärker nehmen sie die moralische Pflicht zu wählen wahr.	Positiver Zusammenhang	0,08
	H3.3.2	Je stärker die Europäer ihren Mitmenschen vertrauen, desto stärker nehmen sie die moralische Pflicht zu wählen wahr.	Positiver Zusammenhang	0,23
	H3.3.3	Je stärker die Europäer die moralische Verpflichtung wahrnehmen, Menschen zu helfen, denen es schlecht geht, desto stärker nehmen sie die moralische Pflicht zu wählen wahr.	Positiver Zusammenhang	0,16
	H3.4	Je stärker die moralische Pflicht zu wählen wahrgenommen wird, desto eher beteiligen sich die europäischen Befragten an der Wahl.	Positiver Zusammenhang	0,49
	H3.5	Die Stärke des Sozialkapitals unterscheidet sich zwischen den europäischen Ländern.	ICC≠0	0,044 (Wohltätigkeitsnorm) bis 0,134 (Vereinstypen, in denen man Mitglied ist)
	H3.6	Die Wahlnorm wird europaweit unterschiedlich stark wahrgenommen.	ICC≠0	ICC = 0,049

Erfassung einer jedweden Norm, aufgrund der sozialen Erwünschtheit, als schwierig. Lediglich die Messung des Vertrauens mit den drei Items scheint gelungen zu sein. Die Reliabilität der Vertrauens- und der Netzwerkitems liegt für Deutschland fast im akzeptablen Bereich von 0,7. Zumindest aus statistischer Perspektive handelt es sich somit um eine unproblematische Zusammenfassung der Komponenten zu einem latenten Konstrukt. Die inhaltliche Qualität, d. h. die Validität der Indikatoren zur Messung der einzelnen Komponenten und damit des Sozialkapitals insgesamt ist weiterhin fraglich.

Die Überprüfung der Annahmen ergab, dass nicht alle Voraussetzungen erfüllt wurden. Somit dürfen nicht alle Gütemaße und Schätzer bei der Modellierung und der Überprüfung des Modells verwendet werden. Dieser Befund verdeutlicht dessen Notwendigkeit und unterstreicht die Empfehlung die Modellannahmen grundsätzlich in Publikationen zu überprüfen. Des Weiteren wurden die vorher vermuteten Probleme der Sozialkapitalindikatoren bestätigt.

Die Spezifizierung des Strukturmodells des Sozialkapitals wurde bislang in der Forschung nicht hinreichend diskutiert. Die Frage, ob das Sozialkapital als latentes Konstrukt zweiter Ordnung, als formatives oder als reflektives Strukturmodell konzeptualisiert werden soll, bleibt in den meisten Analysen unbeantwortet. Man beruft sich im Allgemeinen auf Putnam (2000: 137), der starke positive Korrelationen zwischen den drei Komponenten postuliert. Allerdings wird es versäumt genauer zu begründen wie diese Korrelationen in das Strukturmodell übertragen werden und die Sinnhaftigkeit dieses Vorgehens wird ebenfalls selten hinterfragt. Auch bezüglich dieser Versäumnisse versucht die vorliegende Dissertation erstmals Klarheit zu schaffen. Werden die Entscheidungsregeln von Jarvis et al. (2003) auf das Sozialkapital angewendet, wird deutlich, dass das Sozialkapital Charakteristika beider Modellvarianten aufweist. Das liegt größtenteils an der dünnen theoretischen Konzeptualisierung des Sozialkapitals. Im vorliegenden Fall bleibt die Frage deshalb, sowohl theoretisch als auch aus empirischer Sicht, ebenfalls ungeklärt. Die Autorin entschied sich daher für einen Mittelweg. Das Strukturmodell wurde somit als Modell mit drei Komponenten und Kovarianzen sowie einzelnen Effekten auf die Wahlnorm und die Wahlbeteiligung konzeptualisiert. Diese Entscheidung trägt dem Umstand Rechnung, dass die drei Komponenten, d.h. die latenten Konstrukte des Sozialkapitals verschiedene Ebenen ansprechen und somit nicht zusammengefasst werden sollten.

Die Ausgangslage mit der problematischen Messung, der Reliabilität und der Validität der Netzwerkitems und der Operationalisierung der Wohltätigkeitsnorm mit lediglich einem Indikator war nicht optimal. Dennoch war es möglich, die drei Komponenten des Sozialkapitals mit den Daten des ESS zu konzeptualisieren. Die Faktorenanalyse für die deutschen Befragten zeigt die drei latenten Sozialkapitalkomponenten: Das Vertrauen, die Netzwerke und die Wohltätigkeitsnorm (Hypothese 2.1). Der Modelfit ist gut, d.h. das Sozialkapital besteht aus drei latenten, miteinander kovariierenden Konstrukten. Dies legt nahe, dass mit Hilfe der erhobenen Daten die Modellierung des Sozialkapitals möglich ist. Es bleibt allerdings weiterhin fraglich, ob mit den Items tatsächlich das Sozialkapital gemessen wird und die geschätzten Zusammenhänge denen in der Grundgesamtheit entsprechen. Im vorliegenden Datensatz wurden die vermuteten positiven Zusammenhänge zwischen den drei Komponenten aufgedeckt (H2.2).

Auch bei dem SEM treten die erwarteten Effekte auf. Der Modelfit liegt für alle Gütemaße knapp außerhalb des akzeptablen Bereichs. Die Zusammenhänge zwischen den Komponenten und der Wahlnorm sind wie erwartet positiv (H2.3.1 bis H.2.3.3). Auch diese Koeffizienten sind nicht so stark, wie theoretisch vermutet wurde, was ein weiteres Indiz für die problematische Indikatorenmessung darstellt. Hypothese 2.4 kann ebenfalls vorläufig bestätigt werden. Je stärker die Wahlnorm wahrgenommen wird, desto eher nehmen die Befragten an der Wahl teil. Wie in den Modellen der Wahlforschung üblich, ist auch in diesem Modell der Koeffizient der Wahlnorm am stärksten.

Bei den Kontrollvariablen der Wahlnorm zeigten sich fast alle erwarteten Effekte. Frauen nehmen die Wahlnorm stärker wahr als Männer. Das Alter wirkt sich positiv auf die Wahrnehmung der Wahlnorm aus. Befragte mit einer Religionszugehörigkeit nehmen die Wahlnorm ebenfalls stärker wahr als Personen ohne Religionszugehörigkeit. Während Campbell (2006: 160) einen positiven Effekt der Mobilität auf die Wahlnorm und Nakhaie (2006: 381) einen positiven Effekt der Mobilität auf die Wahlbeteiligung finden, scheint die Mobilität in den Strukturgleichungsmodellen weder einen Einfluss auf die Wahlnorm noch auf die Wahlbeteiligung zu haben. Für den Effekt der Mobilität auf die Wahlbeteiligung war dies erwartet worden und bestätigt die Ergebnisse der der Meta-Analyse von Smets und van Ham (2013: 349). Dort war der Koeffizient für die Mobilität nur in 10 von 18 Studien und lediglich in 28 von 54 Tests signifikant und in der erwarteten Richtung aufgetreten. Die Bildungsjahre und das Einkommen haben, wie erwartet, sowohl einen positiven Einfluss auf die Wahlnorm als auch auf die Wahlbeteiligung.

Für Gesamteuropa finden sich die gleichen positiven Zusammenhänge wie in Deutschland (H3.1–3.4). Hier stechen allerdings die relativ starken positiven Zusammenhänge zwischen dem Vertrauen und den Netzwerken (0,24) und der Effekt der Wohltätigkeitsnorm auf die Wahlnorm (0,23) heraus. Der Effekt der Netzwerke auf die Wahlnorm ist mit 0,16 auch noch relativ stark. Je stärker die Befragten die Wahlnorm wahrnehmen, desto eher nehmen sie an der Wahl teil. Im Vergleich dazu sind die Korrelationen zwischen dem Vertrauen und der Wohltätigkeitsnorm sowie der Netzwerke und der Wohltätigkeitsnorm eher schwach. Dies betrifft auch den Effekt des Vertrauens auf die Wahlnorm.

Hier zeigen sich die Probleme der länderübergreifenden Analysen des Sozialkapitals. Rossteutscher (2008: 223) untersuchte bivariate Korrelationen auf der Mikro- und Makroebene. Die Korrelationen waren für Westeuropa, den Westen (inkl. Westeuropa, USA, Kanada, Israel) und in Demokratien am stärksten. Das Konzept des Sozialkapitals scheint somit nicht universell zu gelten. Dies erklärt die unterschiedlichen Korrelationen innerhalb Europas (Tabelle A15 bis Tabelle A32). Die ökonomischen, kulturellen und soziale Unterschiede der einzelnen Länder scheinen eine gute vergleichbare Forschung des Sozialkapitals zu erschweren. Edwards und Foley (1998) argumentierten bereits, dass das Sozialkapital so komplex ist, dass es am besten im jeweiligen lokalen Kontext zu verstehen ist. Demnach wäre eine quantitative länderübergreifende Forschung ausgeschlossen. Das Europamodell in der Dissertation weist auf diese Problematik hin. Die Vereinsstrukturen und das Engagement in den Vereinen scheinen sich europaweit stark voneinander zu unterscheiden. Besonders bei der Wohltätigkeitsnorm zeigen sich starke Unterschiede, sodass die Korrelationen zwischen der Wohltätigkeitsnorm und dem Vertrauen sowie der Netzwerke in einigen Ländern sehr klein sind bzw. teilweise keinerlei Korrelationen vorliegen.

Auch auf europäischer Ebene treten die erwarteten Effekte des Geschlechts und der Konfessionszugehörigkeit auf die Wahlnorm auf. Die Mobilität hat, wie im deutschen Modell, keinen Einfluss auf die Wahrnehmung der Wahlnorm. In Bezug auf die Wahlbeteiligung zeigen sich die positiven Effekte der Bildungsjahre und des Einkommens, während die Regressionskoeffizienten des Einkommens auf die Wahlnorm negative Werte aufweisen. Dies weist ebenfalls auf die Problematik der länderübergreifenden Messung hin.

Im Rahmen des Möglichen ist es mit den Daten und der bisherigen theoretischen Herleitung gelungen, die Struktur des Sozialkapitals darzustellen und die Rolle der Wahlnorm als vermittelnde Variable zu untersuchen. Trotz der vielen Probleme sind die Ergebnisse insgesamt zufriedenstellend. Dies belegt auch die Konstruktvalidität, die durchweg akzeptabel ist, d. h. aus statistischer Perspektive handelt es sich bei diesen Modellen um gute Modelle. Die Ergebnisse dieser Arbeit lassen vermuten, dass sich mit einer neuen und besseren Messung der Indikatoren auch ein deutlicheres Ergebnis abzeichnen könnte.

9.3 Lehren für die Wahl- und die Sozialkapitalforschung

Besonders wenn man sich den Stellenwert der Wahlnorm für die Wahlforschung ins Gedächtnis ruft, sollten der Wahlnorm und deren Entstehung, Internalisierung sowie Erfassung mehr Aufmerksamkeit geschenkt werden. Denn bislang wurde die Wahlnorm, weder theoretisch noch empirisch, ausführlich genug untersucht. Um die Wahlforschung weiterzubringen, bedarf es einiger Veränderungen.

Die Wahlnorm wird auf unterschiedliche Weise mit verschiedenen Items gemessen. In der Forschung ist bisher nicht absehbar, dass sich in naher Zukunft ein Konsens bezüglich der Frage bilden wird, wie die Wahlnorm am besten gemessen wird und welche Arten der Wahlnorm, die wahrgenommene oder die internalisierte, erfasst werden sollten. Die Angaben, die bislang zur Wahlnorm vorliegen, sind mit Sicherheit durch die soziale Erwünschtheit verzerrt. Ein Beispiel zeigt sich bei den British Social Attitudes surveys in Abbildung 7, in der die Ausprägung der Wahlnorm jeweils in den Wahljahren angestiegen ist.

Durch die derzeitige Art der Messung bleibt der Erkenntniswert eingeschränkt. Um dies zu verdeutlichen kann man als Beispiel das Argument heranziehen, dass die Wahlnorm gesunken ist. Oftmals wird es angeführt, wenn die Wahlbeteiligungsrate gesunken ist und keine andere Erklärung auszumachen ist. Da jedoch Panel- und Zeitreihendaten fehlen, ist kein eindeutiger abnehmender Trend der Wahlnorm festzustellen. Die vorliegenden Panel-Daten, wurden bislang nicht analysiert (BES) und wenn sie untersucht wurden, erfolgte die Analyse selten mit den angemessenen statistischen Verfahren (GLES). Bei den wenigen Zeitreihen, die es gibt, verhält es sich ähnlich. De facto ist das Argument weder zu bestätigen noch zu widerlegen. Daher sollte entweder die Messung der Wahlnorm verbessert werden und die Zeitreihen ausgeweitet werden oder die Wahlforschung sollte nach anderen Argumenten für das Sinken der Wahlbeteiligungsraten suchen.

Eine genauere Auseinandersetzung mit der Wahlnorm in der Forschung auf theoretischer und empirischer Ebene wäre wünschenswert. So könnte geklärt werden, ob die Wahlnorm eine Bedeutung zur Erklärung der Wahlbeteiligung besitzt oder nur ein tautologisches Konstrukt ist. So lange die Validität sowie die Reliabilität der Indikatoren und der Umgang mit der sozialen Erwünschtheit ungeklärt sind, ist der Beitrag der Wahlnorm, wie auch der des Sozialkapitals, zur Erklärung der Wahlbeteiligung eingeschränkt.

Die Sozialkapitalforschung weist theoretisch noch einige Lücken auf, die in dieser Dissertation und auch in der übrigen Literatur hinreichend thematisiert wurden. Es mangelte daher nicht an Lösungsvorschlägen. Diese wurden jedoch nicht umgesetzt, sodass die Probleme weiterhin bestehen. Auf empirischer Ebene sieht es etwas anders aus. Auch hier gibt es Kritik, allerdings in geringerem Umfang, weil die Mehrheit der Forscher mit Sekundärdaten arbeitet und die meisten Analysen somit vor den gleichen Problemen stehen. Nach knapp 25 Jahren der Sozialkapitalforschung liegt nur eine Meta-Analyse vor (Smets/van Ham 2013). Es ist daher relativ wenig darüber bekannt, ob der Effekt einer unabhängigen Variablen auf das Sozialkapital in der Grundgesamtheit vorliegt oder zufällig im Rahmen der Analysen entstanden ist, ist somit relativ wenig bekannt. Die Auswahl ungeeigneter Indikatoren zur Messung und deren Verwendung in statistischen

Modellen sorgen dafür, dass es insgesamt zu keinem nennenswerten Erkenntnisfortschritt in den letzten Jahren gekommen ist.

An der Erfassung und der Kategorisierung der Vereine bzw. der Netzwerke wird die Problematik deutlich. Gerade die Vereinfachung der Messung der Netzwerke des zivilgesellschaftlichen Engagements und die fehlende Zuordnung in bindende und brückenbildende sowie innen- und außenorientierte Netzwerke und Netzwerke mit einer hohen oder einer geringen Dichte, führen dazu, dass inhaltlich unterschiedliche Dinge gemessen werden. Aus diesem Grund können keine eindeutigeren Effekte in den statistischen Modellen auftreten. Es ist anzunehmen, dass bspw. die geringe Effektstärke der Vereinsmitgliedschaften unter anderem auf das Missachten dieser Trennung zurückzuführen ist.

Die Erhebung von Vereinsmitgliedschaften müsste daher verändert werden. Es ist nicht ausreichend zu fragen: In welchen der folgenden Vereine sind Sie Mitglied? Und als Antwortkategorien verschiedene Vereinstypen, wie bspw. Sport-, Umwelt-, Menschenrechts- oder Kulturvereine anzubieten. Damit erfährt man zwar, in welchem dieser Vereinstypen die Befragten Mitglied sind, allerdings bedarf es für die Zuordnung der Vereine auf den Kontinuen zusätzlicher Informationen. Im Rahmen einer Umfrage können die nötigen Informationen zu den Vereinen nur indirekt, d. h. über die Befragten, erhoben werden. Nach der Frage zu den Vereinsmitgliedschaften müsste eine Frage folgen, die den Grad der Innen- oder Außenorientierung des Vereins misst. Ist der betreffende Verein primär an dem eigenen Vereinsleben orientiert oder dient er einem höheren Zweck? Daraufhin könnte man noch die Dichte abfragen: »Treffen sich die Vereinsmitglieder regelmäßig?« »Kennen sich die Mitglieder untereinander oder sind Ihnen die anderen Mitglieder eher fremd?« Durch die Erweiterung des Fragenkatalogs würde man mehr Informationen über die Vereinsmitgliedschaften gewinnen und könnte diese innerhalb der Kontinuen verorten. Eine weitere Möglichkeit bestünde darin, direkt zu erheben, in welchen Vereinen der Befragte Mitglied ist. Diese Herangehensweise wäre für den Forschenden mit einem Mehraufwand verbunden, da die Charakteristika des jeweiligen Vereines untersucht werden müssten.

Während die Determinanten der Vereinsmitgliedschaften sowie des Vertrauens hinreichend untersucht wurden, ist die Reziprozitätsnorm die große Unbekannte des Sozialkapitals. Obwohl die Reziprozitätsnorm für eine erfolgreiche Kooperation unerlässlich ist, wurde ihr bislang nur wenig Aufmerksamkeit geschenkt. Bei der Reziprozitätsnorm muss man zunächst entscheiden, welcher Aspekt gemessen werden soll. Die Unterscheidung zwischen positiver und negativer sowie spezifischer und generalisierter Reziprozität sollte beachtet werden. Zudem sollten mehrere Items zur Messung verwendet werden, um die Reliabilität und die Validität zu erhöhen. Gleiches gilt für die Wohltätigkeitsnorm. Die Reziprozitätsbereitschaft des Befragten oder dessen Erfahrungen mit früheren Kooperationspartnern, bspw. erlittene Enttäuschungen sowie deren Verursacher, stellen einen weiteren interessanten Forschungsgegenstand dar. Die Unterscheidung zwischen der Messung der Reziprozität und der Reziprozitätsnorm sollte ebenfalls beachtet werden. Normen sind generell schwer zu messen, daher bedarf es bei der Reziprozitäts- und der Wohltätigkeitsnorm weiterer theoretischer Überlegungen um eine bessere Operationalisierung, die auch den Aspekt der sozialen Erwünschtheit berücksichtigt, zu ermöglichen.

Die Verwendung von anderen gesellschaftlichen Normen, prosozialem Verhalten oder gesellschaftlich erwarteten Einstellungen ist jedoch kein geeigneter Ersatz für die Reziprozitätsnorm. Zumal für die verschiedenen Reziprozitätsformen und die Wohltätigkeitsnorm bereits einige gute Beispiele für geeignete Indikatoren vorliegen (bspw. Freitag und Traunmüller 2008, Franzen und Pointner 2007). Diese müssten nur noch in die Umfragen integriert werden und somit in der Forschung Anwendung finden.

Da die Messung nicht ideal ist und damit der Umgang mit den einzelnen Komponenten des Sozialkapitals schwierig ist, gestaltet sich auch die Betrachtung des Gesamtkonzeptes als problematisch. Hier stellt sich die Frage: Wie wird der Wirkungszusammenhang zwischen den Komponenten konzeptualisiert? Mit welchen multivariaten Analysen wird dieser überprüft?

Aufgrund der vermuteten Wirkungsbeziehungen nach Putnam wäre eine nicht-orthogonale Faktorenanalyse das angemessene Verfahren. Hierbei würden mehrere Indikatoren einen Faktor, im konkreten Fall eine Komponente, bilden und die drei Faktoren dürfen miteinander korrelieren (im Gegensatz zu einer orthogonalen Faktorenanalyse, bei der die Faktoren nicht miteinander korrelieren dürfen). Fraglich bleibt dann, ob die drei Komponenten zusätzlich als Sozialkapital und damit als latentes Konstrukt zweiter Ordnung konzeptualisiert werden sollten.

In der Regel liefern die Faktorenanalysen keine allzu überraschenden und überdurchschnittlich guten Ergebnisse. Das liegt vermutlich weniger an dem Sozialkapital an sich, sondern vielmehr an den problematischen Indikatoren. Zumal die Reziprozitätsnorm nur sehr selten gemessen wird, sodass eine gesamtheitliche Betrachtung des Sozialkapitals oftmals nicht möglich ist. All diese Probleme erschweren es in außerordentlichem Maße, ein gutes Ergebnis bei einer Faktorenanalyse zu erhalten.

Neben der Frage der korrekten Konzeptualisierung stellt sich auch die Frage nach der Beziehung zwischen den drei Komponenten. In welchem Verhältnis stehen die Reziprozitätsnorm, das Vertrauen und die Netzwerke zueinander? Besteht zwischen den Komponenten ein gerichteter oder ein ungerichteter Zusammenhang? Wenn es sich um einen gerichteten Zusammenhang handelt, wird das Vertrauen von den Netzwerken beeinflusst oder die Netzwerke durch das Vertrauen? Im Falle eines ungerichteten Zusammenhangs ist die Korrelation möglicherweise, wie von Armingeon (2007) vermutet, lediglich ein Ausdruck einer Scheinkorrelation, die von der Soziodemographie der Befragten ausgelöst wird. An diesem Punkt treten die aufsummierten Probleme der Sozialkapitalforschung besonders deutlich zutage. Neben dem Fehlen geeigneter Indikatoren ist besonders das Fehlen geeigneter Panel-Daten schwerwiegend. Die wenigen vorhandenen Panel-Daten erstrecken sich über zu kurze Zeiträume und wurden bislang selten mit Hilfe von geeigneten statistischen Methoden untersucht.

Zwei zentrale Thesen der Sozialkapitalforschung konnten deshalb bislang nicht überprüft werden. Bezüglich der Sozialisationsannahme von de Tocqueville (1840) gibt es Hinweise darauf, dass die Unterschiede in Bezug auf die Einstellung gegenüber der Demokratie und die Entwicklung von »civic skills« auf die Selbstselektion der Vereinsmitglieder zurückzuführen sind. Zufriedenstellende Ergebnisse liegen dazu jedoch nicht vor. Auch die viel zitierte These des sinkenden Sozialkapitals, welches zugleich der Aufhänger von Putnams zweitem Hauptwerk »Bowling Alone« (2000) war, ist nicht beantwortet worden. Auch hier fehlt es an Panel-Daten. Mit Aggregatdaten, wie bei Putnam (2000), ist es zwar möglich, die sinkenden Mitgliederzahlen von Vereinen zu betrachten, allerdings besteht weiterhin die Möglichkeit, dass sich die Mitglieder lediglich anderen Vereinstypen zuwenden und das Sozialkapital somit unverändert bleibt.

9.4 Chancen der Sozialkapitalforschung

Sollten die eben beschriebenen Maßnahmen zur Verbesserung der Forschungsmethoden tatsächlich beachtet werden, so ergeben sich für das Forschungsfeld neue Chancen. Mit einer optimierten Messung des Sozialkapitals ist es möglich die bisherigen Ergebnisse und Erkenntnisse des Forschungsfeldes zu überprüfen und gegebenenfalls zu revidieren. Denn vieles, was man jetzt über das Sozialkapital zu wissen glaubt, basiert auf schlechten Indikatoren und einem vage formulierten Konzept. Die konsequente Verbesserung würde jedoch viele Ressourcen in Anspruch nehmen. Umsetzen ließe sich dies beispielsweise mittels eines groß angelegten Forschungsprojekts, bei dem sich mehrere Forscher zusammenschließen. Außerdem bedarf es einer höheren Vernetztheit in diesem Bereich, die beispielsweise durch mehrere Konferenzen zu diesem Thema gefördert werden kann. Die OECD-Konferenz »Social Capital, The challenge of international measurement« vom 25. bis zum 27. September 2002 in London gab zwar einen Impuls zur Verbesserung der Messung, allerdings wurde dieser von der Forschungsgemeinschaft nicht genutzt. Auch die dort von Putnam geäußerten Vorschläge wurden nicht aufgegriffen.

So wird das Sozialkapital weiterhin als »Allheilmittel gegen eine Vielzahl von Problemen« (Steinbrecher 2009: 68) betrachtet und dementsprechend zur Erklärung aller möglichen Phänomene herangezogen (Heydenreich-Burck 2010: 68, Halpern 2005: 14). Daher gilt auch heute noch: »Social capital makes us smarter, healthier, safer, richer and better able to govern a just and stable democracy« (Putnam 2000: 290). Ob diese Aussage gerechtfertigt ist oder ungerechtfertigterweise Bestand hat, lässt sich aufgrund der zahlreichen Probleme der Sozialkapitalforschung nicht abschließend klären und bleibt somit abzuwarten.

Literaturverzeichnis

Adam, Frane (2008): Mapping social capital across Europe. Findings, trends and methodological shortcomings of cross-national surveys. In: Social Science Information, 47, 2, 159–186.

Adloff, Frank/Mau, Steffen (2005): Zur Theorie der Gabe und Reziprozität. In: Adloff, Frank/Mau, Steffen (Hrsg.): Vom Geben und Nehmen. Zur Soziologie der Reziprozität, Frankfurt/Main, 9–57.

Almond, Gabriel A./Verba, Sidney (1963): Civic Culture. Political Attitudes and Democracy in Five Nations, Princeton.

Anderson, Barbara A./Silver, Brian D. (1986): Measurement and Mismeasurement of the Validity of the Self-Reported Vote. In: American Journal of Political Science, 30, 4, 771–785.

Anheier, Helmut/Kendall, Jeremy (2002): Interpersonal trust and voluntary associations: examining three approaches. In: British Journal of Sociology, 53, 3, 343–363.

Armingeon, Klaus (2007): Political participation and associational involvement. In: van Deth, Jan W./Montero, José R./Westholm, Anders (Hrsg.): Citizenship and Involvement in European Democracies – A comparative analysis, London, 358–383.

Arrow, Kenneth J. (2000): Observations of Social Capital. In: Dasgupta, Partha/Serageldin, Ismail (Hrsg.): Social Capital: A Multifaceted Perspective, Washington D.C., 3–5.

Arzheimer, Kai/Schmitt, Annette (2014): Der ökonomische Ansatz. In: Falter, Jürgen W./Schoen, Harald (Hrsg.): Handbuch Wahlforschung, Wiesbaden, 331–403.

Backhaus, Klaus/Erichson, Bernd/Plinke, Wulff/Weiber, Rolf (2011): Multivariate Analysemethoden. Eine anwendungsorientierte Einführung, Berlin.

Badescu, Gabriel/Neller, Katja (2007): Explaining associational involvement. In: van Deth, Jan W./Montero, José R./Westholm, Anders (Hrsg.): Citizenship and Involvement in European Democracies—A comparative analysis, London, 158–187.

Bekkers, René (2012): Trust and Volunteering: Selection or Causation? Evidence From a 4 Year Panel Study. In: Political Behavior, 34, 2, 225–247.

Belli, Robert F./Traugott, Michael W./Beckmann, Matthew N. (2001): What Leads to Voting Overreports? Contrasts of Overreporters to Validated Voters and Admitted Nonvoters in the American National Election Studies. In: Journal of Official Statistics, 17, 4, 479–498.

Berelson, Bernhard R./Lazarfeld, Paul F./McPhee, William N. (1954): Voting. A Study of Opinion Formation in a Presidential Campaign, Chicago.

Berk, Richard A. (2004): Regression Analysis. A Constructive Critique, Thousand Oaks.

Bernstein, Robert/Chadha, Anita/Montjoy, Robert (2001): Overreporting Voting. Why it happens and why it matters. In: Public Opinion Quarterly, 65, 1, 22–44.

Birch, Sarah (2009): Full Participation. A comparative study of compulsory voting, New York.

Bjørnskov, Christian (2006): Determinants of generalized trust: A cross-country comparison. In: Public Choice, 130, 1–2, 1–21.

Blais, André (2000): To Vote or Not to Vote? The Merits and Limits of Rational Choice Theory, Pittsburgh.

Blais, André/Achen, Christopher H. (2009): Taking Civic Duty Seriously: Political Theory and Voter Turnout.

Blais, André/Labbé St-Vincent, Simon (2011): Personality traits, political attitudes and the propensity to vote. In: European Journal of Political Research, 50, 3, 395–417.

Blais, André/Young, Robert/Fleury, Christopher/Lapp, Miriam (1995): Do People Vote on the Basis of Minimax Regret?. In: Political Research Quarterly, 48, 4, 827–836.

Blais, André/Young, Robert/Lapp, Miriam (2000): The calculus of voting: An empirical test. In: European Journal of Political Research, 37, 2, 181–201.

Boix, Carles/Posner, Daniel N. (1998): Social Capital: Explaining Its Origins and Effects on Government Performance. In: British Journal of Political Science, 28, 4, 686–693.

Bourdieu, Pierre (1983): Ökonomisches Kapital, kulturelles Kapital, soziales Kapital. In: Kreckel, Reinhard (Hrsg.): Soziale Ungleichheiten, Göttingen, 183–198.

Bowler, Shaun/Donovan, Todd (2013): Civic duty and turnout in the UK referendum on AV: What shapes the duty to vote?. In: Electoral Studies, 32, 265–273.

Brady, Henry E./Verba, Sidney/Schlozman, Kay L. (1995): Beyond SES: A Resource Model of Political Participation. In: American Political Science Review, 89, 2, 271–294.

Braun, Sebastian (2001): Putnam und Bourdieu und das soziale Kapital in Deutschland. In: Leviathan, 29, 3, 337–354.

Braun, Sebastian (2007): Freiwillige Vereinigungen als Katalysatoren von Sozialkapital? Ergebnisse einer repräsentativen Bevölkerungsumfrage in Deutschland. In: Lüdicke, Jörg/Diewald, Martin (Hrsg.): Soziale Netzwerke und soziale Ungleichheit. Zur Rolle von Sozialkapital in modernen Gesellschaften, Wiesbaden, 201–234.

Braunias, Karl (1932): Das parlamentarische Wahlrecht. Ein Handbuch über die Bildung der gesetzgebenden Körperschaften in Europa, Berlin.

Brehm, John/Rahn, Wendy (1995): An Audit of the Deficit in Social Capital, unpublished manuscript, Durham.

Broscheid, Andreas/Gschwend, Thomas (2003): Augäpfel, Murmeltiere und Bayes. Zur Auswertung stochastischer Daten aus Vollerhebungen. In: MPIfG Working Paper 03/7, Köln.

Byrne, Barbara M. (2012): Structural Equation Modeling with Mplus. Basic concepts, Applications, and Programming, New York.

Burden, Barry C. (2000): Voter Turnout and the National Election Studies. In: Political Analysis, 8, 4, 389–398.

Caballero, Claudio (2005): Nichtwahl. In: Falter, Jürgen/Schoen, Harald (Hrsg.): Handbuch Wahlforschung, Wiesbaden, 329–365.

Campbell, Angus/Converse, Philip E./Miller, Warren E./Stokes, Donald E. (1960): The American Voter, New York.

Campbell, Angus/Gurin, Gerald/Miller, Warren E. (1954): The voter decides, Westport.

Campbell, David E. (2006): Why we vote. How schools and communities shape our civic life, Princeton.

Carlsson, Fredrik/Johnsson-Stenman, Olof (2010): Why Do You Vote and Vote as You Do?. In: Kyklos, 63, 4, 495–516.

Cassel, Carol A. (2003): Overreporting And Electoral Participation Research. In: American Politics Research, 31, 1, 81–92.

Chareka, Ottilia/Sears, Alan (2006): Civic duty. Young people's conceptions of voting as a means of political participation. In: Canadian Journal of Education, 29, 2, 521–540.

Christ, Oliver/Schlüter, Elmar (2012): Strukturgleichungsmodelle mit Mplus. Eine praktische Einführung, München.

Claibourn, Michele P./Martin, Paul S. (2000): Trusting and Joining? An Empirical Test of the Reciprocal Nature of Social Capital. In: Political Behavior, 22, 4, 261–291.

Clarke, Harold D./Sanders, David/Stewart, Marianne C./Whiteles, Paul F. (2004): Political Choice in Britain. Oxford.

Clarke, Rory J. (2004): Bowling together. In: OECD Observer, 242, 14–15.

Coleman, James S. (1988): Social Capital in the Creation of Human Capital. In: American Journal of Sociology, 94, Supplement, 95–120.

Coleman, James S. (1990): Foundations of social theory, Cambridge.

Coleman, James S. (1991): Grundlagen der Sozialtheorie, München.

Cook, Karen S. (Hrsg.) (2001): Trust in Society, New York.

Davenport, Tiffany/Gerber, Alan S./Green, Donald P./Larimer, Christoph W./Mann, Christopher B./Panagopoulos, Costas (2010): The Enduring Effect of Social Pressure. Tracking Campaign Experiments Over a Series of Elections. In: Political Behavior, 32, 3, 423–430.

De Nève, Dorothée (2009): NichtwählerInnen. Eine Gefahr für die Demokratie?, Opladen.

De Tocqueville, Alexis (1969 [1840]): Democracy in America. Mayer, J. P. (Hrsg.), Garden City.

Dekker, Paul (2004): Social Capital of Individuals: Relational Asset or Personal Quality?. In: Prakash, Sanjeev/Selle, Per (Hrsg.): Investigating Social Capital. Comparative Perspectives on Civil Society, Participation and Governance, Thousand Oaks, 88–110.

Dekker, Paul/van den Broek, Andries (1996): Volunteering and Politics: Involvement in Voluntary Associations from a ›Civic Culture' Perspective. In: Halman, Loek/Nevitte, Neil (Hrsg.): Political Value Change in Western Democracies. Integration, Values, Identification, and Participation, Tilburg, 125–151.

Delhey, Jan/Newton, Kenneth (2003): Who Trusts? The Origins of Social Trust in Seven Societies. In: European Societies, 5, 2, 93–137.

Delhey, Jan/Newton, Kenneth (2005): Predicting Cross-National Levels of Social Trust: Global Pattern or Nordic Exceptionalism. In: European Sociological Review, 21, 4, 311–327.

Diekmann, Andreas (2004): The Power of Reciprocity. In: Journal of Conflict Resolution, 48, 4, 487–505.

Diekmann, Andreas (2007): Empirische Sozialforschung. Grundlagen, Methoden, Anwendungen, Reinbek bei Hamburg.

Diekmann, Andreas (2007): Dimensionen des Sozialkapitals. In: Franzen, Axel/Freitag, Markus (Hrsg.): Sozialkapital. Grundlagen und Anwendungen, Wiesbaden, 47–66.

Downs, Anthony (1957): An Economic Theory of Democracy, New York.

Durlauf, Steven N. (2002): Bowling Alone: a review essay. In: Journal of Economic Behavior & Organization, 47, 3, 259–273.

Edwards, Bob/Foley, Michael W. (1998): Civil Society and Social Capital Beyond Putnam. In: American Behavioral Scientist, 42, 1, 124–139.

Eilfort, Michael (1994): Die Nichtwähler. Wahlenthaltung als Form des Wahlverhaltens, Paderborn.

Enders, Craig K. (2010): Applied Missing Data Analysis, New York.

Esser, Hartmut (2000): Soziologie. Spezielle Grundlagen. Band 4: Opportunitäten und Restritktionen, Frankfurt/Main.

Faas, Thorsten (2010): Das fast vergessene Phänomen. Hintergründe der Wahlbeteiligung bei der Bundestagswahl 2009. In: Korte, Karl R. (Hrsg.): Die Bundestagswahl 2009. Analysen der Wahl-, Parteien-, Kommunikations- und Regierungsforschung, Wiesbaden, 69–86.

Fahrmeir, Ludwig/Kneib, Thomas/Lang, Stefan (2009): Regression. Modelle, Methoden und Anwendungen, Berlin.

Fahrmeir, Ludwig/Künstler, Rita/Pigeot, Iris/Tutz, Gerhard (2011): Statistik. Der Weg zur Datenanalyse, Berlin.

Falter, Jürgen/Schumann, Siegfried (1993): Nichtwahl und Protestwahl. Zwei Seiten einer Medaille. In: Aus Politik und Zeitgeschichte, 43, 11, 36–49.

Farrell, Clare (2007): Thinking Critically about Social Capital. In: Irish Journal of Sociology, 16, 2, 27–49.

Fassott, Georg/Eggert, Andreas (2005): Zur Verwendung formativer und reflektiver Indikatoren in Strukturgleichungsmodellen: Bestandsaufnahme und Anwendungsempfehlungen. In: Bliemel, Friedhelm/Eggert, Andreas/Fassott, Georg/Henseler, Jörg (Hrsg.): Handbuch PLS-Pfadmodellierung. Methode, Anwendung, Praxisbeispiele, Stuttgart, 31–47.

Field, John (2003): Social Capital, New York.

Fieldhouse, Edward/Tranmer, Mark/Russell, Andrew (2007): Something about young people or something about elections? Electoral participation of young people in Europe. Evidence from a multilevel analysis of the European Social Survey. In: European Journal of Political Research, 46, 6, 797–822.

Fornell, Claes/Larcker, David F. (1981): Evaluating Structural Equation Models with Unobservable Variables and Measurement Error. In: Journal of Marketing Research, 18, 1, 39–50.

Franzen, Axel/Freitag, Markus (2007): Aktuelle Themen und Diskussionen der Sozialkapitalforschung. In: Franzen, Axel/Freitag, Markus (Hrsg.): Sozialkapital. Grundlagen und Anwendungen, Wiesbaden, 7–23.

Franzen, Axel/Pointner, Sonja (2007): Sozialkapital: Konzeptualisierungen und Messungen. In: Franzen, Axel/Freitag, Markus (Hrsg.): Sozialkapital. Grundlagen und Anwendungen, Wiesbaden, 66–91.

Freitag, Markus (2001): Das soziale Kapital der Schweiz. Vergleichende Einschätzungen zu Aspekten des Vertrauens und der sozialen Einbindung. In: Swiss Political Science Review, 7, 4, 87–117.

Freitag, Markus/Grießhaber, Nicolas/Traunmüller, Richard (2009): Vereine als Schulen des Vertrauens? Eine empirische Analyse zur Zivilgesellschaft in der Schweiz. In: Swiss Political Science Review, 15, 3, 495–527.

Freitag, Markus/Traunmüller, Richard (2008): Sozialkapitalwelten in Deutschland. Soziale Netzwerke, Vertrauen und Reziprozitätsnormen im subnationalen Vergleich. In: Zeitschrift für Vergleichende Politikwissenschaft, 2, 1, 221–256.

Frey, Bruno S./Stutzer, Alois (2008): Environmental Morale and Motivation. In: Lewis, Alan (Hrsg.): Cambridge Handbook of Psychology and Economic Behaviour, Cambridge, 406–428.

Frings, Cornelia (2010): Soziales Vertrauen. Eine Integration der soziologischen und der ökonomischen Vertrauenstheorie, Wiesbaden.

Fukuyama, Francis (1995): Social Capital and the Global Economy. In: Foreign Affairs, 74, 5, 89–103.

Fulkerson, Gregory M./Thompson, Gretchen H. (2008): The Evolution of a Contested Concept: A Meta-Analysis of Social Capital Definitions and Trends (1988–2006). In: Sociological Inquiry, 78, 4, 536–557.

Gabriel, Oskar W. (2004): Politische Partizipation. In: van Deth, Jan W. (Hrsg.): Deutschland in Europa. Ergebnisse des European Social Survey 2002–2003, Wiesbaden, 317 -338.

Gabriel, Oskar W./Kunz, Volker/Roßteutscher, Sigrid/van Deth, Jan W. (2002): Sozialkapital und Demokratie. Zivilgesellschaftliche Ressourcen im Vergleich, Wien.

Geiser, Christian (2011): Datenanalyse mit Mplus. Eine anwendungsorientierte Einführung, Wiesbaden.

Gerber, Alan S./Green, Donald P. (2000): The Effects of Canvassing, Telephone Calls, and Direct Mail on Voter Turnout: A Field Experiment. In: The American Political Science Review, 94, 3, 653–663.

Gerber, Alan S./Green, Donald P./Larimer, Christoph W. (2008): Social Pressure and Voter Turnout. Evidence from a Large-Scale Field Experiment. In: American Political Science Review, 102, 1, 33–48.

Gerber, Alan S./Green, Donald P./Larimer, Christopher W. (2010): An Experiment Testing the Relative Effectiveness of Encouraging Voter Participation by Inducing Feelings of Pride or Shame. In: Political Behavior, 32, 3, 409–422.

Gesthuizen, Maurice/van der Meer, Tom/Scheepers, Peer (2008): Education and Dimensions of Social Capital. Do Educational Expansion and Social Security Expenditure?. In: European Sociological Review, 24, 5, 617–632.

Glaeser, Edward L./Laibson, David I./Scheinkman, José A./Soutter, Christine L. (2000): Measuring Trust. In: The Quarterly Journal of Economics, 115, 3, 811–846.

Glanville, Jennifer L./Andersson, Matthew A./Paxton, Pamela (2013): Do Social Connections Create Trust? An Examination Using New Longitudinal Data. In: Social Forces, 92, 2, 545–562.

Goerres, Achim (2010): Die soziale Norm der Wahlbeteiligung. Eine international vergleichende Analyse für Europa. In: Politische Vierteljahresschrift, 51, 2, 275–296.

Gouldner, Alvin W. (1960): The Norm of Reciprocity: A Preliminary Statement. In: American Sociological Review, 25, 1, 161–178.

Gouldner, Alvin W. (2005): Etwas gegen nichts. Reziprozität und Asymmetrie. In: Adloff, Frank/Mau, Steffen (Hrsg.): Vom Geben und Nehmen. Zur Soziologie der Reziprozität, Frankfurt/Main, 109–123.

Granberg, Donald/Holmberg, Sören (1991): Self-Reported Turnout and Voter Validation. In: American Journal of Political Science, 35, 2, 448–459.

Granberg, Donald/Holmberg, Sören (1992): The Hawthorne Effect in Election Studies. The Impact of Survey Participation on Voting. In: British Journal of Political Science, 22, 2, 240–247.

Granovetter, Mark S. (1973): The strength of weak ties. In: The American Journal of Sociology, 78, 6, 1360–1380.

Granovetter, Mark S. (1974): Getting a Job: A Study of Contacts and Careers, Cambridge.

Green, Donald P./Shapiro, Ian (1994): Pathologies of Rational Choice Theory. A Critique of Applications in Political Science, New Haven.

Greiffenhagen, Martin/Greiffenhagen, Sylvia (1979): Ein schwieriges Vaterland. Zur Politischen Kultur Deutschlands, München.

Grootaert, Christiaan (2001): Social Capital—The missing link?. In: Dekker, Paul/Uslaner, Eric M. (Hrsg.): Social Capital and Participation in Everyday Life, London, 9–29.

Haddad, Lawrence/Maluccio, John A. (2003): Trust, membership in groups, and household welfare. Evidence from kwazulu-natal, south africa. In: Economic Development and Cultural Change, 51, 3, 573–601.

Hall, Peter (2001): Großbritannien. In: Putnam, Robert D. (Hrsg.): Gesellschaft und Gemeinsinn. Sozialkapital im internationalen Vergleich, Gütersloh, 45–114.

Halman, Loek/Luijkx, Ruud (2006): Social capital in contemporary Europe: evidence from the European Social Survey. In: Portuguese Journal of Social Science, 5, 1, 65–90.

Halpern, David (2005): Social Capital, Cambridge.

Hanifan, Lyda J. (1916): The Rural School Community Center. In: Annals of the American Academy of Political and Social Science, 67, 130–138.

Harbaugh, Bill (1996): If People Vote Because They Like to, Then Why Do So Many of Them Lie?. In: Public Choice, 98, 1–2, 63–76.

Hardin, Russell (2002): Trust and Trustworthiness, New York.

Hasen, Richard L. (1996): Voting without Law?. In: University of Pennsylvania Law Review, 144, 5, 2135–2179.

Häuberer, Julia (2011): Social Capital Theory. Towards a Methodological Foundation, Wiesbaden.

Helliwell, John F. (2002): Rapporteur's Summary. OECD/ONS Conference on the Measurement of Social Capital, London.

Helmbrecht, Michael (2005): Erosion des »Sozialkapitals«? Eine kritische Diskussion der Thesen Robert D. Putnams, Bielefeld.

Herting, Jerald R./Costner, Herbert L. (2000): Another perspective on »The proper number of factors« and the appropriate number of steps. In: Structural Equation Modeling. A Multidisciplinary Journal, 7,1, 92–110.

Heydenreich-Burck, Kerstin (2010): Politische Institutionen und Sozialkapital. Ein internationaler Vergleich der Determinanten sozialen Kapitals, Frankfurt/Main.

Hill, Lisa (2002): On the Reasonableness of Compelling Citizens to ›Vote‹. The Australian Case. In: Political Studies, 50, 1, 80–101.

Hooghe, Marc (2001): ›Not for our kind of people‹. The sour grapes phenomenon as a causal mechanism for political passivity. In: Dekker, Paul/Uslaner, Eric M. (Hrsg.): Social Capital and Participation in Everyday Life, London, 162–175.

Hooghe, Marc (2003a): Participation in Voluntary Associations and Value Indicators: The Effect of Current and Previous Participation Experiences. In: Nonprofit and Voluntary Sector Quarterly, 32, 1, 47–69.

Hooghe, Marc (2003b): Voluntary Associations and Democratic Attitudes: Value Congruence as a Causal Mechanism. In: Hooghe, Marc/Stolle, Dietlind (Hrsg.): Generating Social Capital—Civil Society and Institutions in Comparative Perspective, New York, 89–111.

Hooghe, Marc/Stolle, Dietlind (2003): Introduction: Generating Social Capital. In: Hooghe, Marc/Stolle, Dietlind (Hrsg.): Generating Social Capital—Civil Society and Institutions in Comparative Perspective, New York, 1–18.

Hox, Joop J. (2010): Multilevel Analysis. Techniques and Applications, New York.

Hox, Joop J./Maas, Cora J. (2001): The Accuracy of Multilevel Structural Equation Modeling With Pseudobalanced Groups and Small Samples. In: Structural Equation Modeling, 8, 2, 157–174.

Jarvis, Cherly B./Mackenzie, Scott B./Podsakoff, Philip M. (2003): A Critical Review of Construct Indicators and Measurement Model Misspecification in Marketing and Consumer Research. In: Journal of Consumer Research, 30, 199–217.

Jennings, M. Kent/Stoker, Laura (2004): Social Trust and Civic Engagement across Time and Generations. In: Acta Politica, 39, 4, 342–379.

Jones, Nikoleta/Botetzagias, Iosif/Malesios, Chrisovaladis (2009): The Influence of Social Capital on Willingness to Pay for the Environment among European Citizens. In: European Societies, 11, 4, 511–530.

Jones, W. H. Morris (1954): In Defence of Apathy. Some Doubts on the Duty to Vote. In: Political Studies, 2, 1, 25–37.

Jungbauer-Gans, Monika/Gross, Christiane (2007): Verteilung des sozialen Kapitals. Eine makrosoziologische Analyse des European Social Survey 2002 und 2004. In: Franzen, Axel/Freitag, Markus (Hrsg.): Sozialkapital. Grundlagen und Anwendungen. Wiesbaden, 211–240.

Kaase, Max/Bauer-Kaase, Petra (1998): Zur Beteiligung an der Bundestagswahl 1994. In: Kaase, Max/Klingemann, Hans-Dieter (Hrsg.): Wahlen und Wähler. Analysen aus Anlaß der Bundestagswahl 1994, Wiesbaden, 85–112.

Kääriäinen, Juha/Lehtonen, Heikki (2006): The variety of social capital in welfare state regimes–a comparative study of 21 countries. In: European Societies, 8, 1, 27–57.

Kawachi, Ichiro/Kennedy, Bruce P./Glass, Roberta (1999): Social Capital and Self-Rated Health: A Contextual Analysis. In: American Journal of Public Health, 89, 8, 1187–1193.

Keaney, Emily/Rogers, Ben (2006): A Citizen's Duty. Voter inequality and the case for compulsory turnout, Institute of Public Policy Report.

Kleinhenz, Thomas (1995): Die Nichtwähler. Ursachen der sinkenden Wahlbeteiligung in Deutschland, Opladen.

Knack, Steven (1992): Civic Norms, Social Sanctions, and Voter Turnout. In: Rationality and Society, 4, 2, 133–156.

Kohler, Ulrich (2008): Assessing the Quality of European Surveys. Towards an Open Method of Coordination for Survey Data. In: Alber, Jens/Faher, Tony/Saraceno, Chiara (Hrsg.): Handbook of Quality of Life in the Enlarged European Union, London.

Kohler, Ulrich/Kreuter, Frauke (2012): Datenanalyse mit Stata. Allgemeine Konzepte der Datenanalyse und ihre praktische Anwendung, München.

Kriesi, Hanspeter (2007): Sozialkapital. Eine Einführung. In: Franzen, Axel/Freitag, Markus (Hrsg.): Sozialkapital. Grundlagen und Anwendungen, Wiesbaden, 23–46.

Kroll, Christian (2008): Social Capital and the Happiness of Nations, Frankfurt/Main.

Kühnel, Steffen (2001): Kommt es auf die Stimme an? Determinanten von Teilnahme und Nichtteilnahme an politischen Wahlen. In: Koch, Achim/Wasmer, Martina/Schmidt, Peter (Hrsg.): Blickpunkt Gesellschaft 6. Politische Partizipation in der Bundesrepublik Deutschland. Empirische Befunde und theoretische Erklärungen, 11–42.

Kunz, Volker (2004): Soziales Vertrauen. In: van Deth, Jan (Hrsg.): Deutschland in Europa. Ergebnisse des European Social Survey 2002–2003, Wiesbaden, 201 -227.

Kunz, Volker/Bettina, Westle/Roßteutscher, Sigrid (2008): Dimensionen und die Messung sozialen Kapitals. In: Westle, Bettina/Gabriel, Oscar W. (Hrsg.): Sozialkapital. Eine Einführung, Baden-Baden, 41–50.

Kunz, Volker/Gabriel, Oscar W. (2000): Soziale Integration und politische Partizipation. Das Konzept des Sozialkapitals – Ein brauchbarer Ansatz zur Erklärung politischer Partizipation?. In: Druwe, Ulrich/Kühnel, Steffen/Kunz, Volker (Hrsg.): Kontext, Akteur und strategische Interaktion: Untersuchungen zur Organisation politischen Handelns in modernen Gesellschaften, Opladen, 47–72.

Lavies, Ralf-Rainer (1973): Nichtwählen als Kategorie des Wahlverhaltens. Empirische Untersuchung zur Wahlenthaltung in historischer, politischer und statistischer Sicht, Düsseldorf.

Lavies, Ralf-Rainer (1976): Statistische Aggregatanalyse. Die Partei der Nichtwähler. In: Böhret, Carl/Brewer, Garry D./Brunner, Ronald D./Ehrenberg, Herbert/Liepelt, Klaus/Spielgel, Erika/Struve, Günter (Hrsg.): Wahlforschung. Sonden im politischen Markt, Opladen.

Law, Kenneth S./Wong, Chi-Sum (1999): Multidimensional Constructs in Structural Equation Analysis: An Illustration Using the Job Perception and Job Satisfaction Constructs. In: Journal of Management, 25, 2, 143–160.

Lazarsfeld, Paul/Bernard, Berelson/Gaudet, Hazel (1944): The People's Choice. How the Voter makes Up his Mind in a Presidential Campaign, New York.

Lever, Annabelle (2010): Compulsory Voting: A Critical Perspective. In: British Journal of Political Science, 40, 4, 897–915.

Lewandowski, Joseph D. (2006): Capitalising Sociability: Rethinking the Theory of Social Capital. In: Edwards, Rosalind/Franklin, Jane/Holland, Janet (Hrsg.): Assessing Social Capital: Concept, Policy and Practice, Newcastle, 14–28.

Li, Yaolin/Pickles, Andrew/Savage, Mike (2005): Social Capital and Social Trust in Britain. In: European Sociological Review, 21, 2, 109–123.

Lin, Nan (2001): Social Capital. A Theory of Social Structure and Action, Cambridge.

Lippl, Bodo (2007): Soziales Engagement und politische Partizipation in Europa. In: Franzen, Axel/Freitag, Markus (Hrsg.): Sozialkapital. Grundlagen und Anwendungen, Wiesbaden, 420–449.

Lipset, Seymour M. (1983): Political Man, Baltimore.

Lomasky, Loren/Brennan, Geoffrey (2000): Is there a duty to vote?. In: Social Philosophy and Policy, 17, 1, 62–86.

Lüdicke, Jörg/Diewald, Martin (2007): Modernisierung, Wohlfahrtsstaat und Ungleichheit als gesellschaftliche Bedingungen sozialer Integration: Eine Analyse von 25 Ländern. In: Lüdicke J./Diewald, M. (Hrsg.): Soziale Netzwerke und soziale Ungleichheit, Wiesbaden, 265–301.

Macaluso, Theodore F./Wanat, John (1979): Voting Turnout & Religiosity. In: Polity, 12, 1, 158–169.

Maccoby, Herbert (1958): The Differential Political Activity of Participants in a Voluntary Association. In: American Sociological Review, 23, 5, 524–532.

Maloney, William A./Smith, Graham/Stoker, Gerry (2000): Social Capital and Associational Life. In: Baron, Stephen/Field, John/Schuller, Tom (Hrsg.): Social Capital. Critical Perspectives, Oxford, 212–225.

Mateju, Petr/Vitaskova, Anna (2006): Interpersonal Trust and Mutually Beneficial Exchanges: Measuring Social Capital for Comparative Analyses. In: Czech Sociological Review, 42, 3, 493–516.

McFarland, Daniel A./Thomas, Reuben J. (2006): Bowling Young. How Youth Voluntary Associations Influence Adult Political Participation. In: American Sociological Review, 71, 3, 401–425.

Meulemann, Heiner (2008): Introduction. In: Meulemann, Heiner (Hrsg.): Social Capital in Europe: Similarity of Countries and Diversity of People? Multi-level analyses of the European Social Survey 2002, Leiden, 1–41.

Misztal, Barbara A. (1996): Trust in Modern Societies. The Search for the Bases of Social Order, Cambridge.

Nakhaie, M. Reza (2006): Electoral Participation in Municipal, Provincial and Federal Elections in Canada. In: Canadian Journal of Political Science, 39, 2, 363–390.

Narayan, Deepa/Cassidy, Michael F. (2001): A Dimensional Approach to Measuring Social Capital. Development and Validation of a Social Capital Inventory. In: Current Sociology, 49, 2, 59–102.

Neller, Katja (2004): Anhang. Der European Social Survey (ESS) 2002–2003. In: van Deth, Jan (Hrsg.): Deutschland in Europa. Ergebnisse des European Social Survey 2002–2003, Wiesbaden, 373 -381.

Nie, Norman H./Powell Jr., G. Bingham/Prewitt, Kenneth (1969a): Social Structure and Political Participation: Developmental Relationships, Part I. In: The American Political Science Review, 63, 2, 361–378.

Nie, Norman H./Powell Jr., G. Bingham/Prewitt, Kenneth (1969b): Social Structure and Political Participation: Developmental Relationships, Part II. In: The American Political Science Review, 63, 3, 808–832.

Nohlen, Dieter (2009): Wahlrecht und Parteiensystem, Opladen.

Norris, Pippa (2002): Democratic Phoenix. Reinventing Political Activism, Cambridge.

Norris, Pippa (2004): Electoral Engineering. Voting Rules and Political Behavior, Cambridge.

Nuissl, Henning (2002): Elements of trust: an analysis of trust-concepts. In: Berliner Journal für Soziologie, 12, 1, 87–98.

Ohr, Dieter (2010): Lineare Regression. Modellannahmen und Regressionsdiagnostik. In: Wolf, Christof/Best, Henning (Hrsg.): Handbuch der sozialwissenschaftlichen Datenanalyse, Wiesbaden, 639–675.

Oldopp, Birgit (2013): Das politsche System der USA. Eine Einführung, Wiesbaden.

Olson, Mancur (1998): Die Logik des kollektiven Handelns. Kollektivgüter und die Theorie der Gruppen, Tübingen.

Ongena, Yfke (2003): Pre-Testing the ESS-questionnaire using interaction analysis, Amsterdam.

Ostrom, Elinor/Ahn, Tae K. (2003): Introduction. In: Ostrom, Elinor/Ahn, Tae K. (Hrsg.): Foundations of Social Capital, Cheltenham, xi-xxxix.

Panagopoulos, Costas (2008): The Calculus of Voting in Compulsory Systems. In: Political Behavior, 30, 4, 455–467.

Pappi, Franz U./Shikano, Susumu (2007): Wahl- und Wählerforschung, Baden-Baden.

Park, Alison/Phillips, Miranda/Johnson, Mark (2004): Young People in Britain. The Attitudes and Experiences of 12 to 19 Year Olds, Nottingham.

Pattie, Charles/Seyd, Patrick/Whiteley, Paul (2004): Citizenship in Britain. Values Participation and Democracy, Cambridge.

Paxton, Pamela (1999): Is Social Capital Declining in the United States? A Multiple Indicator Assessment. In: The American Journal of Sociology, 105, 1, 88–127.

Perugini, Marco/Gallucci, Marcello/Presaghi, Fabio/Ercolani, Anna P. (2003): The Personal Norm of Reciprocity. In: European Journal of Personality, 17, 4, 251–283.

Poder, Thomas G. (2011): What is Really Social Capital? A Critical Review. In: The American Sociologist, 42, 4, 341–367.

Portes, Alejandro (1998): Social Capital: Its Origins and Applications in Modern Sociology. In: Annual Review of Sociology, 24, 1–24.

Prakash, Sanjeev/Selle, Per (2004): Introduction. In: Prakash, Sanjeev/Selle, Per (Hrsg.): Investigating Social Capital Comparative Perspectives on Civil Society, Participation and Governance, London, 17–46.

Putnam, Robert D. (1993a): Making Democracy Work. Civic traditions in modern Italy, Princeton.

Putnam, Robert D. (1993b): The Prosperous Community. Social Capital and Public Life. In: The American Prospect, 4, 13, 1–11.

Putnam, Robert D. (1995a): Bowling Alone. America's Declining Social Capital. In: Journal of Democracy, 6, 1, 65–78.

Putnam, Robert D. (1995b): Tuning In, Tuning Out. The Strange Disappearance of Social Capital in America. In: Political Science & Politics, 28, 4, 664–683.

Putnam, Robert D. (2000): Bowling Alone. The Collapse and Revival of American Community, New York.

Putnam, Robert D. (2004): Commentary: ›Health by association‹. Some comments. In: International Journal of Epidemiology, 33, 4, 667–671.

Putnam, Robert D. (2007): E Pluribus Unum. Diversity and Community in the Twenty-first Century. The 2006 Johan Skytte Prize Lecture. In: Scandinavian Political Studies, 30, 2, 137–174.

Putnam, Robert D./Goss, Kristin A. (2002): Introduction. In: Putnam, Robert D. (Hrsg.): Democracy in Flux. The Evolution of Social Capital in Contemporary Society, Oxford, 3–19.

Putnam, Robert D./Feldstein, Lewis M./Cohen, Don (2003): Better together. Restoring the American Community, New York.

Quintelier, Ellen (2013): Socialization or Self-Selection? Membership in Deliberative Associations and Political Atitudes. In: Nonprofit and Voluntary Sector Quarter, 42, 1, 179–192.

Quintelier, Ellen/Hooghe, Marc/Marien, Sofie (2011): The Effect of Compulsory Voting on Turnout Stratification Patterns. A cross-national Analysis. In: International Journal of Political Science Review, 32, 4, 396–416.

Radnitz, Scott/Wheatley, Jonathan/Zürcher, Christoph (2009): The Origins of Social Capital. Evidence From a Survey of Post-Soviet Central Asia. In: Comparative Political Studies, 42, 6, 707–732.

Radtke, Günter D. (1972): Stimmenthaltung bei politischen Wahlen in der Bundesrepublik Deutschland, Meisenheim am Glan.

Rahn, Wendy M./Transue, John E. (1998): Social Trust and Value Change: The Decline of Social Capital in American Youth, 1976–1995. In: Political Psychology, 19, 3, 545–565.

Raney, Tracey/Berdahl, Loleen (2009): Birds of a Feather? Citizenship Norms, Group Identity, and Political Participation in Western Canada. In: Canadian Journal of Political Science, 42, 1, 187–209.

Ranney, Austin/Epstein, Leon D. (1966): The Two Electorates. Voters and Non-Voters in a Wisconsin Primary. In: The Journal of Politics, 28, 3, 598–616.

Rattinger, Hans (1994): Wahlbeteiligung und Akzeptanz der demokratischen Wahlnorm. In: Jäger, Wolfgang (Hrsg.): Republik und Dritte Welt: Festschrift für Dieter Oberndörfer zum 65. Geburtstag, Paderborn, 323–332.

Rattinger, Hans (2009): Einführung in die Politische Soziologie, München.

Rattinger, Hans/Krämer, Jürgen (1995): Wahlnorm und Wahlbeteiligung in der Bundesrepublik Deutschland. Eine Kausalanalyse. In: Politische Vierteljahresschrift, 36, 2, 267–285.

Reeskens, Tim/Hooghe, Marc (2008): Cross-cultural measurement equivalence of generalized trust. Evidence from the European Social Survey (2002 and 2004). In: Social Indicators Research, 85, 3, 515–532.

Riker, William H./Ordeshook, Peter C. (1968): A Theory of the Calculus of Voting. In: The American Political Science Review, 62, 1, 25–42.

Roller, Edeltraud/Rudi, Tatjana (2008): Explaining Level and Equality of political Participation. The Role of social Capital, socioeconomic modernity and political institutions. In: Meulemann, Heiner (Hrsg.): Social Capital in Europe: Similarity of Countries and Diversity of People? Multi-level analyses of the European Social Survey 2002, Leiden, 251–285.

Rosenberg, Morris (1956): Misanthrophy and Political Ideology. In: American Sociological Review, 21, 6, 690–695.

Roßteutscher, Sigrid (2004): Die Rückkehr der Tugend? In: van Deth, Jan (Hrsg.): Deutschland in Europa. Ergebnisse des European Social Survey 2002–2003, Wiesbaden, 175–200.

Rossteutscher, Sigrid (2008): Social Capital and Civic Engagement: A Comparative Perspective. In: Castiglione, Dario/van Deth, Jan W./Wolleb, Gugliemo (Hrsg.): The Handbook of Social Capital, New York, 208–240.

Rothstein, Bo (2001): Schweden. In: Putnam, Robert D. (Hrsg.): Gesellschaft und Gemeinsinn. Sozialkapital im internationalen Vergleich, Gütersloh, 115–198.

Rothstein, Bo (2005): Social Traps and the Problem of Trust, Cambridge.

Rothstein, Bo/Stolle, Dietlind (2003): Introduction: Social Capital in Scandinavia. In: Scandinavian Political Studies, 26, 1, 1–26.

Sanders, David/Clarke, Harold/Stewart, Marianne/Whiteley, Paul (2005): The 2005 General Election in Great Britain. Report for the Electoral Commission.

Schäfer, Julia (2006): Sozialkapital und politische Orientierungen von Jugendlichen in Deutschland, Wiesbaden.

Scheufele, Dietram A./Shah, Dhavan V. (2000): Personality Strength and Social Capital: The Role of Dispositional and Informational Variables in the Production of Civic Participation. In: Communication Research, 27, 2, 107–313.

Schmitt, Carl (1928): Verfassungslehre, München.

Schoen, Harald/Falter, Jürgen W. (2003): Nichtwähler bei der Bundestagswahl 2002. In: Politische Studien, 54, 387, 34–43.

Schuller, Tom/Baron, Stephen/Field, John (2000): Social Capital: A Review and Critique. In: Baron, Stephen/Field, John/Schuller, Tom (Hrsg.): Social Capital. Critical Perspectives, Oxford, 1–38.

Schyns, Peggy/Koop, Christel (2010): Political Distrust and Social Capital in Europe and the USA. In: Social Indicators Research, 96, 1, 145–167.

Selb, Peter/Munzert, Simon (2013): Voter overrepresentation, vote misreporting, and turnout bias in postelection surveys. In: Electoral Studies, 32, 1, 186–196.

Selle, Per/Stoemsnes, Kirstin (2001): Membership and democracy. In: Dekker, Paul/Uslaner, Eric M. (Hrsg.): Social Capital and Participation in Everyday Life, London, 134–147.

Settle, Jaime E./Bond, Robert/Levitt, Justin (2011): The Social Origins of Adult Political Behavior. In: American Politics Research, 39, 2, 239–263.

Sigelman, Lee (1982): The Nonvoting Voter in Voting Research. In: American Journal of Political Science, 26, 1, 47–56.

Silver, Brian D./Anderson, Barbara A./Abramson, Paul R. (1986): Who overreports voting?. In: American Political Science Review, 80, 2, 613–624.

Smeets, Ingrid (1995): Facing another gap. An exploration of the discrepancies between voting turnout in survey research and official statistics. In: Acta Politica, 30, 3, 307–334.

Smets, Kaat/van Ham, Carolien (2013): The embarrassment of riches? A meta-analysis of individual-level research on voter turnout. In: Electoral studies, 32, 2, 344–359.

Smith, Elizabeth (1999): The Effects of Investments in the Social Capital of Youth on Political and Civic Behavior in Young Adulthood. A Longitudinal Analysis. In: Political Psychology, 20, 3, 553–580.

Spieß, Martin (2010): Der Umgang mit fehlenden Werten. In: Wolf, Christof/Best, Henning (Hrsg.): Handbuch der sozialwissenschaftlichen Datenanalyse, Wiesbaden, 117–142.

Steinbrecher, Markus (2009): Politische Partizipation in Deutschland, Baden-Baden.

Steinbrecher, Markus/Huber, Sandra/Rattinger, Hans (2007): Turnout in Germany. Citizen Participation in State, Federal, and European Elections since 1979. In: Rattinger, Hans/Gabriel, Oscar W./Schmitt-Beck, Rüdiger (Hrsg.): Studien zur Wahl- und Einstellungsforschung, Baden-Baden.

Steiner, Jürg (1965): Überprüfung von Interview-Ergebnissen über die Stimm- und Wahlbeteiligung durch amtliche Angaben. In: Kölner Zeitschrift für Soziologie und Sozialpsychologie, 17, 2, 234–244.

Steiner, Jürg (1969): Bürger und Politik. Empirisch-theoretische Befunde über die politische Partizipation der Bürger in Demokratien unter besonderer Berücksichtigung der Schweiz und der Bundesrepublik Deutschland. In: Hermes, Ferdinand D./König, René/Scheuch, Erwin/Wildenmann, Rudolf (Hrsg.): Politik und Wähler, Meisenheim am Glan.

Stolle, Dietlind (2001a): ›Getting to trust‹. An analysis of the importance of institutions, families, personal experience and group membership. In: Dekker, Paul/Uslaner, Eric M. (Hrsg.): Social Capital and Participation in Everyday Life, London, 118–133.

Stolle, Dietlind (2001b): Clubs and Congregations. The Benefit of Joining an Association. In: Cook, Karen S. (Hrsg.): Trust in Society, New York, 202–244.

Stolle, Dietlind (2003): The Sources of Social Capital. In: Hooghe, Marc/Stolle, Dietlind (Hrsg.): Generating Social Capital – Civil Society and Institutions in Comparative Perspective, New York, 19–42.

Stolle, Dietlind/Hooghe, Marc (2004): The Roots of Social Capital. Attitudinal and Network Mechanisms in the Relation between Youth and Adult Indicators of Social Capital. In: Acta Politica, 39, 4, 422–441.

Sturgis, Patrick/Patulny, Roger/Allum, Nick/Buscha, Franz (2015): Social Connectedness and Generalized Trust: A Longitudinal Perspective. In: Li, Yaojun (Hrsg.): Handbook of Research Applications in Social Capital, Cheltenham, 76–90.

Sturgis, Patrick/Smith, Patten (2010): Assessing the Validity of Generalized Trust Questions: What Kind of Trust are We Measuring?. In: International Journal of Public Opinion Research, 22, 1, 74–91.

Urban, Dieter/Mayerl, Jochen (2014): Struktrugleichungsmodellierung. Ein Ratgeber für die Praxis, Wiesbaden.

Uslaner, Eric M. (1999): Democracy and social capital. In: Warren, Mark E. (Hrsg.): Semocracy and trust, Cambridge, 121–150.

Uslaner, Eric M. (2000): Producing and Consuming Trust. In: Political Science Quarterly, 115, 4, 569–590.

Uslaner, Eric M. (2002): The Moral Foundations of Trust, Cambridge.

Uslaner, Eric M./Dekker, Paul (2001): The ›social‹ in social capital. In: Dekker, Paul/Uslaner, Eric M. (Hrsg.): Social Capital and Participation in Everyday Life, London, 176–187.

van Deth, Jan W. (2003): Measuring Social Capital. Orthodoxies and Continuing Controversies. In: International Journal of Social Research Methodology, 6, 1, 79–92.

van Deth, Jan W. (2004): Soziale Partizipation. In: van Deth, Jan (Hrsg.): Deutschland in Europa. Ergebnisse des European Social Survey 2002–2003, Wiesbaden, 295–315.

van Oorschot, Wim/Arts, Will/Gelissen, John (2006): Social Capital in Europe. Measurement and Social and Regional Distribution of a Multifaceted Phenomenon. In: Acta Sociologica, 49, 2, 149–167.

Vavreck, Lynn (2007): The Exaggerated Effects of Advertising on Turnout. The Dangers of Self-Reports. In: Quarterly Journal of Political Science, 2, 4 325–343.

Verba, Sidney/Nie, Norman H. (1972): Participation in America: Political democracy and social equality, New York.

Verba, Sidney/Schlozman, Kay L./Brady, Henry E. (1995): Voice and Equality. Civic Voluntarism in American Politics, Cambridge.

Voogt, Robert J. J./Saris, Willem E. (2003): To Participate or Not to Participate: The Link Between Survey Participation, Electoral Participation, and Political Interest. In: Political Analysis, 11, 2, 164–179.

Wang, Jichuan/Wang, Xiaoquian (2012): Structural Equation Modeling. Applications Using Mplus, Chichester.

Warren, Mark E. (1999): Democratic Theory and Trust. In: Warren, Mark E. (Hrsg.): Democracy and Trust, Cambridge, 310–345.

Watermann, Rainer/Maaz, Kai (2010): Soziale Herkunft und Hochschulzugang. Eine Überprüfung der Theorie des geplanten Verhaltens. In: Bos, Wilfried/Klieme, Eckhard/Köller, Olaf (Hrsg.): Schulische Lernangelegenheiten und Kompetenzentwicklung. Festschrift für Jürgen Baumert, Münster.

Wattenberg, Martin P. (2008): Is Voting for Young People? New York.

Weiber, Rolf/Mühlhaus, Daniel (2010): Strukturgleichungsmodellierung. Eine anwendungsorientierte Einführung in die Kausalanalyse mit Hilfe von AMOS, SmartPLS und SPSS, Berlin.

Westle, Bettina/Gabriel, Oscar W. (2008): Sozialkapital. Eine Einführung, Baden-Baden.

Westle, Bettina/Roßteutscher, Sigrid (2008): Kritische Sichten auf das Konzept des Sozialkapitals und die Forschung zum Sozialkapital. In: Westle, Bettina/Gabriel, Oscar W. (Hrsg.): Sozialkapital. Eine Einführung, Baden-Baden, 157–187.

Wolfinger, Raymond E./Rosenstone, Steven J. (1980): Who votes?, New Haven.

Wollebaek, Dag/Selle, Per (2003): The Importance of Passive Membership for Social Capital Formation. In: Hooghe, Marc/Stolle, Dietlind (Hrsg.): Generating Social Capital—Civil Society and Institutions in Comparative Perspective, New York, 67–88.

Wollebaek, Dag/Selle, Per (2004): Passive Membership in Voluntary Organizations: Implications for Civil Society, Integration and Democracy. In: Prakash, Sanjeev/Selle, Per (Hrsg.): Investigating Social Capital. Comparative Perspectives on Civil Society, Participation and Governance, Thousand Oaks, 235–256.

Woolcock, Michael (1998): Social Capital and Economic Development: Toward a Theoretical Synthesis and Policy. In: Theory and Society, 27, 2, 151–208.

Woolcock, Michael/Narayan, Deepa (2000): Social Capital. Implications for Development Theory, Research, and Policy. In: The World Bank Research Observer, 15, 2, 225–249.

Worms, Jean-Pierre (2001): Frankreich. In: Putnam, Robert D. (Hrsg.): Gesellschaft und Gemeinsinn. Sozialkapital im internationalen Vergleich, Gütersloh, 327–416.

Zmerli, Sonja (2008): Inklusives und exklusives Sozialkapital in Deutschland. Grundlagen, Erscheinungsformen und Erklärungspotential eines alternativen theoretischen Konzepts, Baden-Baden.

Anhang

Quellennachweise der verwendeten Daten

(in Reihenfolge ihres Erscheinens)

Politische Einstellungen, politische Partizipation und Wählerverhalten im vereinigten Deutschland

Falter, Jürgen W.; Gabriel, Oscar W.; Rattinger, Hans; Schmitt, Karl (2015): Politische Einstellungen, politische Partizipation und Wählerverhalten im vereinigten Deutschland 1994. GESIS Datenarchiv, Köln. ZA3065

Falter, Jürgen W.; Gabriel, Oskar W.; Rattinger, Hans; Schmitt, Klaus (2012): Politische Einstellungen, politische Partizipation und Wählerverhalten im vereinigten Deutschland (Panel 1994–2002). GESIS Datenarchiv, Köln. ZA4301 Datenfile Version 1.1.0

Falter, Jürgen W.; Gabriel, Oscar W.; Rattinger, Hans (2015): Politische Einstellungen, politische Partizipation und Wählerverhalten im vereinigten Deutschland 1998. GESIS Datenarchiv, Köln. ZA3066

Rattinger, Hans (2012): Politische Einstellungen, politische Partizipation und Wählerverhalten im vereinigten Deutschland (Panel 1998–2005). GESIS Datenarchiv, Köln. ZA4662 Datenfile Version 1.1.0

Falter, Jürgen W.; Gabriel, Oscar W.; Rattinger, Hans (2015): Politische Einstellungen, politische Partizipation und Wählerverhalten im vereinigten Deutschland 2002. GESIS Datenarchiv, Köln. ZA3861

Rattinger, Hans; Roßteutscher, Sigrid; Schmitt-Beck, Rüdiger; Weßels, Bernhard; Falter, Jürgen; Gabriel, Oscar W.; Rudi, Tatjana (2012): Langfrist-Panel 2002–2005–2009 (GLES 2009). GESIS Datenarchiv, Köln. ZA5320 Datenfile Version 2.0.0

German Longitudinal Election Study

Rattinger, Hans; Roßteutscher, Sigrid; Schmitt-Beck, Rüdiger; Weßels, Bernhard; Wagner, Aiko; Scherer, Philipp; Bytzek, Evelyn; Bieber, Ina (2012): Vor- und Nachwahl-Querschnitt (Kumulation) (GLES 2009). GESIS Datenarchiv, Köln. ZA5302

Rattinger, Hans; Roßteutscher, Sigrid; Schmitt-Beck, Rüdiger; Weßels, Bernhard; Kühnel, Steffen; Niedermayer, Oskar; Westle, Bettina; Rudi, Tatjana; Blumenstiel, Jan Eric (2015): Langfrist-Panel 2005–2009–2013 (GLES). GESIS Datenarchiv, Köln. ZA5321 Datenfile Version 2.0.0

Rattinger, Hans; Roßteutscher, Sigrid; Schmitt-Beck, Rüdiger; Weßels, Bernhard; Wolf, Christof; Wagner, Aiko; Giebler, Heiko; Bieber, Ina; Scherer, Philipp (2014): Vor- und Nachwahl-Querschnitt (Kumulation) (GLES 2013). GESIS Datenarchiv, Köln. ZA5702

Allgemeine Bevölkerungsumfrage der Sozialwissenschaften

GESIS – Leibniz-Institut für Sozialwissenschaften: Allgemeine Bevölkerungsumfrage der Sozialwissenschaften ALLBUS 1998 (ZA3000) und 2008 (ZA4600). GESIS Datenarchiv, Köln.

Trends in Political Values and Core Attitudes

Pew Reserch Center: 1987–2012 Values Survey Combined Dataset, Washington, DC.

International Social Survey Programme

ISSP Research Group: International Social Survey Programme: Citizenship – ISSP 2004 (ZA3950) und 2014 (ZA6670). GESIS Datenarchiv, Köln.

British Social Attitudes survey

NatCen Social Research: 1991–2013 British Social Attidudes survey, London.

British Elelection Study

Whiteley, P. F. and Sanders, D., British Election Study, 2010: Face-to-Face Survey [computer file]. Colchester, Essex: UK Data Archive [distributor], August 2014.

Clarke, H. et al. , British Election Study, 2005: Face-to-Face Survey [computer file]. Colchester, Essex: UK Data Archive [distributor], November 2006.

Clarke, H. et al. , British General Election Study, 2001; Cross-Section Survey [computer file]. Colchester, Essex: UK Data Archive [distributor], March 2003.

Heath, A. et al. , British General Election Study, 1997; Cross-Section Survey [computer file]. 2nd Edition. Colchester, Essex: UK Data Archive [distributor], May 1999.

Heath, A. et al. , British General Election Study, 1992; Cross-Section Survey [computer file]. Colchester, Essex: UK Data Archive [distributor], April 1993.

Heath, A., Jowell, R. and Curtice, J. K., British General Election Study, 1987; Cross-Section Survey [computer file]. 2nd Edition. Colchester, Essex: UK Data Archive [distributor], April 1993.

Tabellenverzeichnis

Tabelle A1: Die wahrgenommene Wahlnorm als relativ stabile Einstellung? ... 246

Tabelle A2: Die univariate Verteilung der Wahlnorm in Europa ... 248

Tabelle A3: Nichtparametrische Korrelationen zum Mis- und (relativem) Overreporting ... 250

Tabelle A4: Deskriptive Statistik der Sozialkapitalvariablen und der Wahlnorm für Deutschland ... 260

Tabelle A5: Deskriptive Statistiken der Sozialkapitalvariablen und der Wahlnorm für Europa ... 261

Tabelle A7: Die univariate Verteilung der vermuteten Fairness nach Ländern ... 263

Tabelle A6: Die univariate Verteilung des generellen Vertrauens nach Ländern ... 262

Tabelle A8: Die univariate Verteilung der vermuteten Hilfsbereitschaft nach Ländern ... 264

Tabelle A9: Die univariate Verteilung der Anzahl der Organisationstypen, in denen die Befragten Mitglieder sind nach Ländern ... 265

Tabelle A10: Die univariate Verteilung der Anzahl der Organisationstypen, in denen sich die Befragten beteiligt haben nach Ländern ... 266

Tabelle A11: Die univariate Verteilung der Anzahl der Vereinstypen, in denen die Befragten freiwillige Arbeit geleistet haben nach Ländern ... 267

Tabelle A12: Die univariate Verteilung der Wohltätigkeitsnorm nach Ländern ... 268

Tabelle A13: Mittelwerte der Sozialkapitalindikatoren ... 269

Tabelle A14: Die nichtparametrischen Korrelationen der Sozialkapitalitems für Europa ... 270

Tabelle A15: Die nichtparametrischen Korrelationen der Sozialkapitalitems für Österreich ... 271

Tabelle A16: Die nichtparametrischen Korrelationen der Sozialkapitalitems für Belgien ... 272

Tabelle A17: Die nichtparametrischen Korrelationen der Sozialkapitalitems für Dänemark 273
Tabelle A18: Die nichtparametrischen Korrelationen der Sozialkapitalitems für Irland 274
Tabelle A19: Die nichtparametrischen Korrelationen der Sozialkapitalitems für Italien 275
Tabelle A20: Die nichtparametrischen Korrelationen der Sozialkapitalitems für Luxemburg 276
Tabelle A21: Die nichtparametrischen Korrelationen der Sozialkapitalitems für die Niederlande 277
Tabelle A22: Die nichtparametrischen Korrelationen der Sozialkapitalitems für Norwegen 278
Tabelle A23: Die nichtparametrischen Korrelationen der Sozialkapitalitems für Polen 279
Tabelle A24: Die nichtparametrischen Korrelationen der Sozialkapitalitems für Portugal 280
Tabelle A25: Die nichtparametrischen Korrelationen der Sozialkapitalitems für Schweden 281
Tabelle A26: Die nichtparametrischen Korrelationen der Sozialkapitalitems für Slowenien 282
Tabelle A27: Die nichtparametrischen Korrelationen der Sozialkapitalitems für Spanien 283
Tabelle A28: Die nichtparametrischen Korrelationen der Sozialkapitalitems für Finnland 284
Tabelle A29: Die nichtparametrischen Korrelationen der Sozialkapitalitems für Frankreich 285
Tabelle A30: Die nichtparametrischen Korrelationen der Sozialkapitalitems für Großbritannien 286
Tabelle A31: Die nichtparametrischen Korrelationen der Sozialkapitalitems für Griechenland 287
Tabelle A32: Die nichtparametrischen Korrelationen der Sozialkapitalitems für Ungarn 288
Tabelle A33: Muster der fehlenden Werte auf europäischer Ebene 289

Abbildungsverzeichnis

Abbildung A1: Streudiagramm der amtlichen Wahlbeteiligung und des Overreportings 249
Abbildung A2: Partielles Streudiagramm des Misreportings und des Abstands zur letzten Wahl 251
Abbildung A3: Partielles Streudiagramm des Misreportings und der wahrgenommenen Wahlnorm 252
Abbildung A4: Partielles Streudiagramm des Misreportings und der amtlichen Wahlbeteiligungsraten 253
Abbildung A5: Partielles Streudiagramm des Misreportings und der Responserates 254
Abbildung A6: Partielles Streudiagramm des Misreportings und der prozentualen Anteile der Befragten mit tertiärem Bildungsabschluss 255
Abbildung A7: Partielles Streudiagramm des relativen Overreportings und des Abstands zur letzten Wahl 256
Abbildung A8: Partielles Streudiagramm des relativen Overreportings und der wahrgenommenen Wahlnorm 257
Abbildung A9: Partielles Streudiagramm des relativen Overreportings und der Responserates 258
Abbildung A10: Partielles Streudiagramm des relativen Overreportings und der prozentualen Anteile der Befragten mit tertiärem Bildungsabschluss 259
Abbildung A11: Cook's D für Deutschland 290
Abbildung A12: Cook's D für Europa 290

Tabelle A1: Die wahrgenommene Wahlnorm als relativ stabile Einstellung?

	1994-2002			1998-2005		
	t_{1998}-t_{1994}	t_{2002}-t_{1998}	t_{2002}-t_{1994}	t_{2002}-t_{1998}	t_{2005}-t_{2002}	t_{2005}-t_{1998}
-4	1,3% (26)	1,0% (32)	1,4% (27)	0,9% (16)	1,0% (16)	0,8% (6)
-3	2,3% (46)	1,9% (60)	2,3% (45)	2,1% (35)	2,0% (31)	2,3% (18)
-2	4,9% (100)	5,2% (159)	5,5% (107)	4,2% (71)	3,8% (59)	3,8% (29)
-1	15,1% (308)	14,8% (457)	15,4% (297)	14,2% (241)	8,1% (126)	9,3% (71)
0	46,1% (942)	51,9% (1601)	45,8% (885)	52,4% (887)	64,5% (1003)	59,5% (456)
1	16,3% (332)	15,5% (477)	15,7% (304)	16,4% (278)	14,7% (229)	15,5% (119)
2	8,1% (166)	6,3% (193)	8,5% (165)	6,4% (108)	4,1% (63)	5,6% (43)
3	3,9% (79)	2,3% (71)	3,2% (61)	2,4% (40)	1,2% (18)	2,6% (20)
4	2,2% (44)	1,1% (34)	2,2% (43)	1,0% (17)	0,6% (9)	0,7% (5)
	23,2% (2043)	35,0% (3804)	22,0% (1934)	61,6% (1693)	56,5% (1554)	27,9% 767)

Quelle: GLES und Vorgänger, »Stimme/Trifft überhaupt nicht zu« bis »Stimme/Trifft voll und ganz zu v1 = die Veränderung in Skalenpunkten des zweiten Befragungszeitpunktes im Vergleich zum ersten Befragungszeitpunkt, maximal sind dies -4/+4 Skalenpunkte (von »Stimme überhaupt nicht zu« zu »Stimme voll und ganz zu« oder umgekehrt)..

46,1 % der gültigen Befragten haben 1994 und 1998 denselben Wert angegeben. 15,1 % und 16,3 % gaben einen Punkt mehr oder weniger. Insgesamt gab es 23,2 % gültige Stimmen. 1998 und 2002 haben 51,9 % der gültigen Befragten denselben Wert angegeben. 45,8 % der gültigen Befragten haben 1994 und 2002 denselben Wert angegeben. Unter den 45,8 % der Befragten mit identischem Wert, befinden sich 206 Personen, deren Wert sich 1998 verändert hat und die 2002 wieder ihren Ausgangswert von 1994 genannt haben. 35 Prozent der Befragten gaben somit in allen drei Wellen denselben Wert an.

52,4 % der gültigen Befragten haben 1998 und 2002 denselben Wert angegeben. 14,2 % und 16,4 % gaben einen Punkt mehr oder weniger. Insgesamt gab es 61,6 % gültige Stimmen. 2002 und 2005 haben 64,5 % der gültigen Befragten denselben Wert angegeben. 59,5 % der gültigen Befragten haben 1998 und 2005 denselben Wert angegeben. Unter den 59,5 % der Befragten mit identischem Wert, befinden sich 77 Personen, deren Wert sich 2002 verändert hat und die 2005 wieder ihren Ausgangswert von 1998 genannt haben. 49 Prozent der Befragten gaben somit in allen drei Wellen denselben Wert an.

Tabelle A1 (Fortsetzung): Die wahrgenommene Wahlnorm als relativ stabile Einstellung?

	2002-2009			2005-2013		
	t_{2005}-t_{2002}	t_{2009}-t_{2005}	t_{2009}-t_{2002}	t_{2011}-t_{2009}	t_{2013}-t_{2011}	t_{2009}-t_{2013}
-4	1,4% (12)	1,6% (7)	1,6% (10)	2,1% (9)	1,2% (5)	0,5% (2)
-3	1,9% (17)	1,6% (7)	3,2% (20)	4,8% (21)	2,2% (9)	3,0% (12)
-2	3,6% (32)	2,5% (11)	2,8% (18)	5,7% (25)	2,2% (9)	3,8% (15)
-1	7,8% (69)	9,0% (39)	11,8% (75)	11,0% (48)	13,4% (56)	13,2% (52)
0	62,4% (552)	72,7% (314)	59,4% (376)	55,2% (240)	56,6% (236)	54,8% (216)
1	16,4% (145)	8,8% (38)	14,5% (92)	13,3% (58)	12,7% (53)	15,2% (60)
2	4,6% (41)	2,1% (9)	4,6% (29)	4,1% (18)	4,1% (17)	3,8% (15)
3	1,4% (12)	0,9% (4)	1,4% (9)	2,1% (9)	4,3% (18)	3,8% (15)
4	0,6% (5)	0,7% (3)	0,6% (4)	1,6% (7)	3,4% (14)	1,8% (7)
	27,1% (885)	13,2% (432)	19,4% (633)	17,1% (435)	16,4% (417)	15,5% (394)

Quelle: GLES, »Stimme/Trifft überhaupt nicht zu« bis »Stimme/Trifft voll und ganz zu«, v1 = die Veränderung in Skalenpunkten des zweiten Befragungszeitpunktes im Vergleich zum ersten Befragungszeitpunkt, maximal sind dies -4/+4 Skalenpunkte (von »Stimme überhaupt nicht zu« zu »Stimme voll und ganz zu« oder umgekehrt). Für das vierte Panel von 2005 bis 2013 ist die Wahlnorm nur für die Zwischenbefragungen verfügbar.

62,4 % der gültigen Befragten haben 2002 und 2005 denselben Wert angegeben. 7,8 % und 16,4 % gaben einen Punkt mehr oder weniger an. Insgesamt gab es 27,1 % gültige Stimmen. 2005 und 2009 haben 72,7 % der gültigen Befragten denselben Wert angegeben. 59,4 % der gültigen Befragten haben 2002 und 2009 denselben Wert angegeben. Unter den 59,4 % der Befragten mit identischem Wert, befinden sich 40 Personen, deren Wert sich 2005 verändert hat und die 2009 wieder ihren Ausgangswert von 2002 genannt haben. 53 Prozent der Befragten gaben somit in allen drei Wellen denselben Wert an.

55,2 % der gültigen Befragten haben 2009 und 2011 denselben Wert angegeben. 11 % und 13,3 % gaben einen Punkt mehr oder weniger. Insgesamt gab es 17,1 % gültige Stimmen. 2011 und 2013 haben 56,6 % der gültigen Befragten denselben Wert angegeben. 54,8 % der gültigen Befragten haben 2009 und 2013 denselben Wert angegeben. Unter den 54,8 % der Befragten mit identischem Wert, befinden sich 56 Personen, deren Wert sich 2011 verändert hat und die 2013 wieder ihren Ausgangswert von 2009 genannt haben. 40 Prozent der Befragten gaben somit in allen drei Wellen denselben Wert an.

Tabelle A2: Die univariate Verteilung der Wahlnorm in Europa

Wahlnorm	Österreich	Belgien	Deutschland	Dänemark	Irland	Italien	Luxemburg	Niederlande	Norwegen	Polen
Extremely unimportant	2,1%	5,2%	2,8%	0,8%	1,7%	2,4%	2,5%	1,8%	0,9%	2,2%
1	0,9%	2,7%	1,3%	0,3%	2,1%	1,2%	0,7%	0,9%	0,4%	0,8%
2	1,2%	3,7%	1,9%	0,6%	1,9%	2,1%	0,6%	1,9%	1,0%	1,4%
3	1,5%	4,3%	2,5%	0,9%	2,3%	2,4%	1,0%	2,2%	1,0%	2,0%
4	1,9%	3,8%	3,1%	0,2%	2,9%	4,0%	1,3%	2,2%	1,1%	2,0%
5	7,3%	13,0%	9,9%	2,7%	7,3%	7,2%	7,1%	7,8%	5,4%	10,9%
6	4,7%	8,5%	5,4%	1,9%	5,5%	8,2%	3,4%	8,0%	4,4%	7,8%
7	10,6%	15,5%	9,9%	5,1%	10,3%	13,0%	8,9%	15,5%	10,7%	11,7%
8	13,5%	16,6%	17,3%	16,9%	19,2%	17,8%	12,8%	25,0%	24,9%	17,2%
9	16,3%	9,1%	13,0%	18,3%	15,0%	11,6%	9,9%	15,4%	17,6%	12,8%
Extremely important	40,1%	17,7%	32,9%	52,2%	31,8%	30,1%	51,9%	19,4%	32,9%	31,2%
Gesamt	2123	1786	2751	1452	1954	1188	1004	2311	1975	2053

Wahlnorm	Portugal	Schweden	Slowenien	Spanien	Finnland	Frankreich	Großbritannien	Griechenland	Ungarn
Extremely unimportant	1,5%	1,6%	4,6%	4,4%	2,3%	2,5%	4,5%	1,3%	2,1%
1	2,7%	0,7%	2,2%	2,3%	0,7%	0,5%	1,2%	1,0%	0,5%
2	3,5%	1,0%	4,6%	3,9%	2,6%	1,4%	3,2%	1,1%	1,2%
3	4,2%	1,6%	4,0%	5,1%	2,2%	1,0%	3,8%	2,2%	1,2%
4	4,9%	0,7%	4,1%	4,7%	2,4%	1,5%	2,9%	1,9%	1,4%
5	10,8%	5,8%	15,5%	13,7%	8,3%	6,8%	11,3%	6,7%	8,2%
6	7,3%	3,5%	5,6%	11,6%	6,0%	3,1%	6,3%	5,7%	3,9%
7	11,1%	8,2%	8,7%	14,3%	11,9%	6,8%	10,6%	8,4%	7,8%
8	14,2%	16,9%	16,9%	15,0%	21,0%	17,8%	17,8%	12,4%	14,6%
9	12,5%	14,3%	11,6%	9,6%	16,8%	13,9%	11,6%	19,9%	13,2%
Extremely important	27,2%	45,7%	22,2%	15,5%	25,8%	44,7%	26,9%	39,4%	45,9%
Gesamt	1432	1926	1487	1624	1957	1444	1989	2405	1653

Gewichtet mit dem Design-Gewicht.

Abbildung A1: Streudiagramm der amtlichen Wahlbeteiligung und des Overreportings

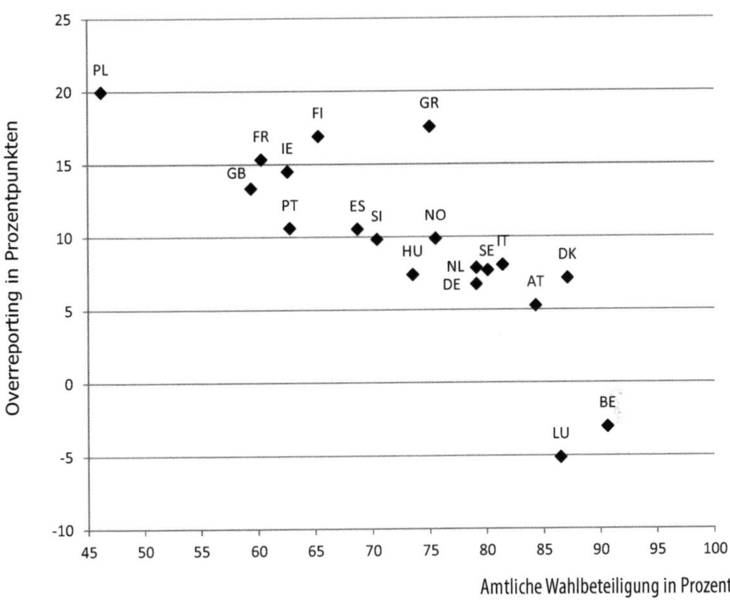

Tabelle A3: Nichtparametrische Korrelationen zum Mis- und (relativem) Overreporting

		Misreporting	Wahlnorm	Zeitlicher Abstand zwischen der Befragung und der letzten Nationalwahl	Amtliche Wahlbeteiligung	Responserate	%-Anteil der Befragten mit tertiärem Bildungsabschluß	relatives Overreporting
Overreporting	R_S		-,191	,596	-,800	,267	,044	
	p-Value		,462	,012	,000	,300	,866	
	N		17	17	17	17	17	
Wahlnorm	R_S	-,153		-,348	,340	,115	,230	,395
	p-Value	,533		,171	,182	,660	,374	,117
	N	19		17	17	17	17	17
Zeitlicher Abstand zwischen der Befragung und der letzten Nationalwahl	R_S	,168	-,265		-,314	,074	,012	,412
	p-Value	,491	,273		,220	,779	,963	,101
	N	19	19		17	17	17	17
Amtliche Wahlbeteiligung	R_S	-,848	,243	,019		-,085	-,150	,270
	p-Value	,000	,316	,937		,747	,567	,295
	N	19	19	19		17	17	17
Responserate	R_S	,356	,074	-,125	-,200		-,272	,123
	p-Value	,135	,764	,611	,411		,291	,639
	N	19	19	19	19		17	17
%-Anteil der Befragten mit tertiärem Bildungsabschluß	R_S	-,032	,135	,053	-,023	-,246		,213
	p-Value	,898	,581	,831	,926	,311		,411
	N	19	19	19	19	19		17

Die untere Hälfte der Korrelationsmatrix zeigt die Korrelationen des Misreportings mit den übrigen unabhängigen Variablen, während die obere Hälfte die Korrelation des Overreportings (ohne Belgien und Luxemburg) mit den übrigen Variablen zeigt. In der letzten Spalte werden die Korrelationen des relativen Overreportings mit den übrigen Variablen berichtet.

Abbildung A2: Partielles Streudiagramm des Misreportings und des Abstands zur letzten Wahl

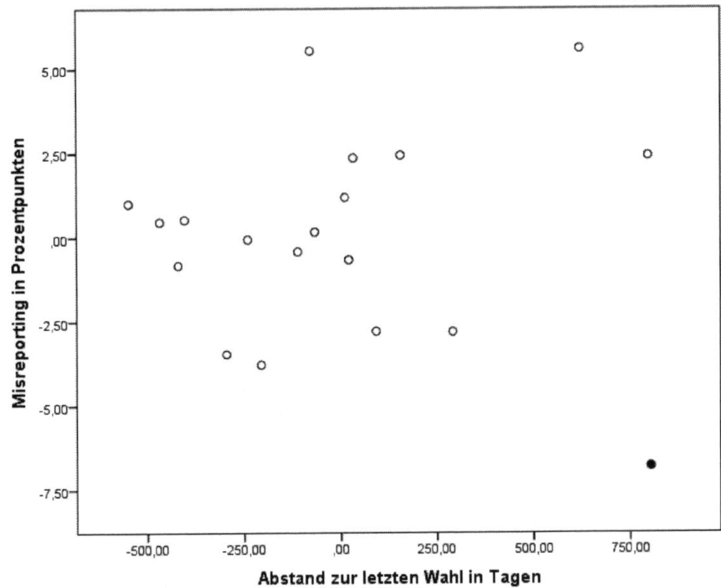

Der einflussreichste Ausreißer Luxemburg wurde schwarz markiert.

Abbildung A3: Partielles Streudiagramm des Misreportings und der wahrgenommenen Wahlnorm

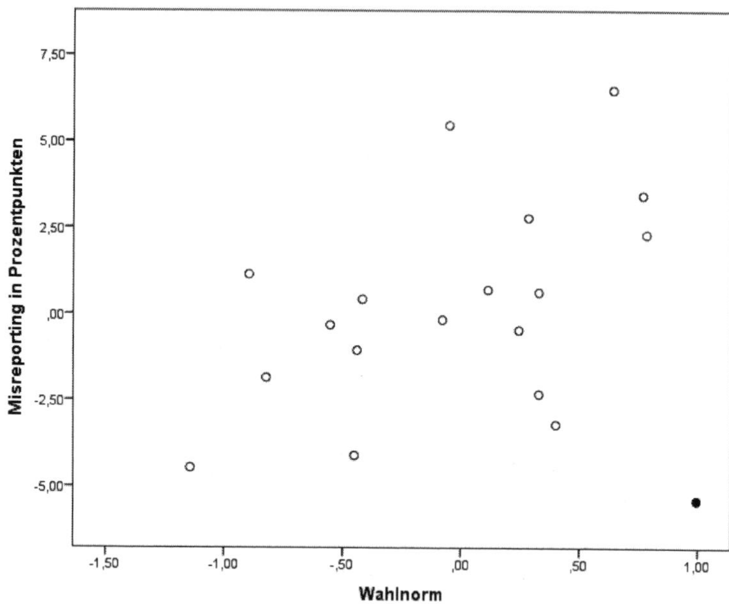

Der einflussreichste Ausreißer Luxemburg wurde schwarz markiert.

Abbildung A4: Partielles Streudiagramm des Misreportings und der amtlichen Wahlbeteiligungsraten

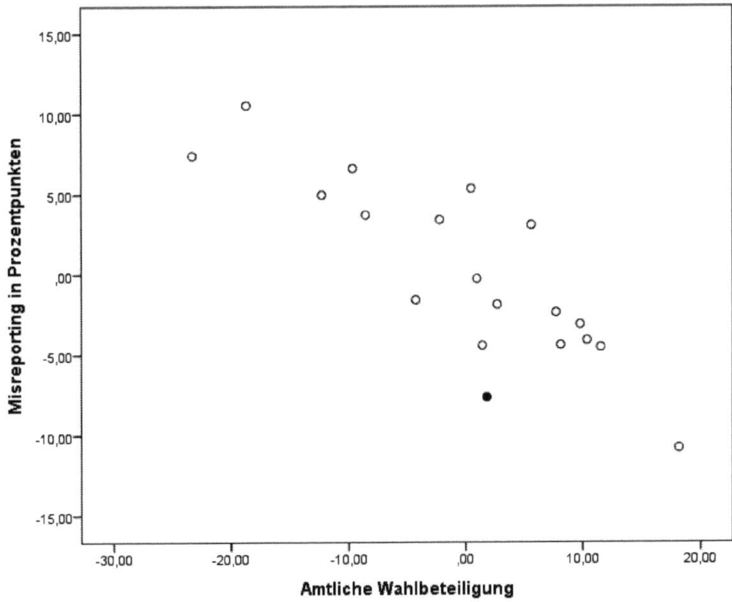

Der einflussreichste Ausreißer Luxemburg wurde schwarz markiert.

Abbildung A5: Partielles Streudiagramm des Misreportings und der Responserates

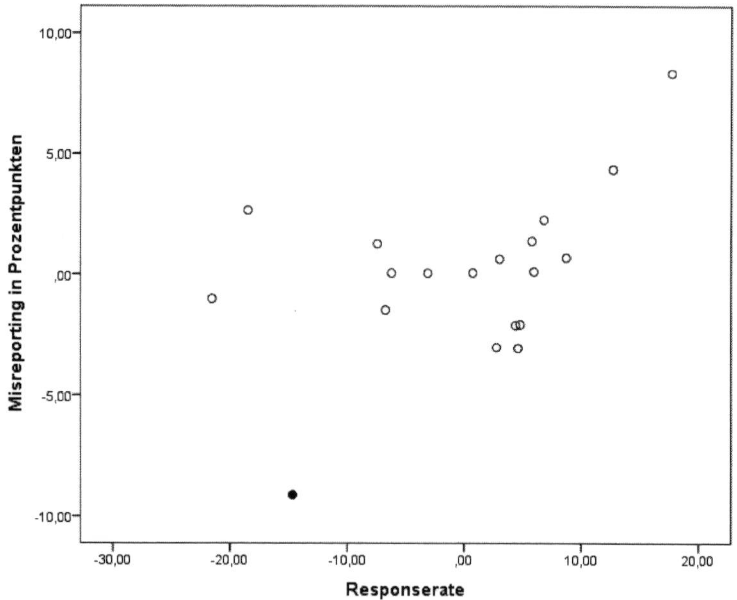

Der einflussreichste Ausreißer Luxemburg wurde schwarz markiert.

Abbildung A6: Partielles Streudiagramm des Misreportings und der prozentualen Anteile der Befragten mit tertiärem Bildungsabschluss

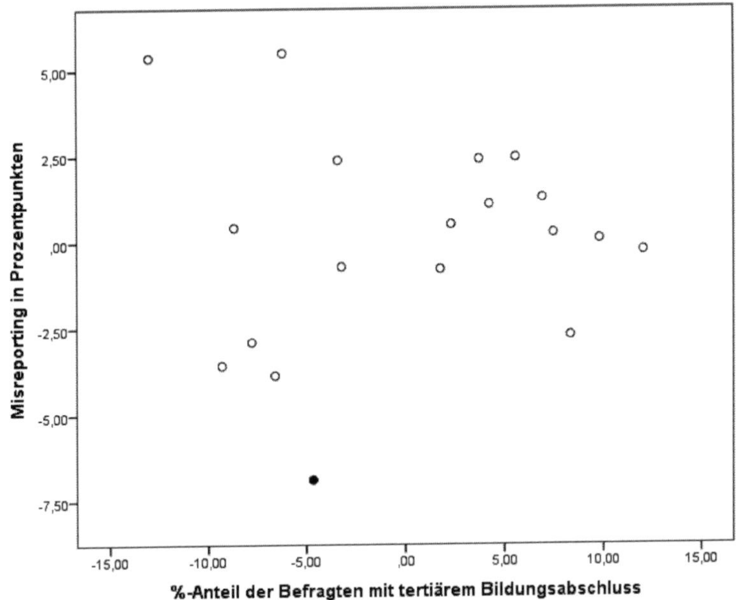

Der einflussreichste Ausreißer Luxemburg wurde schwarz markiert.

Abbildung A7: Partielles Streudiagramm des relativen Overreportings und des Abstands zur letzten Wahl

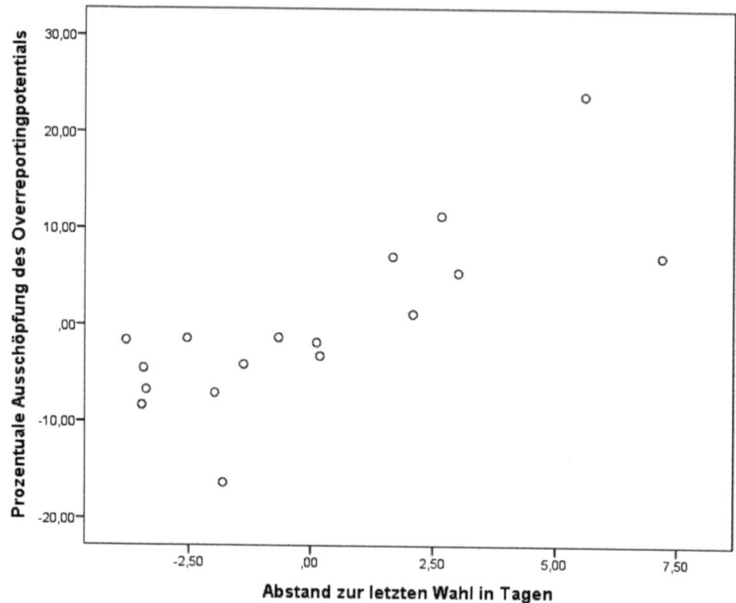

Abbildung A8: Partielles Streudiagramm des relativen Overreportings und der wahrgenommenen Wahlnorm

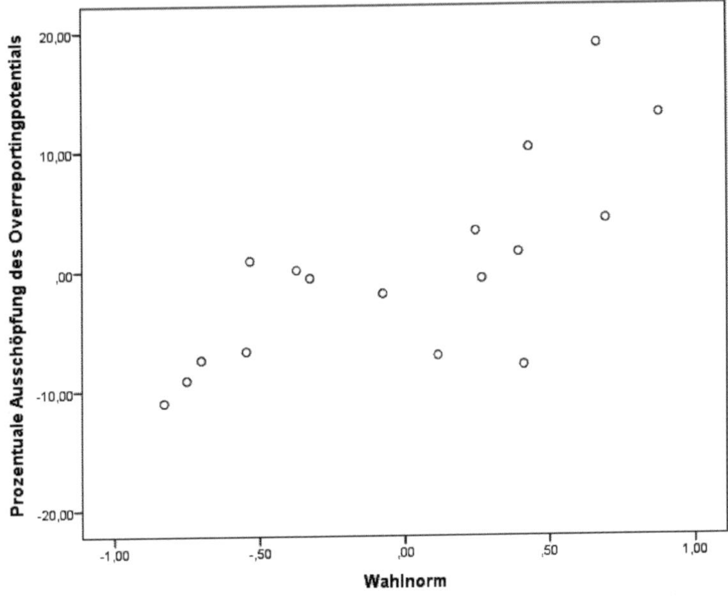

Abbildung A9: Partielles Streudiagramm des relativen Overreportings und der Responserates

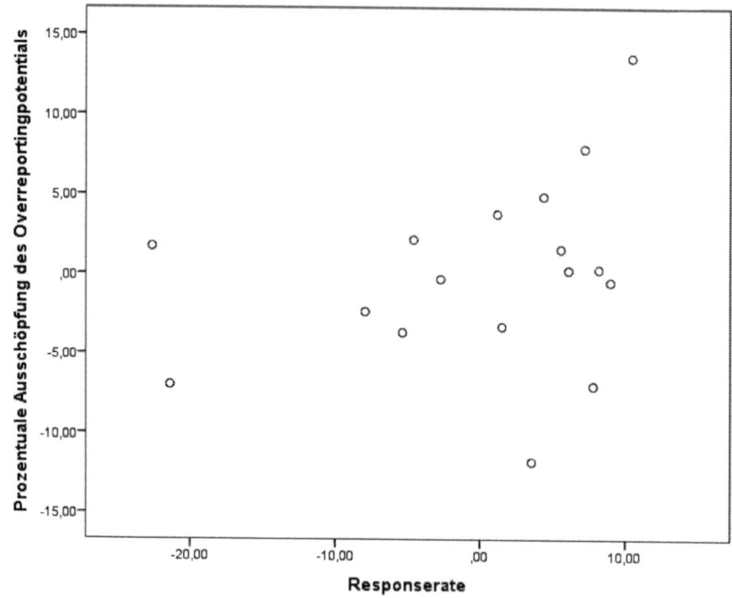

Abbildung A10: Partielles Streudiagramm des relativen Overreportings und der prozentualen Anteile der Befragten mit tertiärem Bildungsabschluss

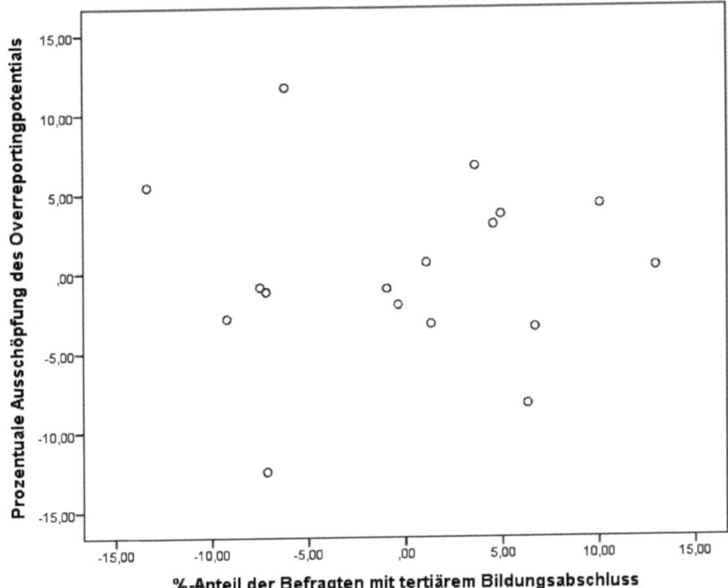

Tabelle A4: Deskriptive Statistik der Sozialkapitalvariablen und der Wahlnorm für Deutschland

	Generelles Vertrauen	Vermutete Fairness	Vermutete Hilfsbereitschaft	Anzahl der Vereinstypen, in denen man Mitglied ist	Anzahl der Vereinstypen, in denen man sich beteiligt hat	Anzahl der Vereinstypen, in denen man freiwillig mitgearbeitet hat	Wohltätigkeitsnorm	Wahrgenommene Wahlnorm
Gültige Werte	2769	2768	2765	2776	2775	2775	2758	2751
Fehlende Werte	5	5	9	0	0	0	17	22
Minimum	0	0	0	0	0	0	0	0
Maximum	10	10	10	8	8	7	10	10
Mittelwert	4,7	5,8	4,8	1,3	0,8	0,4	7,3	7,6
Standardabweichung	2,3	2,1	2,1	1,4	1,2	0,9	1,9	2,6
Schiefe	-0,2	-0,4	-0,1	1,1	1,8	2,6	-0,7	-1,2
Standardfehler der Schiefe	0,1	0,1	0,1	0,1	0,1	0,1	0,1	0,1
Critical Ratio	-3,8	-7,9	-1,3	24,9	37,9	56,9	-15,3	-25,1
Kurtosis	-0,4	-0,1	-0,2	1,4	3,6	8,9	0,8	0,8
Standardfehler der Kurtosis	0,1	0,1	0,1	0,1	0,1	0,1	0,1	0,1
Critical Ratio	-4,3	-0,9	-2,3	15,1	38,9	95,4	8,8	8,2

Gewichtet mit dem Design-Gewicht.

Tabelle A5: Deskriptive Statistiken der Sozialkapitalvariablen und der Wahlnorm für Europa

	Generelles Vertrauen	Vermutete Fairness	Vermutete Hilfsbereitschaft	Anzahl der Vereinstypen, in denen man Mitglied ist	Anzahl der Vereinstypen, in denen man sich beteiligt hat	Anzahl der Vereinstypen, in denen man freiwillig mitgearbeitet hat	Wohltätigkeitsnorm	Wahrgenommene Wahlnorm
Gültige Werte	35837	35664	35736	35910	35910	35910	35502	35522
Fehlende Werte	121	294	222	48	48	48	456	436
Minimum	0	0	0	0	0	0	0	0
Maximum	10	10	10	11	10	11	10	10
Mittelwert	4,7	5,4	4,6	1,0	0,6	0,3	7,4	7,6
Standardabweichung	2,4	2,3	2,3	1,3	1,1	0,7	2,0	2,6
Schiefe	-0,2	-0,3	-0,0	1,7	2,3	3,8	-0,8	-1,1
Standardfehler der Schiefe	0,0	0,0	0,0	0,0	0,0	0,0	0,0	0,0
Critical Ratio	-14,7	-24,8	-3,4	128,6	174,8	290,8	-58,9	-88,3
Kurtosis	-0,5	-0,3	-0,5	3,4	6,4	19,7	0,8	0,7
Standardfehler der Kurtosis	0,0	0,0	0,0	0,0	0,0	0,0	0,0	0,0
Critical Ratio	-19,2	-12,5	-18,7	129,0	246,5	761,6	29,9	27,9

Gewichtet mit dem Design- und dem Populationsgewicht.

Tabelle A6: Die univariate Verteilung des generellen Vertrauens nach Ländern

	Österreich	Belgien	Deutschland	Dänemark	Irland	Italien	Luxemburg	Niederlande	Norwegen	Polen
You can't be too careful	5,6%	6,8%	7,0%	,7%	4,3%	7,5%	4,7%	2,8%	1,4%	11,3%
1	3,5%	3,8%	2,8%	,7%	3,9%	5,3%	,9%	2,0%	,8%	8,7%
2	6,2%	6,9%	7,3%	1,2%	6,1%	7,8%	4,7%	3,1%	1,3%	11,9%
3	9,1%	10,0%	13,3%	3,4%	8,3%	12,5%	7,9%	7,5%	4,4%	16,1%
4	10,3%	10,3%	11,8%	3,5%	7,8%	8,5%	9,0%	7,4%	4,9%	11,4%
5	22,3%	21,8%	23,4%	15,2%	18,7%	25,8%	34,6%	19,1%	15,2%	22,4%
6	10,6%	11,9%	10,0%	7,5%	12,1%	11,8%	9,2%	16,0%	10,5%	6,6%
7	15,3%	17,4%	13,7%	16,1%	14,8%	11,7%	13,6%	23,0%	24,4%	6,1%
8	10,1%	8,8%	7,3%	31,7%	15,4%	6,0%	9,3%	14,5%	25,9%	3,5%
9	3,4%	1,1%	1,9%	12,0%	5,3%	1,7%	3,2%	3,1%	6,7%	,9%
Most people can be trusted	3,6%	1,2%	1,5%	8,0%	3,3%	1,5%	2,9%	1,4%	4,6%	1,2%
Gesamt	2145	1797	2769	1459	1964	1200	1013	2318	1976	2097

	Portugal	Schweden	Slowenien	Spanien	Finnland	Frankreich	Groß-britannien	Griechenland	Ungarn
You can't be too careful	7,8%	1,7%	12,0%	3,8%	1,3%	7,6%	4,8%	12,9%	9,4%
1	5,0%	1,7%	8,0%	3,8%	,9%	2,7%	2,3%	11,8%	7,0%
2	10,7%	3,1%	9,8%	8,7%	1,9%	9,2%	5,1%	10,5%	10,8%
3	17,7%	8,1%	14,0%	11,8%	4,4%	11,2%	11,0%	16,6%	12,6%
4	12,7%	6,9%	9,8%	10,5%	6,6%	11,2%	11,3%	12,3%	11,7%
5	21,5%	17,4%	22,5%	19,6%	14,0%	29,6%	22,9%	14,9%	25,3%
6	8,9%	9,4%	6,4%	14,5%	11,7%	9,6%	13,8%	6,5%	7,8%
7	7,7%	19,9%	8,8%	15,0%	25,1%	10,4%	17,1%	5,9%	7,7%
8	4,4%	23,3%	5,6%	9,3%	24,9%	6,0%	8,7%	5,6%	4,7%
9	1,3%	5,8%	1,2%	1,9%	6,7%	1,5%	1,5%	2,1%	1,4%
Most people can be trusted	2,4%	2,9%	2,0%	1,1%	2,5%	1,0%	1,4%	1,0%	1,9%
Gesamt	1471	1933	1505	1664	1967	1443	1993	2425	1673

Gewichtet mit dem Design-Gewicht.

Tabelle A7: Die univariate Verteilung der vermuteten Fairness nach Ländern

	Österreich	Belgien	Deutschland	Dänemark	Irland	Italien	Luxemburg	Niederlande	Norwegen	Polen
Most people wouldtry to take advantage of me	3,4%	3,2%	1,9%	,1%	1,5%	6,2%	4,5%	1,1%	,6%	5,8%
1	1,7%	2,1%	1,4%	,3%	2,6%	4,8%	1,8%	1,0%	,3%	6,2%
2	4,3%	4,4%	3,5%	1,2%	4,4%	9,6%	4,5%	2,3%	1,2%	9,8%
3	8,3%	6,9%	7,3%	1,4%	5,8%	12,9%	8,3%	4,2%	3,1%	12,2%
4	10,0%	7,2%	10,0%	2,4%	7,6%	11,4%	8,0%	6,3%	4,0%	10,6%
5	22,6%	23,2%	21,9%	12,1%	19,9%	21,1%	27,8%	16,7%	12,0%	25,0%
6	10,4%	13,4%	12,1%	8,0%	11,4%	12,3%	7,4%	16,2%	10,2%	9,1%
7	15,7%	20,0%	18,7%	18,1%	16,4%	9,8%	13,2%	28,7%	23,2%	9,3%
8	13,7%	13,9%	15,2%	33,0%	18,6%	7,2%	12,5%	18,1%	28,4%	7,0%
9	5,5%	3,3%	4,8%	14,5%	7,5%	2,1%	6,0%	3,6%	10,9%	2,1%
Most people wouldtry to be fair	4,4%	2,4%	3,1%	8,9%	4,2%	2,6%	6,1%	1,8%	6,1%	2,9%
Gesamt	2124	1787	2768	1460	1964	1190	1011	2308	1973	2060

	Portugal	Schweden	Slowenien	Spanien	Finnland	Frank-reich	Groß-britannien	Griechenland	Ungarn
Most peoplewould try to take advantage of me	2,1%	,8%	8,2%	3,3%	,9%	2,8%	2,5%	12,0%	7,1%
1	1,8%	,9%	4,6%	2,7%	,4%	1,7%	1,5%	10,6%	4,0%
2	5,2%	2,1%	8,5%	6,8%	1,4%	4,2%	4,5%	12,1%	9,4%
3	11,5%	4,5%	11,3%	9,4%	2,9%	7,8%	7,6%	15,3%	11,6%
4	14,4%	4,6%	8,4%	8,5%	4,2%	9,0%	9,4%	9,7%	9,8%
5	24,5%	14,9%	25,6%	23,3%	11,9%	24,4%	22,4%	19,6%	26,3%
6	11,8%	9,2%	7,6%	13,5%	10,2%	11,2%	15,4%	6,1%	8,4%
7	11,9%	22,4%	9,7%	17,3%	25,7%	15,8%	19,1%	7,1%	11,0%
8	10,3%	27,1%	10,9%	10,4%	26,3%	15,2%	13,3%	4,0%	6,8%
9	3,4%	8,8%	2,7%	3,3%	12,1%	3,5%	2,8%	2,2%	2,2%
Most people would try to be fair	3,2%	4,7%	2,5%	1,4%	3,9%	4,2%	1,7%	1,2%	3,5%
Gesamt	1467	1929	1500	1657	1962	1440	1987	2407	1657

Gewichtet mit dem Design-Gewicht.

Tabelle A8: Die univariate Verteilung der vermuteten Hilfsbereitschaft nach Ländern

	Österreich	Belgien	Deutschland	Dänemark	Irland	Italien	Luxemburg	Niederlande	Norwegen	Polen
People mostly look out for themselves	3,2%	5,5%	2,5%	,9%	1,6%	8,1%	7,0%	2,4%	1,0%	14,2%
1	3,1%	5,2%	2,6%	1,3%	2,9%	6,2%	3,7%	1,8%	1,1%	12,8%
2	6,7%	9,7%	8,1%	3,5%	4,7%	11,2%	9,3%	5,1%	2,8%	16,8%
3	10,8%	15,7%	12,9%	5,2%	6,5%	14,5%	13,3%	9,2%	6,7%	16,8%
4	11,6%	12,2%	13,8%	6,2%	7,3%	12,8%	9,9%	12,3%	8,4%	9,7%
5	22,5%	21,3%	25,5%	22,8%	18,6%	22,5%	29,7%	21,4%	20,1%	15,8%
6	10,9%	9,7%	11,9%	12,7%	12,2%	10,6%	7,3%	17,4%	15,5%	4,2%
7	13,9%	11,2%	12,7%	18,6%	17,0%	7,7%	8,5%	19,6%	19,7%	4,8%
8	9,9%	6,5%	7,0%	18,9%	18,2%	4,4%	7,7%	8,6%	16,1%	2,6%
9	4,1%	1,5%	1,7%	5,8%	7,1%	,7%	1,6%	1,2%	5,3%	1,0%
People mostly try to be helpful	3,3%	1,5%	1,3%	4,2%	3,9%	1,3%	2,1%	,9%	3,4%	1,3%
Gesamt	2146	1788	2765	1459	1962	1194	1013	2316	1974	2091

	Portugal	Schweden	Slowenien	Spanien	Finnland	Frankreich	Groß-britannien	Griechenland	Ungarn
People mostly look out for themselves	5,5%	,9%	8,6%	4,5%	1,1%	6,2%	1,8%	15,6%	7,5%
1	5,7%	1,4%	6,4%	4,8%	1,3%	3,7%	2,1%	14,7%	6,3%
2	14,9%	3,0%	10,8%	12,5%	3,7%	9,8%	4,7%	17,0%	11,8%
3	20,5%	8,3%	15,6%	14,6%	9,6%	14,8%	9,8%	16,3%	15,5%
4	15,7%	7,7%	9,0%	11,7%	10,9%	12,6%	9,4%	10,2%	9,7%
5	16,8%	21,5%	22,4%	22,3%	19,9%	25,3%	23,3%	12,6%	25,3%
6	9,3%	10,2%	6,2%	10,7%	14,5%	8,9%	16,1%	5,0%	7,1%
7	6,2%	20,0%	10,0%	10,3%	19,8%	8,3%	18,8%	3,8%	8,4%
8	3,0%	17,4%	7,8%	5,2%	13,9%	6,8%	10,0%	2,6%	5,0%
9	1,0%	6,1%	1,9%	1,9%	3,9%	1,6%	2,6%	1,0%	1,2%
People mostly try to be helpful	1,4%	3,5%	1,4%	1,4%	1,5%	1,9%	1,6%	1,1%	2,2%
Gesamt	1456	1938	1506	1655	1963	1442	1986	2423	1674

Gewichtet mit dem Design-Gewicht.

Tabelle A9: Die univariate Verteilung der Anzahl der Organisationstypen, in denen die Befragten Mitglieder sind nach Ländern

	Österreich	Belgien	Deutschland	Dänemark	Irland	Italien	Luxemburg	Niederlande	Norwegen	Polen
0	27,4%	29,2%	33,8%	6,7%	32,7%	67,0%	25,5%	18,9%	18,3%	79,4%
1	22,6%	30,5%	28,9%	25,3%	25,6%	18,1%	26,7%	27,4%	24,6%	15,5%
2	20,5%	18,4%	19,1%	28,6%	18,3%	8,7%	21,2%	24,1%	22,9%	3,6%
3	12,7%	11,4%	10,4%	19,4%	10,7%	3,6%	13,1%	14,2%	16,2%	1,1%
4	8,0%	5,5%	4,9%	11,6%	6,8%	1,6%	6,2%	8,5%	10,4%	,3%
5	4,9%	2,3%	2,0%	5,4%	3,5%	,6%	4,4%	3,7%	4,8%	,0%
6	2,3%	1,6%	,5%	2,1%	1,7%	,3%	1,7%	2,2%	1,7%	,0%
7	1,0%	,5%	,3%	,5%	,5%	,2%	,6%	,8%	,8%	0,0%
8	,5%	,4%	,1%	,1%	,1%	0,0%	,4%	,0%	,3%	0,0%
9	,0%	,2%	0,0%	,2%	,2%	0,0%	0,0%	,1%	,1%	0,0%
10	0,0%	0,0%	0,0%	0,0%	0,0%	0,0%	,3%	0,0%	0,0%	0,0%
11	0,0%	,1%	0,0%	0,0%	0,0%	0,0%	0,0%	0,0%	,1%	0,0%
Gesamt	2152	1802	2776	1460	1972	1198	1020	2320	1975	2110

	Portugal	Schweden	Slowenien	Spanien	Finnland	Frankreich	Groß-britannien	Griechenland	Ungarn
0	71,3%	11,5%	50,2%	63,5%	23,8%	52,2%	36,6%	74,4%	74,5%
1	19,1%	26,0%	30,4%	19,7%	32,2%	25,4%	29,3%	17,5%	16,8%
2	6,2%	26,2%	12,0%	9,4%	25,0%	11,5%	17,6%	5,1%	5,7%
3	2,3%	19,0%	4,8%	4,4%	10,6%	5,6%	9,0%	1,4%	1,8%
4	,2%	11,0%	2,0%	1,3%	5,4%	3,0%	4,3%	,7%	,8%
5	,7%	4,2%	,5%	,8%	2,1%	1,2%	2,3%	,7%	,3%
6	,2%	1,3%	,1%	,3%	,6%	,6%	,7%	,1%	,1%
7	0,0%	,6%	,1%	0,0%	,3%	,3%	,2%	,1%	0,0%
8	0,0%	,2%	0,0%	,1%	,1%	0,0%	,1%	0,0%	0,0%
9	0,0%	,1%	0,0%	,2%	0,0%	0,0%	0,0%	0,0%	0,0%
10	0,0%	0,0%	0,0%	0,0%	0,0%	0,0%	0,0%	0,0%	0,0%
11	0,0%	0,0%	0,0%	,2%	0,0%	0,0%	0,0%	0,0%	0,0%
Gesamt	1473	1938	1513	1676	1967	1447	1993	2429	1681

Gewichtet mit dem Design-Gewicht.

Tabelle A10: Die univariate Verteilung der Anzahl der Organisationstypen, in denen sich die Befragten beteiligt haben nach Ländern

	Österreich	Belgien	Deutschland	Dänemark	Irland	Italien	Luxemburg	Niederlande	Norwegen	Polen
0	65,1%	50,7%	55,9%	51,4%	64,1%	78,0%	67,7%	58,6%	53,8%	89,1%
1	15,9%	24,3%	23,2%	23,9%	17,5%	13,2%	19,2%	22,3%	24,2%	7,5%
2	8,9%	12,4%	11,0%	14,3%	9,4%	5,2%	7,8%	10,7%	11,9%	2,5%
3	5,2%	6,9%	6,3%	6,9%	4,5%	2,2%	3,1%	5,1%	5,3%	,6%
4	2,6%	3,2%	2,3%	2,5%	2,4%	1,1%	1,4%	2,3%	2,5%	,2%
5	,9%	1,3%	,9%	,7%	,9%	,3%	,5%	,6%	1,4%	,1%
6	,9%	,6%	,1%	,1%	,8%	,1%	,1%	,2%	,6%	0,0%
7	,5%	,4%	,1%	,1%	,3%	,1%	0,0%	0,0%	,3%	,0%
8	,1%	,2%	,1%	,1%	0,0%	0,0%	,2%	,0%	,1%	0,0%
9	,0%	0,0%	0,0%	0,0%	,1%	0,0%	0,0%	,0%	0,0%	0,0%
10	0,0%	0,0%	0,0%	0,0%	0,0%	0,0%	0,0%	0,0%	,1%	0,0%
Gesamt	2151	1802	2775	1460	1970	1198	1022	2319	1975	2108

	Portugal	Schweden	Slowenien	Spanien	Finnland	Frankreich	Groß-britannien	Griechenland	Ungarn
0	81,6%	52,2%	74,4%	74,6%	63,9%	58,9%	51,4%	86,5%	80,0%
1	11,5%	23,5%	17,9%	14,0%	23,7%	21,7%	25,3%	10,0%	11,1%
2	4,3%	13,6%	5,4%	6,9%	8,3%	12,1%	12,8%	2,1%	5,8%
3	,9%	6,7%	1,9%	2,7%	2,8%	4,3%	6,8%	,7%	1,8%
4	,3%	2,3%	,2%	1,1%	,9%	2,1%	2,1%	,3%	,7%
5	1,2%	1,2%	,2%	,2%	,4%	,7%	1,1%	,2%	,2%
6	,1%	,3%	0,0%	,2%	,1%	,2%	,4%	,0%	,2%
7	,1%	,1%	0,0%	,2%	,1%	0,0%	,2%	,1%	,1%
8	0,0%	,1%	0,0%	0,0%	0,0%	,1%	,1%	0,0%	0,0%
9	0,0%	0,0%	0,0%	,1%	0,0%	0,0%	0,0%	0,0%	,1%
10	0,0%	0,0%	0,0%	0,0%	0,0%	0,0%	0,0%	0,0%	0,0%
Gesamt	1473	1938	1513	1676	1967	1447	1994	2429	1681

Gewichtet mit dem Design-Gewicht.

Tabelle A11: Die univariate Verteilung der Anzahl der Vereinstypen, in denen die Befragten freiwillige Arbeit geleistet haben nach Ländern

	Österreich	Belgien	Deutschland	Dänemark	Irland	Italien	Luxemburg	Niederlande	Norwegen	Polen
0	85,8%	76,2%	73,8%	72,1%	84,5%	95,2%	82,2%	70,8%	63,5%	94,6%
1	8,9%	14,3%	16,0%	19,7%	8,4%	3,5%	11,0%	19,5%	19,6%	4,2%
2	3,0%	5,7%	6,2%	6,4%	4,1%	,8%	4,5%	6,3%	10,2%	,7%
3	1,4%	1,7%	2,8%	1,0%	1,4%	,5%	1,3%	2,2%	4,2%	,4%
4	,7%	1,1%	,8%	,7%	1,0%	0,0%	,9%	,8%	1,6%	,0%
5	,0%	,3%	,2%	,1%	,3%	0,0%	,2%	,2%	,6%	,0%
6	,2%	,2%	,1%	0,0%	,1%	0,0%	0,0%	,0%	,2%	0,0%
7	0,0%	,2%	,1%	,1%	,2%	0,0%	0,0%	,0%	,1%	0,0%
8	0,0%	,2%	0,0%	0,0%	0,0%	0,0%	0,0%	,0%	0,0%	0,0%
9	0,0%	,1%	0,0%	0,0%	0,0%	0,0%	0,0%	0,0%	0,0%	0,0%
10	0,0%	,1%	0,0%	0,0%	0,0%	0,0%	0,0%	0,0%	0,0%	0,0%
11	0,0%	0,0%	0,0%	0,0%	0,0%	0,0%	0,0%	,0%	0,0%	0,0%
Gesamt	2151	1802	2775	1460	1971	1197	1020	2319	1974	2109

	Portugal	Schweden	Slowenien	Spanien	Finnland	Frankreich	Groß-britannien	Griechenland	Ungarn
0	94,3%	65,2%	80,8%	93,1%	87,7%	81,1%	76,4%	93,5%	90,8%
1	4,4%	21,7%	12,2%	4,1%	9,4%	11,7%	15,0%	4,9%	5,9%
2	,6%	7,9%	4,8%	1,5%	2,2%	4,8%	6,3%	,8%	2,1%
3	,4%	3,8%	1,6%	1,0%	,4%	1,3%	1,5%	,3%	,8%
4	,1%	,8%	,6%	0,0%	,3%	,7%	,6%	,2%	,1%
5	,1%	,4%	,1%	,2%	,1%	,2%	,1%	,2%	,1%
6	0,0%	,3%	0,0%	0,0%	0,0%	,1%	,2%	,0%	0,0%
7	0,0%	0,0%	0,0%	0,0%	0,0%	0,0%	0,0%	,1%	,1%
8	0,0%	0,0%	0,0%	,1%	0,0%	0,0%	,1%	0,0%	0,0%
9	0,0%	0,0%	0,0%	0,0%	0,0%	0,0%	0,0%	0,0%	0,0%
10	0,0%	0,0%	0,0%	0,0%	0,0%	0,0%	0,0%	0,0%	0,0%
11	0,0%	0,0%	0,0%	0,0%	0,0%	0,0%	0,0%	0,0%	0,0%
Gesamt	1473	1938	1513	1676	1967	1447	1993	2429	1681

Gewichtet mit dem Design-Gewicht.

Tabelle A12: Die univariate Verteilung der Wohltätigkeitsnorm nach Ländern

	Österreich	Belgien	Deutschland	Dänemark	Irland	Italien	Luxemburg	Niederlande	Norwegen	Polen
Extremely unimportant	,7%	,7%	,6%	,1%	,4%	,6%	2,3%	,2%	,2%	,8%
1	,3%	,6%	,3%	,1%	,5%	,2%	1,1%	,1%	,3%	,3%
2	,5%	1,7%	1,1%	,8%	,6%	,9%	1,3%	,6%	,3%	1,1%
3	1,4%	2,2%	2,0%	1,0%	,9%	1,4%	1,6%	1,0%	,6%	1,7%
4	2,0%	3,3%	1,9%	1,3%	1,9%	1,1%	2,1%	1,1%	1,0%	2,4%
5	13,2%	14,1%	12,0%	7,9%	8,9%	5,9%	15,7%	7,6%	5,6%	12,3%
6	7,8%	12,4%	11,8%	7,2%	11,5%	11,3%	8,3%	11,4%	7,6%	10,6%
7	19,0%	24,1%	19,6%	17,4%	17,2%	17,2%	15,0%	28,7%	20,0%	16,0%
8	23,3%	21,4%	25,9%	28,9%	22,8%	22,5%	16,1%	29,4%	30,7%	22,0%
9	9,1%	7,8%	9,1%	13,3%	13,3%	13,3%	8,3%	9,5%	14,8%	9,8%
Extremely important	22,7%	11,6%	15,9%	21,9%	22,1%	25,6%	28,1%	10,4%	19,0%	23,0%
Gesamt	2116	1778	2758	1437	1950	1183	991	2306	1969	2065

	Portugal	Schweden	Slowenien	Spanien	Finnland	Frankreich	Groß-britannien	Griechenland	Ungarn
Extremely unimportant	,1%	,1%	1,5%	,3%	,1%	1,3%	1,1%	,5%	2,6%
1	,1%	,2%	,8%	,2%	,2%	,5%	,6%	,5%	1,5%
2	,3%	,8%	1,1%	,2%	,3%	1,0%	1,2%	,6%	2,2%
3	,9%	1,2%	1,4%	,9%	,7%	2,4%	3,4%	1,0%	3,8%
4	1,2%	2,3%	1,6%	2,0%	1,0%	2,5%	3,8%	1,5%	3,2%
5	6,0%	9,6%	10,9%	6,9%	4,4%	18,8%	17,3%	4,2%	19,9%
6	6,5%	10,1%	8,5%	11,3%	6,4%	9,9%	12,4%	6,1%	9,3%
7	14,5%	19,4%	14,0%	20,5%	16,8%	16,7%	20,9%	10,6%	16,3%
8	24,0%	25,0%	23,3%	22,9%	33,0%	23,6%	19,8%	17,2%	16,8%
9	16,6%	10,8%	12,5%	15,7%	18,5%	8,4%	7,7%	21,7%	7,3%
Extremely important	29,8%	20,4%	24,5%	19,1%	18,7%	14,8%	11,7%	36,2%	17,2%
Gesamt	1454	1924	1491	1640	1954	1434	1980	2408	1647

Gewichtet mit dem Design-Gewicht.

Tabelle A13: Mittelwerte der Sozialkapitalindikatoren

	Generelles Vertrauen	Ranking	Vermutete Fairness	Ranking	Vermutete Hilfsbereitschaft	Ranking	Anzahl der Vereinstypen, in denen man Mitglied ist	Ranking	Anzahl der Vereinstypen, in denen man sich beteiligt hat	Ranking	Anzahl der Vereinstypen, in denen man freiwillig mitgearbeitet hat	Ranking	Wohltätigkeitsnorm	Ranking
Griechenland	3,6	19	3,7	19	3,0	19	0,4	17	0,2	18	0,1	16	8,4	1
Polen	3,7	18	4,5	18	3,2	18	0,3	19	0,2	19	0,1	18	7,5	12
Slowenien	4,0	17	4,7	15	4,2	14	0,8	13	0,4	15	0,3	9	7,6	10
Ungarn	4,1	16	4,6	16	4,2	15	0,4	17	0,3	16	0,1	14	6,7	19
Portugal	4,2	15	5,3	13	3,9	17	0,4	16	0,3	17	0,1	17	8,2	2
Frankreich	4,5	14	5,7	8	4,4	11	0,9	12	0,7	9	0,3	8	7,0	16
Italien	4,5	13	4,6	17	4,1	16	0,6	15	0,4	14	0,1	19	7,8	6
Deutschland	4,7	12	5,8	7	4,8	9	1,3	10	0,8	6	0,4	5	7,3	15
Belgien	4,8	11	5,6	10	4,4	11	1,5	8	1,0	1	0,4	4	7,0	17
Spanien	4,9	10	5,3	13	4,4	13	0,7	14	0,5	13	0,1	15	7,7	7
Großbritannien	5,1	9	5,6	12	5,4	6	1,3	11	0,9	2	0,4	7	6,8	18
Österreich	5,1	8	5,6	9	5,2	8	1,8	5	0,7	7	0,2	12	7,6	11
Luxemburg	5,3	7	5,6	11	4,5	10	1,8	6	0,5	12	0,3	10	7,4	14
Irland	5,5	6	6,0	6	6,0	4	1,6	7	0,7	9	0,3	11	7,7	8
Niederlande	5,7	5	6,2	5	5,3	7	1,9	4	0,7	8	0,4	3	7,4	13
Schweden	6,1	4	6,7	4	6,0	2	2,1	2	0,9	2	0,6	2	7,6	9
Finnland	6,5	3	6,9	3	5,7	5	1,5	9	0,6	11	0,2	13	8,0	3
Norwegen	6,6	2	7,0	2	6,0	2	2,0	3	0,9	5	0,6	1	7,9	4
Dänemark	7,0	1	7,4	1	6,1	1	2,3	1	0,9	2	0,4	6	7,9	5
Insgesamt	4,7		5,4		4,6		1,0		0,6		0,3		7,4	

Gewichtet mit dem Design-Gewicht, Insgesamt gewichtet mit dem Design- und Populationsgewicht.

Tabelle A14: Die nichtparametrischen Korrelationen der Sozialkapitalitems für Europa

		Anzahl der Vereinstypen, in denen man sich beteiligt hat	Anzahl der Vereinstypen, in denen man Mitglied ist	Anzahl der Vereinstypen, in denen man freiwillig mitgearbeitet hat	Generelles Vertrauen	Vermutete Fairness	Vermutete Hilfsbereitschaft
Anzahl der Vereinstypen, in denen man Mitglied ist	R_S	,461					
	p-Value	,000					
	N	32075					
Anzahl der Vereinstypen, in denen man freiwillig mitgearbeitet hat	R_S	,481	,387				
	p-Value	,000	,000				
	N	32075	32075				
Generelles Vertrauen	R_S	,138	,176	,113			
	p-Value	,000	,000	,000			
	N	31976	31976	31976			
Vermutete Fairness	R_S	,117	,165	,114	,495		
	p-Value	,000	,000	,000	,000		
	N	31813	31813	31813	31807		
Vermutete Hilfsbereitschaft	R_S	,107	,148	,092	,428	,449	
	p-Value	,000	,000	,000	,000	,000	
	N	31882	31882	31882	31872	31733	
Wohltätigkeitsnorm	R_S	,009	,036	,026	,055	,055	,035
	p-Value	,094	,000	,000	,000	,000	,000
	N	31674	31674	31674	31630	31479	31555

Gewichtet mit dem Design- und Populationsgewicht.

Tabelle A15: Die nichtparametrischen Korrelationen der Sozialkapitalitems für Österreich

		Anzahl der Vereinstypen, in denen man sich beteiligt hat	Anzahl der Vereinstypen, in denen man Mitglied ist	Anzahl der Vereinstypen, in denen man freiwillig mitgearbeitet hat	Generelles Vertrauen	Vermutete Fairness	Vermutete Hilfsbereitschaft
Anzahl der Vereinstypen, in denen man Mitglied ist	R_S	,280					
	p-Value	,000					
	N	2151					
Anzahl der Vereinstypen, in denen man freiwillig mitgearbeitet hat	R_S	,330	,247				
	p-Value	,000	,000				
	N	2151	2151				
Generelles Vertrauen	R_S	,086	,129	,093			
	p-Value	,000	,000	,000			
	N	2143	2143	2143			
Vermutete Fairness	R_S	,049	,058	,089	,574		
	p-Value	,025	,008	,000	,000		
	N	2123	2123	2123	2117		
Vermutete Hilfsbereitschaft	R_S	,010	,059	,059	,484	,566	
	p-Value	,640	,006	,007	,000	,000	
	N	2143	2143	2143	2136	2116	
Wohltätigkeitsnorm	R_S	,009	,046	,031	,105	,115	,109
	p-Value	,672	,033	,158	,000	,000	,000
	N	2110	2110	2110	2104	2086	2103

Gewichtet mit dem Design-Gewicht.

Tabelle A16: Die nichtparametrischen Korrelationen der Sozialkapitalitems für Belgien

		Anzahl der Vereinstypen, in denen man sich beteiligt hat	Anzahl der Vereinstypen, in denen man Mitglied ist	Anzahl der Vereinstypen, in denen man freiwillig mitgearbeitet hat	Generelles Vertrauen	Vermutete Fairness	Vermutete Hilfsbereitschaft
Anzahl der Vereinstypen, in denen man Mitglied ist	R_S	,361					
	p-Value	,000					
	N	1802					
Anzahl der Vereinstypen, in denen man freiwillig mitgearbeitet hat	R_S	,444	,316				
	p-Value	,000	,000				
	N	1802	1802				
Generelles Vertrauen	R_S	,145	,118	,163			
	p-Value	,000	,000	,000			
	N	1796	1796	1796			
Vermutete Fairness	R_S	,081	,084	,078	,494		
	p-Value	,001	,000	,001	,000		
	N	1786	1786	1786	1782		
Vermutete Hilfsbereitschaft	R_S	,057	,058	,088	,385	,374	
	p-Value	,015	,014	,000	,000	,000	
	N	1787	1787	1787	1784	1775	
Wohltätigkeitsnorm	R_S	,035	,021	,019	,062	,059	,047
	p-Value	,138	,386	,429	,009	,013	,048
	N	1777	1777	1777	1772	1763	1765

Gewichtet mit dem Design-Gewicht.

Tabelle A17: Die nichtparametrischen Korrelationen der Sozialkapitalitems für Dänemark

		Anzahl der Vereinstypen, in denen man sich beteiligt hat	Anzahl der Vereinstypen, in denen man Mitglied ist	Anzahl der Vereinstypen, in denen man freiwillig mitgearbeitet hat	Generelles Vertrauen	Vermutete Fairness	Vermutete Hilfsbereitschaft
Anzahl der Vereinstypen, in denen man Mitglied ist	R_S	,387					
	p-Value	,000					
	N	1460					
Anzahl der Vereinstypen, in denen man freiwillig mitgearbeitet hat	R_S	,519	,336				
	p-Value	,000	,000				
	N	1460	1460				
Generelles Vertrauen	R_S	,050	,102	,022			
	p-Value	,059	,000	,404			
	N	1457	1457	1457			
Vermutete Fairness	R_S	,068	,079	,042	,581		
	p-Value	,010	,003	,106	,000		
	N	1457	1457	1457	1456		
Vermutete Hilfsbereitschaft	R_S	,018	,026	-,003	,370	,408	
	p-Value	,496	,330	,903	,000	,000	
	N	1456	1456	1456	1455	1457	
Wohltätigkeitsnorm	R_S	-,002	,060	,027	,103	,111	,103
	p-Value	,955	,023	,308	,000	,000	,000
	N	1437	1437	1437	1434	1434	1433

Gewichtet mit dem Design-Gewicht.

Tabelle A18: Die nichtparametrischen Korrelationen der Sozialkapitalitems für Irland

		Anzahl der Vereinstypen, in denen man sich beteiligt hat	Anzahl der Vereinstypen, in denen man Mitglied ist	Anzahl der Vereinstypen, in denen man freiwillig mitgearbeitet hat	Generelles Vertrauen	Vermutete Fairness	Vermutete Hilfsbereitschaft
Anzahl der Vereinstypen, in denen man Mitglied ist	R_S	,295					
	p-Value	,000					
	N	2054					
Anzahl der Vereinstypen, in denen man freiwillig mitgearbeitet hat	R_S	,452	,279				
	p-Value	,000	,000				
	N	2054	2054				
Generelles Vertrauen	R_S	,044	,080	,044			
	p-Value	,049	,000	,049			
	N	2041	2041	2041			
Vermutete Fairness	R_S	,028	,052	,017	,547		
	p-Value	,212	,018	,450	,000		
	N	2039	2039	2039	2038		
Vermutete Hilfsbereitschaft	R_S	-,001	,026	,028	,418	,489	
	p-Value	,979	,249	,210	,000	,000	
	N	2037	2037	2037	2035	2034	
Wohltätigkeitsnorm	R_S	,005	,069	,069	,081	,179	,188
	p-Value	,825	,002	,002	,000	,000	,000
	N	2026	2026	2026	2020	2019	2017

Gewichtet mit dem Design-Gewicht.

Tabelle A19: Die nichtparametrischen Korrelationen der Sozialkapitalitems für Italien

		Anzahl der Vereinstypen, in denen man sich beteiligt hat	Anzahl der Vereinstypen, in denen man Mitglied ist	Anzahl der Vereinstypen, in denen man freiwillig mitgearbeitet hat	Generelles Vertrauen	Vermutete Fairness	Vermutete Hilfsbereitschaft
Anzahl der Vereinstypen, in denen man Mitglied ist	R_S	,073					
	p-Value	,014					
	N	1111					
Anzahl der Vereinstypen, in denen man freiwillig mitgearbeitet hat	R_S	,089	,051				
	p-Value	,003	,090				
	N	1111	1111				
Generelles Vertrauen	R_S	,097	,134	,082			
	p-Value	,001	,000	,006			
	N	1111	1111	1111			
Vermutete Fairness	R_S	,055	,121	,049	,527		
	p-Value	,068	,000	,101	,000		
	N	1103	1103	1103	1104		
Vermutete Hilfsbereitschaft	R_S	,039	,083	,042	,435	,514	
	p-Value	,193	,006	,160	,000	,000	
	N	1105	1105	1105	1106	1101	
Wohltätigkeitsnorm	R_S	,025	,150	,108	,167	,161	,124
	p-Value	,402	,000	,000	,000	,000	,000
	N	1095	1095	1095	1095	1089	1091

Gewichtet mit dem Design-Gewicht.

Tabelle A20: Die nichtparametrischen Korrelationen der Sozialkapitalitems für Luxemburg

		Anzahl der Vereinstypen, in denen man sich beteiligt hat	Anzahl der Vereinstypen, in denen man Mitglied ist	Anzahl der Vereinstypen, in denen man freiwillig mitgearbeitet hat	Generelles Vertrauen	Vermutete Fairness	Vermutete Hilfsbereitschaft
Anzahl der Vereinstypen, in denen man Mitglied ist	R_S	,180					
	p-Value	,000					
	N	1123					
Anzahl der Vereinstypen, in denen man freiwillig mitgearbeitet hat	R_S	,500	,275				
	p-Value	,000	,000				
	N	1123	1123				
Generelles Vertrauen	R_S	,077	,159	,102			
	p-Value	,010	,000	,001			
	N	1113	1113	1113			
Vermutete Fairness	R_S	,006	,120	,045	,439		
	p-Value	,830	,000	,137	,000		
	N	1106	1106	1106	1101		
Vermutete Hilfsbereitschaft	R_S	,070	,028	,062	,271	,286	
	p-Value	,020	,353	,039	,000	,000	
	N	1112	1112	1112	1105	1099	
Wohltätigkeitsnorm	R_S	-,017	,103	-,001	,116	,063	,111
	p-Value	,577	,001	,982	,000	,037	,000
	N	1089	1089	1089	1082	1076	1083

Gewichtet mit dem Design-Gewicht.

Tabelle A21: Die nichtparametrischen Korrelationen der Sozialkapitalitems für die Niederlande

		Anzahl der Vereinstypen, in denen man sich beteiligt hat	Anzahl der Vereinstypen, in denen man Mitglied ist	Anzahl der Vereinstypen, in denen man freiwillig mitgearbeitet hat	Generelles Vertrauen	Vermutete Fairness	Vermutete Hilfsbereitschaft
Anzahl der Vereinstypen, in denen man Mitglied ist	R_S	,340					
	p-Value	,000					
	N	1943					
Anzahl der Vereinstypen, in denen man freiwillig mitgearbeitet hat	R_S	,449	,347				
	p-Value	,000	,000				
	N	1943	1943				
Generelles Vertrauen	R_S	,101	,158	,104			
	p-Value	,000	,000	,000			
	N	1943	1943	1943			
Vermutete Fairness	R_S	,072	,116	,089	,591		
	p-Value	,002	,000	,000	,000		
	N	1936	1936	1936	1936		
Vermutete Hilfsbereitschaft	R_S	,070	,075	,060	,400	,401	
	p-Value	,002	,001	,009	,000	,000	
	N	1940	1940	1940	1940	1933	
Wohltätigkeitsnorm	R_S	,062	,076	,074	,002	,040	,031
	p-Value	,006	,001	,001	,930	,080	,176
	N	1931	1931	1931	1931	1925	1929

Gewichtet mit dem Design-Gewicht.

Tabelle A22: Die nichtparametrischen Korrelationen der Sozialkapitalitems für Norwegen

		Anzahl der Vereinstypen, in denen man sich beteiligt hat	Anzahl der Vereinstypen, in denen man Mitglied ist	Anzahl der Vereinstypen, in denen man freiwillig mitgearbeitet hat	Generelles Vertrauen	Vermutete Fairness	Vermutete Hilfsbereitschaft
Anzahl der Vereinstypen, in denen man Mitglied ist	R_S	,446					
	p-Value	,000					
	N	1975					
Anzahl der Vereinstypen, in denen man freiwillig mitgearbeitet hat	R_S	,675	,421				
	p-Value	,000	,000				
	N	1975	1975				
Generelles Vertrauen	R_S	,098	,145	,101			
	p-Value	,000	,000	,000			
	N	1975	1975	1975			
Vermutete Fairness	R_S	,028	,043	,040	,500		
	p-Value	,213	,054	,073	,000		
	N	1973	1973	1973	1973		
Vermutete Hilfsbereitschaft	R_S	,022	,056	,067	,281	,335	
	p-Value	,330	,013	,003	,000	,000	
	N	1975	1975	1975	1975	1973	
Wohltätigkeitsnorm	R_S	,084	,069	,073	,081	,115	,123
	p-Value	,000	,002	,001	,000	,000	,000
	N	1970	1970	1970	1970	1968	1970

Gewichtet mit dem Design-Gewicht.

Tabelle A23: Die nichtparametrischen Korrelationen der Sozialkapitalitems für Polen

		Anzahl der Vereinstypen, in denen man sich beteiligt hat	Anzahl der Vereinstypen, in denen man Mitglied ist	Anzahl der Vereinstypen, in denen man freiwillig mitgearbeitet hat	Generelles Vertrauen	Vermutete Fairness	Vermutete Hilfsbereitschaft
Anzahl der Vereinstypen, in denen man Mitglied ist	R_S	,449					
	p-Value	,000					
	N	2109					
Anzahl der Vereinstypen, in denen man freiwillig mitgearbeitet hat	R_S	,475	,336				
	p-Value	,000	,000				
	N	2109	2109				
Generelles Vertrauen	R_S	,118	,077	,056			
	p-Value	,000	,000	,010			
	N	2096	2096	2096			
Vermutete Fairness	R_S	,102	,070	,079	,452		
	p-Value	,000	,001	,000	,000		
	N	2058	2058	2058	2050		
Vermutete Hilfsbereitschaft	R_S	,038	,033	,028	,371	,373	
	p-Value	,084	,132	,207	,000	,000	
	N	2091	2091	2091	2084	2045	
Wohltätigkeitsnorm	R_S	-,012	-,009	-,017	-,023	,014	,005
	p-Value	,592	,688	,444	,299	,529	,817
	N	2064	2064	2064	2059	2021	2052

Gewichtet mit dem Designgewicht.

Tabelle A24: Die nichtparametrischen Korrelationen der Sozialkapitalitems für Portugal

		Anzahl der Vereinstypen, in denen man sich beteiligt hat	Anzahl der Vereinstypen, in denen man Mitglied ist	Anzahl der Vereinstypen, in denen man freiwillig mitgearbeitet hat	Generelles Vertrauen	Vermutete Fairness	Vermutete Hilfsbereitschaft
Anzahl der Vereinstypen, in denen man Mitglied ist	R_S	,408					
	p-Value	,000					
	N	1400					
Anzahl der Vereinstypen, in denen man freiwillig mitgearbeitet hat	R_S	,490	,317				
	p-Value	,000	,000				
	N	1400	1400				
Generelles Vertrauen	R_S	-,007	,059	,037			
	p-Value	,782	,028	,170			
	N	1396	1396	1396			
Vermutete Fairness	R_S	,005	,026	,083	,531		
	p-Value	,844	,328	,002	,000		
	N	1393	1393	1393	1392		
Vermutete Hilfsbereitschaft	R_S	-,044	,004	-,009	,422	,358	
	p-Value	,102	,871	,742	,000	,000	
	N	1380	1380	1380	1380	1377	
Wohltätigkeitsnorm	R_S	,142	,050	,067	-,005	,044	,009
	p-Value	,000	,064	,013	,849	,103	,739
	N	1378	1378	1378	1377	1375	1364

Gewichtet mit dem Design-Gewicht.

Tabelle A25: Die nichtparametrischen Korrelationen der Sozialkapitalitems für Schweden

		Anzahl der Vereinstypen, in denen man sich beteiligt hat	Anzahl der Vereinstypen, in denen man Mitglied ist	Anzahl der Vereinstypen, in denen man freiwillig mitgearbeitet hat	Generelles Vertrauen	Vermutete Fairness	Vermutete Hilfsbereitschaft
Anzahl der Vereinstypen, in denen man Mitglied ist	R_S	,441					
	p-Value	,000					
	N	1938					
Anzahl der Vereinstypen, in denen man freiwillig mitgearbeitet hat	R_S	,626	,396				
	p-Value	,000	,000				
	N	1938	1938				
Generelles Vertrauen	R_S	,106	,165	,099			
	p-Value	,000	,000	,000			
	N	1930	1930	1930			
Vermutete Fairness	R_S	,071	,128	,070	,519		
	p-Value	,002	,000	,002	,000		
	N	1926	1926	1926	1925		
Vermutete Hilfsbereitschaft	R_S	,029	,082	,035	,360	,407	
	p-Value	,209	,000	,127	,000	,000	
	N	1935	1935	1935	1932	1927	
Wohltätigkeitsnorm	R_S	-,023	,047	,013	,057	,099	,142
	p-Value	,317	,040	,582	,012	,000	,000
	N	1924	1924	1924	1917	1915	1921

Gewichtet mit dem Design-Gewicht.

Tabelle A26: Die nichtparametrischen Korrelationen der Sozialkapitalitems für Slowenien

		Anzahl der Vereinstypen, in denen man sich beteiligt hat	Anzahl der Vereinstypen, in denen man Mitglied ist	Anzahl der Vereinstypen, in denen man freiwillig mitgearbeitet hat	Generelles Vertrauen	Vermutete Fairness	Vermutete Hilfsbereitschaft
Anzahl der Vereinstypen, in denen man Mitglied ist	R_S	,384					
	p-Value	,000					
	N	1513					
Anzahl der Vereinstypen, in denen man freiwillig mitgearbeitet hat	R_S	,483	,383				
	p-Value	,000	,000				
	N	1513	1513				
Generelles Vertrauen	R_S	,065	,145	,045			
	p-Value	,012	,000	,078			
	N	1504	1504	1504			
Vermutete Fairness	R_S	,068	,071	,032	,511		
	p-Value	,008	,006	,221	,000		
	N	1499	1499	1499	1493		
Vermutete Hilfsbereitschaft	R_S	,036	,063	-,001	,428	,473	
	p-Value	,159	,015	,965	,000	,000	
	N	1505	1505	1505	1499	1495	
Wohltätigkeitsnorm	R_S	-,073	-,041	-,032	-,144	-,038	-,043
	p-Value	,005	,110	,218	,000	,143	,099
	N	1491	1491	1491	1483	1478	1483

Gewichtet mit dem Design-Gewicht.

Tabelle A27: Die nichtparametrischen Korrelationen der Sozialkapitalitems für Spanien

		Anzahl der Vereinstypen, in denen man sich beteiligt hat	Anzahl der Vereinstypen, in denen man Mitglied ist	Anzahl der Vereinstypen, in denen man freiwillig mitgearbeitet hat	Generelles Vertrauen	Vermutete Fairness	Vermutete Hilfsbereitschaft
Anzahl der Vereinstypen, in denen man Mitglied ist	R_S	,338					
	p-Value	,000					
	N	1688					
Anzahl der Vereinstypen, in denen man freiwillig mitgearbeitet hat	R_S	,390	,273				
	p-Value	,000	,000				
	N	1688	1688				
Generelles Vertrauen	R_S	,005	,065	-,017			
	p-Value	,851	,008	,482			
	N	1669	1669	1669			
Vermutete Fairness	R_S	-,029	,053	-,005	,565		
	p-Value	,242	,031	,825	,000		
	N	1659	1659	1659	1664		
Vermutete Hilfsbereitschaft	R_S	-,022	,020	-,057	,469	,431	
	p-Value	,360	,407	,020	,000	,000	
	N	1658	1658	1658	1662	1652	
Wohltätigkeitsnorm	R_S	,086	,142	,062	,093	,079	,017
	p-Value	,000	,000	,011	,000	,001	,489
	N	1649	1649	1649	1644	1634	1636

Gewichtet mit dem Design-Gewicht.

Tabelle A28: Die nichtparametrischen Korrelationen der Sozialkapitalitems für Finnland

		Anzahl der Vereinstypen, in denen man sich beteiligt hat	Anzahl der Vereinstypen, in denen man Mitglied ist	Anzahl der Vereinstypen, in denen man freiwillig mitgearbeitet hat	Generelles Vertrauen	Vermutete Fairness	Vermutete Hilfsbereitschaft
Anzahl der Vereinstypen, in denen man Mitglied ist	R_S	,038					
	p-Value	,091					
	N	1967					
Anzahl der Vereinstypen, in denen man freiwillig mitgearbeitet hat	R_S	,086	,064				
	p-Value	,000	,005				
	N	1967	1967				
Generelles Vertrauen	R_S	,068	,091	,056			
	p-Value	,003	,000	,013			
	N	1965	1965	1965			
Vermutete Fairness	R_S	,024	,051	,041	,520		
	p-Value	,285	,024	,067	,000		
	N	1960	1960	1960	1962		
Vermutete Hilfsbereitschaft	R_S	,031	,056	,006	,396	,429	
	p-Value	,167	,012	,782	,000	,000	
	N	1962	1962	1962	1963	1961	
Wohltätigkeitsnorm	R_S	,063	,075	,066	,095	,113	,095
	p-Value	,005	,001	,003	,000	,000	,000
	N	1954	1954	1954	1953	1949	1951

Gewichtet mit dem Design-Gewicht.

Tabelle A29: Die nichtparametrischen Korrelationen der Sozialkapitalitems für Frankreich

		Anzahl der Vereinstypen, in denen man sich beteiligt hat	Anzahl der Vereinstypen, in denen man Mitglied ist	Anzahl der Vereinstypen, in denen man freiwillig mitgearbeitet hat	Generelles Vertrauen	Vermutete Fairness	Vermutete Hilfsbereitschaft
Anzahl der Vereinstypen, in denen man Mitglied ist	R_S	,512					
	p-Value	,000					
	N	1447					
Anzahl der Vereinstypen, in denen man freiwillig mitgearbeitet hat	R_S	,446	,391				
	p-Value	,000	,000				
	N	1447	1447				
Generelles Vertrauen	R_S	,133	,129	,114			
	p-Value	,000	,000	,000			
	N	1443	1443	1443			
Vermutete Fairness	R_S	,089	,066	,042	,389		
	p-Value	,001	,012	,113	,000		
	N	1440	1440	1440	1439		
Vermutete Hilfsbereitschaft	R_S	,011	,043	,021	,342	,326	
	p-Value	,669	,105	,433	,000	,000	
	N	1442	1442	1442	1441	1439	
Wohltätigkeitsnorm	R_S	,067	,038	,034	,115	,086	,092
	p-Value	,011	,148	,197	,000	,001	,000
	N	1434	1434	1434	1430	1428	1430

Gewichtet mit dem Design-Gewicht.

Tabelle A30: Die nichtparametrischen Korrelationen der Sozialkapitalitems für Großbritannien

		Anzahl der Vereinstypen, in denen man sich beteiligt hat	Anzahl der Vereinstypen, in denen man Mitglied ist	Anzahl der Vereinstypen, in denen man freiwillig mitgearbeitet hat	Generelles Vertrauen	Vermutete Fairness	Vermutete Hilfsbereitschaft
Anzahl der Vereinstypen, in denen man Mitglied ist	R_S	,532					
	p-Value	,000					
	N	2308					
Anzahl der Vereinstypen, in denen man freiwillig mitgearbeitet hat	R_S	,493	,350				
	p-Value	,000	,000				
	N	2308	2308				
Generelles Vertrauen	R_S	,155	,120	,097			
	p-Value	,000	,000	,000			
	N	2306	2306	2306			
Vermutete Fairness	R_S	,131	,131	,126	,528		
	p-Value	,000	,000	,000	,000		
	N	2300	2300	2300	2299		
Vermutete Hilfsbereitschaft	R_S	,098	,069	,059	,410	,467	
	p-Value	,000	,001	,005	,000	,000	
	N	2300	2300	2300	2300	2297	
Wohltätigkeitsnorm	R_S	,077	,112	,120	,100	,101	,135
	p-Value	,000	,000	,000	,000	,000	,000
	N	2292	2292	2292	2290	2284	2286

Gewichtet mit dem Design-Gewicht.

Tabelle A31: Die nichtparametrischen Korrelationen der Sozialkapitalitems für Griechenland

		Anzahl der Vereinstypen, in denen man sich beteiligt hat	Anzahl der Vereinstypen, in denen man Mitglied ist	Anzahl der Vereinstypen, in denen man freiwillig mitgearbeitet hat	Generelles Vertrauen	Vermutete Fairness	Vermutete Hilfsbereitschaft
Anzahl der Vereinstypen, in denen man Mitglied ist	R_S	,604					
	p-Value	,000					
	N	2375					
Anzahl der Vereinstypen, in denen man freiwillig mitgearbeitet hat	R_S	,580	,440				
	p-Value	,000	,000				
	N	2375	2375				
Generelles Vertrauen	R_S	,044	,063	,028			
	p-Value	,032	,002	,167			
	N	2372	2372	2372			
Vermutete Fairness	R_S	,016	,034	-,012	,565		
	p-Value	,432	,101	,566	,000		
	N	2356	2356	2356	2356		
Vermutete Hilfsbereitschaft	R_S	,015	,041	,027	,499	,518	
	p-Value	,464	,044	,196	,000	,000	
	N	2370	2370	2370	2367	2352	
Wohltätigkeitsnorm	R_S	,119	,033	,082	-,078	-,042	-,073
	p-Value	,000	,105	,000	,000	,043	,000
	N	2356	2356	2356	2353	2338	2351

Gewichtet mit dem Design-Gewicht.

Tabelle A32: Die nichtparametrischen Korrelationen der Sozialkapitalitems für Ungarn

		Anzahl der Vereinstypen, in denen man sich beteiligt hat	Anzahl der Vereinstypen, in denen man Mitglied ist	Anzahl der Vereinstypen, in denen man freiwillig mitgearbeitet hat	Generelles Vertrauen	Vermutete Fairness	Vermutete Hilfsbereitschaft
Anzahl der Vereinstypen, in denen man Mitglied ist	R_S	,513					
	p-Value	,000					
	N	1681					
Anzahl der Vereinstypen, in denen man freiwillig mitgearbeitet hat	R_S	,507	,422				
	p-Value	,000	,000				
	N	1681	1681				
Generelles Vertrauen	R_S	,093	,103	,054			
	p-Value	,000	,000	,027			
	N	1672	1672	1672			
Vermutete Fairness	R_S	,091	,080	,044	,521		
	p-Value	,000	,001	,076	,000		
	N	1656	1656	1656	1653		
Vermutete Hilfsbereitschaft	R_S	,050	,057	,031	,501	,494	
	p-Value	,040	,020	,209	,000	,000	
	N	1673	1673	1673	1668	1654	
Wohltätigkeitsnorm	R_S	,061	,051	,059	,075	,095	,055
	p-Value	,014	,038	,017	,003	,000	,025
	N	1646	1646	1646	1641	1624	1642

Gewichtet mit dem Design-Gewicht.

Tabelle A33: Muster der fehlenden Werte auf europäischer Ebene

Anzahl der Fälle	Anzahl der Vereinstypen, in denen man freiwillig mitgearbeitet hat	Anzahl der Vereinstypen, in denen man sich beteiligt hat	Anzahl der Vereinstypen, in denen man Mitglied ist	Generelles Vertrauen	Vermutete Hilfsbereitschaft	Vermutete Fairness	Wahlnorm	Wohltätigkeitsnorm	Wahlbeteiligung
1744									X
214								X	
176							X		
166						X			
144							X	X	
100					X				
49				X					
27							X		X
20	X	X	X						
19				X	X	X			
16					X	X			
16				X		X			
15							X	X	X
13				X	X	X	X	X	
12								X	X
11	X	X	X				X	X	
10						X			X
9						X	X	X	
9						X	X		
7				X	X				
6						X		X	
6					X		X	X	
4					X				X
4				X					X
4					X	X	X	X	
4				X				X	

Gewichtet mit dem Design- und dem Populationsgewicht, N = 34987.

Abbildung A11: Cook's D für Deutschland

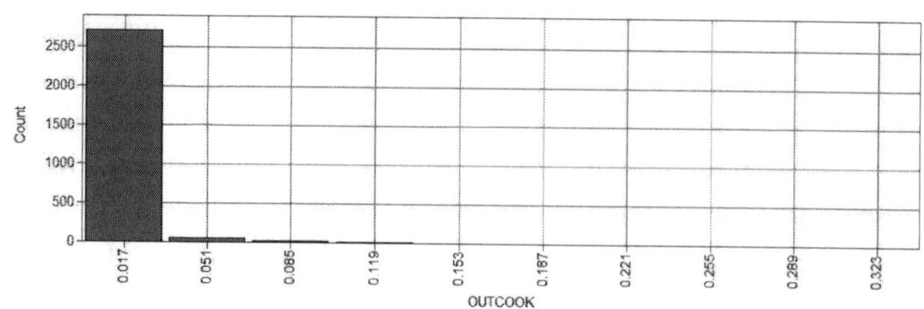

Abbildung A12: Cook's D für Europa

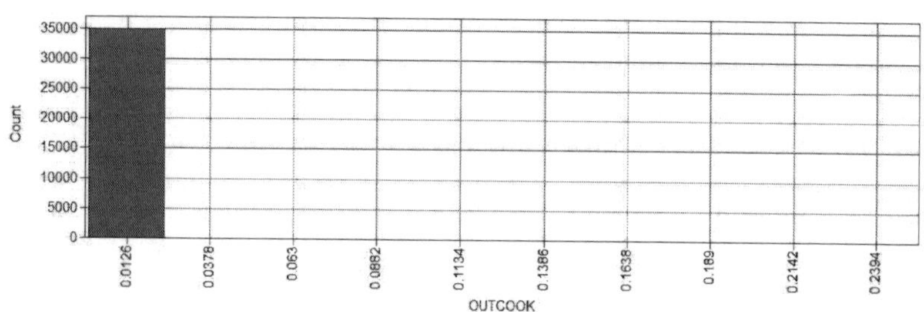